本书获得桂林电子科技大学马克思主义学院专著出版专项经费资助

# 历史虚无主义对西南地区大学生思想的影响研究

陈元明　著

LISHI XUWU
ZHUYI DUI
XINAN DIQU
DAXUESHENG
SIXIANG DE
YINGXIANG
YANJIU

当代中国出版社
Contemporary China Publishing House
2019年·北京

**图书在版编目(CIP)数据**

历史虚无主义对西南地区大学生思想的影响研究 / 陈元明著 . -- 北京 : 当代中国出版社 , 2019.6
ISBN 978-7-5154-0943-6

Ⅰ. ①历… Ⅱ. ①陈… Ⅲ. ①虚无主义—史学—研究—中国 ②大学生—思想政治教育—研究—西南地区 Ⅳ. ① K092.7 ② G641

中国版本图书馆 CIP 数据核字（2019）第 144719 号

出 版 人　曹宏举
责任编辑　张　瑞
责任校对　康　莹
封面设计　创想一二
出版发行　当代中国出版社
地　　址　北京市地安门西大街旌勇里 8 号
网　　址　http: //www. ddzg. net　邮箱：ddzgcbs@sina. com
邮政编码　100009
编 辑 部　（010）66572264　66572154　66572132　66572180
市 场 部　（010）66572281　66572161　66572157　83221785
印　　刷　北京润田金辉印刷有限公司
开　　本　720 毫米 × 1020 毫米　1/16
印　　张　15.25 印张　1 插页　220 千字
版　　次　2019 年 6 月第 1 版
印　　次　2019 年 6 月第 1 次印刷
定　　价　58.00 元

# 目 录

# 导 论

## 一、研究的缘起和意义

历史虚无主义思潮近年来对我国的思想领域影响较大，大学生是该思潮的鼓吹者与我国主流意识形态争夺的一个主要群体，这一现状使研究历史虚无主义思潮对大学生思想的影响及对策具有很强的紧迫性和重要性。

### （一）研究的缘起

改革开放以来，中国经济、政治、文化及社会生活发生着深刻变化，加之西方思想文化大量涌入，形形色色的社会思潮随之而生，从某种程度上说，它们对中国社会的某些领域产生了比较复杂的影响。21世纪以来，各种社会思潮呈加速蔓延的态势，并作用于社会生活的各个方面。这些现象引起中共中央的高度重视。中共十六届六中全会指出，“坚持以社会主义核心价值体系引领社会思潮，尊重差异，包容多样，最大限度地形成社会思想共识”[①]。十七大进一步指出，“积极探索用社会主义核心价值体系引

①《中共中央关于构建社会主义和谐社会若干重大问题的决定》，《人民日报》2006年10月19日。

领社会思潮的有效途径，既尊重差异、包容多样，又有力抵制各种错误和腐朽思想的影响”[①]。十八大再次强调指出，“用社会主义核心价值体系引领社会思潮、凝聚社会共识……牢牢掌握意识形态工作领导权和主导权，坚持正确导向，提高引导能力，壮大主流思想舆论”[②]。这些论断提出了研究社会思潮，正确引领社会思潮，从而加强社会主义意识形态建设的迫切任务。

在当前各种社会思潮中，历史虚无主义思潮是影响较大的一种。改革开放以来，这股思潮打着“解放思想”的旗号，在“反思历史”的幌子下，在“告别革命”“重评历史”的喧嚣声中泛起和蔓延。一时间，“丑化革命”“美化侵略”“调侃英雄”“恶搞历史”等竟成了一种“时尚”。可见，历史虚无主义思潮对我国社会的影响不容小觑。针对上述现象，2010 年 7 月，习近平在全国党史工作会议上强调“坚决反对任何歪曲和丑化党的历史的错误倾向”。2014 年 10 月，习近平在中共中央政治局第十八次集体学习时再次强调“我们不是历史虚无主义者，也不是文化虚无主义者，不能数典忘祖、妄自菲薄”[③]。

社会思潮面向社会各阶层，其中大学生群体的思想往往比较明显地反映出社会思潮的总体走向。其主要原因是：第一，大学生尚处于“三观”形成的时期，可塑性强，他们是社会中比较开放、活跃的群体，乐于求新求变，易于接受各种社会思潮带来的新思想、新观点。第二，大学具有群聚性，大学校园是社会思潮的发酵地和集散地，大学生易成为社会思潮积极的参与者、追随者、传播者和实践者。第三，大学生作为拥有较高文化的知识群体和未来社会建设的生力军，是社会思潮的主要争夺对象。[④]各种

---

① 胡锦涛:《高举中国特色社会主义伟大旗帜，为夺取全面建设小康社会新胜利而努力奋斗》,《人民日报》2017 年 10 月 25 日。

② 胡锦涛:《坚定不移沿着中国特色社会主义道路前进 为全面建成小康社会而奋斗》,《人民日报》2012 年 11 月 18 日。

③ 习近平:《牢记历史经验历史教训历史警示 为国家治理能力现代化提供有益借鉴》,《人民日报》2014 年 10 月 14 日。

④ 林泰:《学习贯彻〈关于进一步加强和改进新形势下高校宣传思想工作的意见〉》,《光明日报》2015 年 2 月 5 日。

社会思潮往往千方百计地与主流意识形态争夺对大学生的影响力。一旦某种社会思潮契合了大学生的某些社会心理，他们的热情就会被激起，进而率先把这种思潮的理论观点化为行动，变成批判的武器，使这种社会思潮迅速传播、蔓延，对整个社会生活造成一定影响。因此，研究社会思潮对大学生的影响具有重要意义。

近年来，历史虚无主义思潮正在通过各种途径向大学生群体加速渗透，影响之大，危害之深，远超以往。因此，研究历史虚无主义思潮对大学生思想的影响，弄清大学生对这股思潮的认知和认同情况，厘清该思潮对大学生思想的危害，探索该思潮对大学生思想的影响原因、影响过程和影响模式，制定化解历史虚无主义思潮对大学生思想影响的对策，亟待引起足够的重视。

### （二）研究意义

本研究的意义，一方面对深化社会思潮对大学生的影响研究，提升思想政治教育的针对性具有重要的理论意义；另一方面，对帮助大学生认识历史虚无主义思潮的危害，巩固社会主义核心价值体系在意识形态中的主导地位具有较强的现实意义。

1.理论意义

（1）有利于深化社会思潮对大学生影响的理论研究

本研究在实证调研的基础上探索历史虚无主义思潮对大学生思想影响的三个阶段的具体过程，构建其影响模式，从而进一步完善了历史虚无主义思潮对大学生的影响研究，并为今后研究其他社会思潮对大学生的影响提供一些理论借鉴。

（2）深入分析历史虚无主义思潮对大学生思想的影响有利于增强大学生思想政治教育的针对性

思想政治教育只有在坚持原则性的前提下与时俱进才有生命力。思想政治教育理论不是教条，它必须适应发展变化着的社会实际，不断从实践中汲取养分。历史虚无主义思潮作为一种错误思潮也是社会变迁的产物，是对高校思想政治教育的挑战，是思想政治教育无法回避的社会现象。深入研究这股思潮对大学生的影响，主动回应其带来的种种挑战，有利于创新思想政治教育的内容和方式方法，从而增强大学生思想政治教育的针对性。

2. 现实意义

（1）帮助大学生科学认识历史虚无主义思潮的危害，自觉抵制其消极影响

历史虚无主义思潮之所以在大学生中仍有较多的受众，其中一个重要原因是这股思潮具有较强的迷惑性和隐蔽性。历史虚无主义者打着“解放思想”“重评历史”“民间写史”等旗号兜售其思想观点，对涉世不深、辨别力不强的大学生来说，具有较大的迷惑作用。本研究通过系统分析历史虚无主义思潮的背景、表现和特点，揭示其“以历史谈现实”“以学术谈政治”的思想实质，认真梳理这股思潮在历史观、政治观和价值观等方面的危害，以此推而广之，使大学生进一步认清这些危害的严重性，提高整个大学生群体对这一思潮的分辨能力，自觉抵制历史虚无主义思潮的消极影响。

（2）帮助教育者认清历史虚无主义思潮对大学生思想的影响，并采取相应的对策化解这种影响

历史虚无主义思潮对大学生的影响是现实存在的，也是复杂的、多方面的。当前仍有不少教育者尚未完全认清这种复杂的影响。本研究通过文献分析和调查研究系统归纳历史虚无主义思潮在历史观、政治观、价值观三方面对大学生思想的危害，帮助教育者进一步认清该思潮对大学生思想的具体影响。在研究历史虚无主义思潮对大学生思想的具体影响及其影响的原因、过程、模式的基础上，我们继续从各方面探索化解该思潮对大学生思想影响的具体对策，这样就可以帮助教育者在实际工作中采取一些行之有效的对策来化解历史虚无主义思潮对大学生思想的影响，以推动大学生思想政治教育工作的顺利进行。

（3）有利于巩固社会主义核心价值体系的当前意识形态中的主导地位，

增强大学生的民族凝聚力和向心力

中国共产党一再强调用社会主义核心价值体系引领各种社会思潮，目的就是不断巩固社会主义核心价值体系在思想文化领域里的主导地位。历史虚无主义是对大学生影响较大的一种社会思潮，本书深入研究该思潮在大学生中的影响现状、传播途径、影响过程与影响模式，有助于高校教师及相关部门了解这种思潮影响大学生的实际状况，把握大学生思想变化的脉搏，有效开展教育引导，便于高校贯彻落实党中央用社会主义核心价值体系引领社会思潮的精神，这无疑将有利于巩固社会主义核心价值体系在高校以至全社会思想领域的主导地位，增强大学生的中华民族凝聚力和向心力，维护社会和谐稳定，推动整个社会向更好的方向发展。

## 二、研究情况述评

### （一）目前的研究状况

改革开放之初，我国部分学者深感中国经济、科技发展与西方的巨大差距，在西方历史相对主义、后现代史学等思潮影响下，从反思和批判“文革”出发到批判传统文化，直至走到鼓吹全盘西化的极端，历史虚无主义思潮由此产生并在此后迅速蔓延。

国内关于历史虚无主义思潮的研究肇始于20世纪80年代，自那时起至今可分为三个阶段：第一阶段，萌芽期（20世纪80年代后期至90年代初）：本阶段相关研究，如论文《继承珍贵的道德遗产 建设社会主义精神文明》（臧乐源，1986）、《对待传统文化不能抱历史虚无主义态度》（孔利、沈重，1989）、《民族虚无主义及其理论误区》（李振纲，1992）集中于批判知识界全盘否定我国传统文化的民族虚无主义论调，尤其是以批判电视政论片《河殇》为代表，主张用唯物史观和唯物辩证法历史地、全面地分析传统文化，批判地继承传统文化。第二阶段，相对沉寂期（20世纪90年代中期至2004年）。因20世纪90年代前期反“和平演变”斗争的开展及随后国学热的兴起，历史虚无主义相对沉寂了一段时间，虽然在世纪之交有所抬头，但由于相关研究的相对滞后导致该阶段研究成果很少，仅有零星的几篇论文，如《应当十分珍惜党和人民奋斗的历史——兼评历史虚无主义的若干观点》（周振华、沙健孙，2000）、《当前文艺批评中的历史虚无主义倾向》（熊元义，2002），且研究论题和论域比较分散。第三阶段，丰收期（2005 年至今）。随着改革开放的深入，社会深层次矛盾不断出现，历史虚无主义思潮借机愈演愈烈，对青年群体尤其是大学生的影响增强，相关研究因此迅速增多，近年来更是成为学界关注和研究的热点，更多的专家学者加入进来，多部研究专著《历史虚无主义评析》（梁柱，2012）、《历史虚无主义的生成机理及其克服》（杨金华，2015）、《历史虚无主义对当代大学生的影响研究》（程馨莹，2016）、《同历史虚无主义思潮斗争的有力思想武器》（朱佳木，2018）相继出版，相关主题的学位论文也日益增多。专家学者们从多角度多层面对历史虚无主义思潮及其对大学生的影响进行了分析和研究。

改革开放以来，国内学界关于历史虚无主义思潮对大学生思想影响的相关研究主要是从该思潮泛起的背景、表现、观点、特点及其对大学生思想影响的现状、原因和对策等方面展开的。

1. 关于历史虚无主义思潮的研究

（1）历史虚无主义思潮泛起的背景

改革开放以来，随着历史虚无主义思潮在新的历史条件下的泛起和蔓延，许多学者纷纷对其泛起的原因或背景进行了认真的探讨。对这一问题，学者们从国际、国内背景两方面着手论证各自观点。

从国际来看，世界社会主义运动处于低潮，总体上呈现“资强社弱”的格局；西方对我国持续不断地实施“和平演变”战略；西方历史相对主义、后现代主义历史学等思潮兴起。从国内来看，我国实行了以公有制为主体、多种所有制经济共同发展的基本经济制度。在意识形态领域，人们的思想观念和价值取向日益多元化，马克思主义虽然仍是主流意识形态，但同时难以避免地存在某些非马克思主义甚至反马克思主义思潮，[①] 包括历

① 梅荣政、杨军：《历史虚无主义重新泛起的透视》，《马克思主义研究》2005 年第 5 期。

史虚无主义思潮在内的这些错误思潮反映了新时期现代化建设和改革开放中的逆向发展要求。[①] 另外，我们还应对主流意识形态建构自身进行反思，一些论者在史学研究的理论及方法方面存在一些误区也是历史虚无主义泛起的一个重要原因。[②] 在国际国内多种因素相互交织下，历史虚无主义思潮泛起并迅速蔓延。

（2）历史虚无主义思潮的表现

随着历史虚无主义思潮向多个领域的渗透，其表现纷繁复杂，且不断花样翻新。学界许多专家、学者已对该思潮的种种表现进行了比较详细的分析，主要观点有以下几种：

梁柱、龚书铎主编的《警惕历史虚无主义思潮》一书将改革开放以来历史虚无主义思潮的具体表现归纳为四个方面：一是否定中国古代历史乃至中国文明的起源；二是学术研究的范式和话语转换说、“告别革命”说；三是倡导“孙子”哲学（不是孙子兵法的“孙子”而是爷爷孙子的“孙子”）；四是通过攻击中国共产党和中华人民共和国历史中的曲折和错误来否定当前党的领导和整个社会主义现代化建设。[③]

梅荣政、杨军详细归纳了近年来历史虚无主义思潮在史学领域和文艺领域的表现，他们认为：在史学界，历史虚无主义论者质疑并淡化以马克思主义唯物史观为指导研究历史，主张用历史选择论取代唯物史观；否定中华人民共和国成立后史学界在马克思主义指导下取得的研究成果……在文学领域，漠视、甚至消解中国共产党对社会变革的巨大作用；在近代历史剧的创作中，置历史发展的客观规律于不顾……对先烈们以曲解的态度进行描写，对封建统治者和卖国贼却极尽美化之能事；在文艺评论中，全盘否定五四以来、特别是中国共产党领导和影响下的进步文学、革命文学。[④]

---

① 梁柱：《历史虚无主义思潮的泛起、特点及其危害》，《中共福建省委党校学报》2009年第4期。

② 方艳华：《历史虚无主义思潮的演进及重新泛起原因论析》，《吉林师范大学学报（人文社会科学版）》2011年第6期。

③ 梁柱、龚书铎：《警惕历史虚无主义思潮》，北京：人民教育出版社2006年版。

④ 梅荣政、杨军：《历史虚无主义重新泛起的透视》，《马克思主义研究》2005年第5期。

李殿仁从四个方面总结了当前历史虚无主义思潮的表现：一是用所谓的“现代化史观”取代“革命史观”，把革命同现代化对立起来，借以否定革命、“告别革命”；二是把“五四”以来中国选择社会主义发展方向视为离开所谓的“以英美为师”的“近代文明的主流”而误入了歧路，宣称经济文化落后的中国没有资格搞社会主义，中华人民共和国成立以后搞的不过是小资产阶级的空想社会主义，或者把改革说成是对社会主义的否定和对资本主义的“补课”；三是质疑“两个不能否定”①，故意放大问题、夸大失误和挫折，把改革开放前后的两个历史时期割裂开来、对立起来；四是用攻其一点、以偏概全的方法歪曲中国共产党的历史，否定或掩盖其本质和主流，把其说成是一系列错误的延续。②

刘书林认为历史虚无主义思潮在改革中的表现主要有三点：一是借纠正“文革”错误之机，丑化和否定领袖人物；二是借深化改革之机，歪曲和否定中华人民共和国的历史；三是借国家重心调整为经济建设之机，丑化和否定中国近代以来的百年革命。③

梅宁华认为历史虚无主义思潮在当前的主要表现“一是否定和歪曲中国革命的历史；二是刻意导演和假设历史；三是打着‘还原历史’的幌子，大作翻案文章，为已被历史淘汰的旧势力评功摆好；四是‘戏说’、‘恶搞’历史；五是追求所谓的‘价值中立’和‘纯客观’”。④

曹守亮归纳了近年来历史虚无主义思潮的新表现：一是否定历史研究的客观性；二是以“探究”“创新”为名冲击历史教育；三是以“全球化”为旗号否定历史上对国家正当利益的维护；四是以思维的“多元性”和“发散性”为由否定主流意识形态的客观性与真实性；五是以“发展生产

---

①“两个不能否定”指“不能用改革开放后的历史否定改革开放前的历史，也不能用改革开放前的历史否定改革开放后的历史”。

② 霍文琦：《不能任由历史虚无主义虚无我们的历史根基——〈中国社会科学报〉专访中国人民解放军国防大学教授李殿仁中将》，《中国社会科学报》2014 年 6 月 25 日。

③ 刘书林：《历史虚无主义思潮的表现及其思维方法》，《思想理论教育》2014 年第 11 期。

④ 梅宁华：《旗帜鲜明地反对历史虚无主义——辛亥革命百年回眸》，《人民论坛》2011 年第 1 期。

力”为名否定评判历史人物是非功过的标准。[①]

总之，学者们对历史虚无主义思潮的表现的分析是比较透彻的，概括是比较全面的，总结也是比较系统的，但美中不足的是某些学者未把该思潮的表现和其观点严格区分开来。

（3）历史虚无主义思潮的主要观点

学界许多专家、学者从不同侧面对历史虚无主义思潮的主要观点进行了比较详细的梳理和剖析。

梅荣政等学者认为在重新泛起的历史虚无主义思潮主要有四个观点：“一是否定革命；二是否定五四运动；三是否定社会主义改造；四是否定中国共产党的领导。”[②]

张晓红等学者认为历史虚无主义思潮主要有六个观点：“一是否定中华文明的历史，乃至中国文明的起源；二是否定革命；三是否定五四运动；四是否定社会主义改造；五是否定中国共产党的领导；六是美化和歌颂帝国主义和封建主义”。[③]

方艳华等学者认为历史虚无主义思潮的基本主张集中在以下几个方面：一是美化帝国主义对中国的扩张，主张殖民“侵略有功论”；二是“告别革命”，颂扬改良；三是否定中国共产党的领导，主张走资本主义道路；四是对历史人物进行翻案式的“重新评价”。[④]

此外，李方祥、穆艳杰等学者还强调近年来历史虚无主义的观点集中表现在对毛泽东历史地位的全盘否定上。

可见，学者们对历史虚无主义思潮的主要观点进行了多方面的概括和总结，但有些学者混淆了该思潮的观点和表现方式的区别，误将某些表现方式当作观点，这在今后的研究中是需要注意的。总体而言，历史虚无主义思潮的主要观点集中在五个方面：否定革命，美化改良；否定五四运

---

① 曹守亮：《警惕历史虚无主义思潮新动向》，《中国社会科学报》2015 年 1 月 16 日。

② 梅荣政、杨军：《历史虚无主义重新泛起的透视》，《马克思主义研究》2005 年第 5 期。

③ 张晓红、梅荣政：《历史虚无主义的实质和危害》，《思想理论教育》2009 年第 7 期。

④ 方艳华、刘志鹏：《历史虚无主义的基本主张及本质剖析》，《中共山西省委党校学报》2010 年第 6 期。

动；否定社会主义改造；否定中国共产党；否定中华文明，美化西方文明。

（4）历史虚无主义思潮的特点

关于历史虚无主义思潮的特点，学者们从不同的角度进行了归类分析，其中主要有三种代表性的观点。

梅荣政、杨军根据近年来历史虚无主义思潮的种种表现总结出其四大特点：第一，在内容上不是一般地全盘否定中国的历史和文化，而主要是“两个否定”，即否定中国革命的必然性、否定中国革命和社会主义建设的历史进步性。第二，在方法上，一是以历史选择论为指导，以假设为前提，不对历史事实进行全面深入的了解，不认真分析历史事件展开过程的实际联系，把现象当本质，根据历史现象的表面特点进行主观臆想、推断历史的发展和可能的结局，新瓶装旧酒，得出所谓“新结论”；二是把支流当主流，以点概面、以偏概全，随意放大一些历史事实，以达到论者既定的目的。第三，在思维方式上，无论是在史学界还是文学界，对凡是在马克思主义指导下所得出的结论，在中国共产党领导下所取得的胜利和成绩，都统统发难，动辄全盘否定、要“断裂”，非此即彼，形而上学猖獗。第四，在表达方式和传播途径上，一是以学术研究的面貌出现；二是以文艺作品等形式，利用大众传媒影响社会舆论。①

梁柱提出在当代新的历史条件下重新泛起的历史虚无主义带有自身的特点：其一，“告别革命”论是其集中表现；其二，以“学术研究”的面目出现；其三，有着明确的政治诉求。②

刘书林认为近年来历史虚无主义思潮表现出两个特点：一是否定社会主义国家的主题实践；二是否定社会主义国家的领袖。③

由上可见，现有研究虽然对历史虚无主义思潮的特点进行了不少有益的探讨，但因其研究视角不同，对该思潮特点的概括差异较大；另外，从

---

① 梅荣政、杨军：《历史虚无主义重新泛起的透视》，《马克思主义研究》2005 年第 5 期。

② 梁柱：《历史虚无主义思潮的泛起、特点及其危害》，《中共福建省委党校学报》2009 年第 4 期。

③ 刘书林：《2013 历史虚无主义“装扮”特点》，《人民论坛》2014 年第 2 期。

总体上看，现有学界对历史虚无主义思潮特点的总结和归纳尚不够凝练。

2. 关于历史虚无主义思潮的影响研究

（1）历史虚无主义思潮对一般人群的危害

许多学者从一般意义上研究了历史虚无主义思潮的危害，可以将其概括为五个方面：一是搞乱人们的思想尤其是历史观和价值观，混淆历史是非，使人们丧失对历史的鉴别力，[①] 瓦解人们的积极进取精神，企图动摇中华民族做人立国的根基；[②] 二是从根本上动摇社会主义中国的立国之本和强国之路，[③] 威胁马克思主义的指导地位，消解社会主义主流意识形态，阻碍中华民族伟大复兴中国梦的实现，[④] 企图把中国引到邪路上去；[⑤] 三是适应西方敌对势力“西化”“分化”我国的战略企图[⑥]，是“和平演变”的重要组成部分；[⑦] 四是导致人们降低对社会主义的信心和对中国共产党的信任；[⑧] 五是销蚀中国传统文化，影响部分群众的民族自信心和凝聚力。[⑨]

（2）历史虚无主义思潮对大学生思想的影响现状

部分学者专门探讨了历史虚无主义思潮对大学生的影响。葛玉良、张晓娜认为历史虚无主义思潮造成大学生政治信仰混乱；影响大学生对党的认同，甚至使部分学生质疑中国共产党执政中国的合法性；使大学生质疑社会主义道路，甚至否定中国社会主义建设的成就；可能成为影响高校安定的

---

① 龚云：《谁是真正的历史虚无主义者——与尹保云、马龙闪等学者商榷》，《马克思主义研究》2014 年第 9 期。

② 李殿仁：《认清历史虚无主义的极大危害性》，《红旗文稿》2014 年第 20 期。

③ 梁柱：《历史虚无主义思潮评析》，《红旗文稿》2009 年第 9 期。

④ 吕薇洲：《尊重历史、坚定自信，消除历史虚无主义的影响》，《红旗文稿》2014 第 21 期。

⑤ 李殿仁：《认清历史虚无主义的极大危害性》，《红旗文稿》2014 年第 20 期。

⑥ 梁柱：《历史虚无主义思潮评析》，《红旗文稿》2009 年第 9 期。

⑦ 李殿仁：《认清历史虚无主义的极大危害性》，《红旗文稿》2014 年第 20 期。

⑧ 龚云：《谁是真正的历史虚无主义者——与尹保云、马龙闪等学者商榷》，《马克思主义研究》2014 年第 9 期。

⑨ 霍文琦：《不能任由历史虚无主义虚无我们的历史根基——〈中国社会科学报〉专访中国人民解放军国防大学教授李殿仁中将》，《中国社会科学报》2014 年 6 月 25 日。

“潜伏剂”。[①]江先锋发现历史虚无主义思潮对大学生的历史观形成有着较大的负面作用，其渗透、蔓延表现出如下特点：方式隐蔽，注重潜移默化的影响；重点突出，注重长远的战略目标；方向明确，注重向实践进行转化。[②]该思潮是通过显性和隐性两条路径影响大学生的，大学生受历史虚无主义思潮影响呈现一定的主体性特征：模糊性、选择性、情绪性、谨慎性。[③]

一些学者还就历史虚无主义思潮对高校师生的影响进行了实证研究。杨军调查发现，高校师生受历史虚无主义思潮的影响是客观存在的，历史虚无主义思潮对高校师生的影响程度呈现问题上的差异性，大学生受历史虚无主义思潮影响的程度高于教师，认同历史虚无主义与认同新自由主义呈正相关关系等特点。[④]佘双好通过实证研究发现，历史虚无主义思潮对高校学生影响虽然总体上不占主流，但其潜在影响不容忽视，虽然高校学生对该思潮认同度高的比例不足15%，但其总体认同度排在所调查各类思潮的第四位（根据其调研分析，高校学生对各类社会思潮的认同度高低顺序依次为民主社会主义、普世价值、后现代主义、历史虚无主义、文化保守主义、新自由主义、民族主义等思潮），还是比较高的，说明历史虚无主义思潮仍然在高校学生中占有较大的市场，应该引起足够的重视。[⑤]程馨莹通过量化分析和质性研究归纳了历史虚无主义对大学生消极影响的主要表现：侵蚀大学生对历史客观性的正确认识；松动大学生对中共党史积极意义的把握；弱化大学生对历史真理的坚守；消解大学生对社会主义道德合

---

① 葛玉良、张晓娜：《历史虚无主义对大学生思想政治教育的影响和对策》，《思想理论教育导刊》2014年第6期。

② 江先锋：《大学生受历史虚无主义思潮影响的原因探析》，《思想教育研究》2012年第4期。

③ 江先锋：《高校学生受历史虚无主义思潮影响的主体性特征及其应对策略》，《山东青年政治学院学报》2011年第6期。

④ 杨军：《历史虚无主义思潮影响高校师生的现状、原因和对策》，《思想理论教育导刊》2011年第11期。

⑤ 佘双好：《当代社会思潮对高校学生影响现状的调查分析》，《学校党建与思想教育》2009年第9期。

理性的操守；破坏大学生对共识性主流历史结论的认同。[①]

（3）历史虚无主义思潮对大学生思想影响的原因分析

一些学者从不同角度分析、归纳了历史虚无主义思潮影响高校师生的原因。杨军通过调查分析发现：高校师生受历史虚无主义思潮的影响是由“历史虚无主义思潮本身的迷惑性、中国近现代历史教学存在不足、社会思想领域的去政治化倾向和诸多社会现实问题的存在”等多方面因素共同导致的结果。[②]

江先锋从结构性角度分析了近年来大学生受历史虚无主义思潮影响的原因，他认为：“社会转型期思想意识的多元化是产生影响的宏观背景；大学生关于历史认知的特点是产生影响的主体动因；历史虚无主义思潮所代表的政治主张及其驱动力是产生影响的外在动因；思想政治理论课教学效果欠佳，主流价值观引导不足是产生影响的基础因素；现代传媒的发展、网络的普及是产生影响的促进因素”。[③]

高陈其则从外部条件和主体因素两方面具体论述了近年来大学生受历史虚无主义思潮影响的原因，他认为社会转型期环境流变的冲击与影响、历史虚无主义思潮特有的表现形式和高校思想政治理论课教学的缺位与错位等是外部条件；大学生对社会思潮认知呈现的猎奇性倾向、碎片化特征和情绪化趋势是主体因素。[④]

高菊认为历史虚无主义思潮影响大学生的原因可归纳为高校部分学生历史知识相对欠缺、判断能力尚不健全；历史虚无主义思潮本身就有着极大的迷惑性和强烈的渗透性；近现代中外历史观教育的相对欠缺；网络媒

---

① 程馨莹：《史虚无主义对当代大学生的影响研究》，北京：中国社会科学出版社 2016 年版，第 155—170 页。

② 杨军：《历史虚无主义思潮影响高校师生的现状、原因和对策》，《思想理论教育导刊》2011 年第 11 期。

③ 江先锋：《大学生受历史虚无主义思潮影响的原因探析》，《思想教育研究》2012 年第 4 期。

④ 高陈其：《历史虚无主义思潮对高校学生的影响研究》，山东大学 2014 年硕士学位论文。

体信息的“和平演变”和肆意炒作的推波助澜。[①]

李杰从大学生自身因素和社会环境因素两方面探索了历史虚无主义影响大学生的原因，认为当代大学生的批判思维和从众心理、历史虚无主义传播手段的迷惑性和欺骗性、高校历史教育存在的问题、社会环境的变化都是其产生影响的重要原因。[②]

综合而言，学界主要是从历史虚无主义思潮本身的特点、当代大学生的思维和心理特征及历史认知的特点、思想政治理论课教学和历史教育的不足、社会思想文化领域的变化、现代传媒的负面影响、社会问题的存在等多个方面来分析历史虚无主义思潮对大学生思想的影响原因的。

（4）化解历史虚无主义思潮对大学生思想影响的对策

学界许多学者在研究历史虚无主义思潮对社会或对高校师生的影响现状和影响原因的基础上从不同的侧面提出了各自的对策或建议。

一是改进历史教育。部分学者主张通过教育和引导来帮助大学生树立正确的历史观，提高其对历史虚无主义思潮的分析和辨别能力。李殿仁认为应该广泛深入地开展唯物史观的学习教育，坚持正确的马克思主义的立场、观点和方法，进行党史、国史、中华文明史的教育，正确借鉴历史的经验教训。[③]高奇琦、段钢认为要“丰富历史教育的手段和内容，在基础教育、高等教育和成人教育中都应该增加历史的内容”[④]。侯西安认为应结合大学生群体的特点，增强党史观教育的实效性、科学性和艺术性。[⑤]葛玉良、张晓娜提出：必须提高大学生严谨求实的历史素养，增强大学生正确辨析和自觉抵御历史虚无主义思潮的能力；结合中国梦，有针对性地加强中华人民共和国史的学习和教育，消除历史虚无主义思潮对党和历史人

① 高菊：《历史虚无主义思潮对高校学生历史观影响探析》，延安大学 2013 年硕士学位论文。

② 李杰：《历史虚无主义对当代大学生的不良影响及其对策研究》，燕山大学 2014 年硕士学位论文。

③ 李殿仁：《认清历史虚无主义的极大危害性》，《红旗文稿》2014 年第 20 期。

④ 高奇琦、段钢：《对历史的自觉自信是抵制历史虚无主义的基石》，《求是》2013 年第 1 期。

⑤ 侯西安：《警惕历史虚无主义对大学生的侵蚀》，《中国社会科学报》2013 年 6 月 5 日。

物的错误评价给大学生带来的影响。[①] 杨军从加强和改进“中国近现代史纲要”课程教学的角度提出，要编写相关的教学参考书，加强对任课教师的针对性培训，积极开展教学实践活动，增强实效性。[②]

二是深化理论研究。杨军提出要深化对历史虚无主义思潮的理论研究，提升学术批评的水平。在他看来，相关理论研究“不能只停留在政治话语层面作价值批判，还需要通过理论阐释、史料分析、实证研究、文本分析等，对历史虚无主义作全面的透视，对其进行科学批判，形成更多具有说服力、政治性和学术性统一的成果”。[③] 侯西安认为加大党史研究支持力度，鼓励深化党史研究，加强对党史的综合、宏观视野研究和真实史料的发掘整理工作，是杜绝捕风捉影和凭空杜撰史料的重要途径。[④]

三是解决现实问题。李殿仁主张及时有效地解决现实问题，增强战胜历史虚无主义的信心。在他看来，“把这些（现实）问题解决好，从实际层面上建立人们对中国特色社会主义道路的坚定信念和高度自信，是对历史虚无主义和各种错误思潮的最现实最有说服力的回击。”[⑤] 唐莉认为只在理论上宣扬唯物史观，还不能根除历史虚无主义，最根本的还是要在实践中下功夫，“只有在实践中不断展现社会主义的优越性，才是铲除历史虚无主义生存的社会土壤的治本之策”[⑥]。

四是加强文化建设。杨军认为要加强和改进校园文化建设，规范对各种讲座、论坛、社团的管理，发挥校史校园的育人功能，向学生推荐正确反映近现代中国历史的书籍、影视作品等，坚持以社会主义核心价值体系

---

① 葛玉良、张晓娜：《历史虚无主义对大学生思想政治教育的影响和对策》，《思想理论教育导刊》2014 年第 6 期。

② 杨军：《历史虚无主义思潮影响高校师生的现状、原因和对策》，《思想理论教育导刊》2011 年第 11 期。

③ 杨军：《历史虚无主义思潮影响高校师生的现状、原因和对策》，《思想理论教育导刊》2011 年第 11 期。

④ 侯西安：《警惕历史虚无主义对大学生的侵蚀》，《中国社会科学报》2013 年 6 月 5 日。

⑤ 李殿仁：《认清历史虚无主义的极大危害性》，《红旗文稿》2014 年第 20 期。

⑥ 唐莉：《当代中国历史虚无主义的政治诉求与双重应对》，《思想政治工作研究》2013 第 7 期。

引领高校师生的思想，并向社会上积极推出主旋律文艺作品和通俗读物；[①]葛玉良、张晓娜认为要加强和改进校园文化建设，营造生动活泼的马克思主义主旋律校园文化氛围，抓住关键的历史、党建等重要节点，开展具有马克思主义特色的学生活动。[②]

五是重视新媒体的运用和监管。林书红提出要重视新媒体传播中的历史虚无主义倾向，对网络行为的约束和提高网民辨别是非的能力已是当务之急；要适时研判新媒体舆情，及时制定应对策略，转变当前的被动局面，并强化队伍建设，努力建成一支思想政治坚定、技术水平过硬、勇于创新、敢于战斗的新媒体工作队伍。[③]葛玉良、张晓娜认为要重视运用新媒体，加强网络思想政治教育，建立舆情监测系统，强化对新媒体上历史虚无主义思潮传播渠道的监管，主动出击，建立特色鲜明的马克思主义指导思想的网站，使高校形成网上网下思想政治教育的合力，以有效抵制历史虚无主义思潮对大学生的影响和侵蚀。[④]

综上，学者们通过对历史虚无主义思潮的影响现状和影响原因的诸多理论分析和一定的实证分析，从不同的角度提出并论证了化解这股思潮影响的诸多思路和对策，拓宽了人们的研究视域，给人以深刻的启迪，也是开展本研究的重要基础。

### （二）现有研究存在的不足

综合以上对历史虚无主义思潮及其对大学生思想影响的相关问题研究的考察和梳理，可见当前学界对这些问题进行了多角度、多层次的研究，取得了较为丰硕的研究成果，但现有研究也存在一些问题和不足，主要表

---

① 杨军：《历史虚无主义思潮影响高校师生的现状、原因和对策》，《思想理论教育导刊》2011 年第 11 期。

② 葛玉良、张晓娜：《历史虚无主义对大学生思想政治教育的影响和对策》，《思想理论教育导刊》2014 年第 6 期。

③ 林书红：《新媒体传播中历史虚无主义“导向”不容忽视》，《红旗文稿》2014 年第 22 期。

④ 葛玉良、张晓娜：《历史虚无主义对大学生思想政治教育的影响和对策》，《思想理论教育导刊》2014 年第 6 期。

现在以下三个方面：

1.研究内容有待系统整合

至今，有关历史虚无主义思潮的研究成果以散见在各类刊物上的论文为主，相关专著较少。截至 2019 年 3 月，在国家图书馆网、超星图书馆网、当当网、卓越网、孔夫子网等网站查到学术界相关著作十余部，其中直接以历史虚无主义为主题的有四部：梁柱的《历史虚无主义评析》、杨金华的《历史虚无主义的生成机理及其克服》、程馨莹的《历史虚无主义对当代大学生的影响研究》、朱佳木的《同历史虚无主义思潮斗争的有力思想武器》。这些论著的相关作者对该思潮泛起的背景、演变历程、具体表现、主要观点、传播途径、危害、实质、对策、生成机理等方面的问题进行了比较深刻的论述。这四部著作的主要内容如下：《历史虚无主义评析》是“居安思危·世界社会主义小丛书”中的一本，主要用于宣传普及；《历史虚无主义的生成机理及其克服》一书从历史本体论、历史认识论、历史方法论和历史价值论等角度剖析了历史虚无主义的生成机理；《历史虚无主义对当代大学生的影响研究》主要从历史哲学和历史观的角度进行研究；《同历史虚无主义思潮斗争的有力思想武器》主要论述了习近平近年来关于历史问题的重要论断。还有一些研究专著把历史虚无主义思潮列为一个章节进行研究，如梅荣政的《用马克思主义引领社会思潮》、朱汉国主编的《社会思潮研究》等。以上这些专著对历史虚无主义思潮及其影响的研究有不少真知灼见，但限于篇幅，也仅能就其中的某些方面、某些环节进行研究，不够全面、系统。因此，现有的大量研究分散在各种报刊中，其研究内容仍然有待系统整合。

2.关于历史虚无主义思潮对大学生的影响过程和影响模式的研究较少

当前学界多数学者是从整体上研究社会思潮对大学生的影响的，专门研究历史虚无主义思潮对大学生的影响的相对较少。部分学者就历史虚无主义思潮对大学生的影响现状和影响原因作了不少探讨，但历史虚无主义思潮作为一种社会思潮，究竟是如何对大学生的思想一步步产生实际影响的？大学生为什么较容易受其影响？其具体的影响过程如何？能否从中发现并总结出一种比较系统的影响模式？这些重要问题仍然亟待解决。

3. 实证研究和跨学科研究较少

对现有相关论文论著的研究方法进行分类、归纳后可看出：目前的研究主要采用文献研究法、比较研究法和经验总结法等传统研究方法。部分学者开始探索用多学科交叉研究法、实证研究法和定量分析法研究历史虚无主义思潮对大学生的影响。但总体而言，仍是理论研究较多，实证研究较少；定性分析较多，定量分析较少；单一学科研究较多，跨学科研究较少。对于历史虚无主义思潮的影响这类现实性和综合性较强的课题，亟待进一步加强实证研究和定量研究，这样可以使研究更有针对性，单纯的理论研究对现实和未来的指导作用比较有限，同时进行跨学科研究更能开阔研究视野。

鉴于现有研究存在的不足，本书拟采取理论研究与实证研究相结合、定性分析与定量分析相结合和跨学科研究的方法，系统研究改革开放以来历史虚无主义思潮泛起和蔓延的背景、历程、表现、特点、主要观点、实质及其对大学生思想的具体影响过程和影响模式，进而提出更加系统化、具体化的相应对策，为加强大学生思想政治教育，用社会主义核心价值体系、核心价值观引领消解这股思潮的影响提供理论性和实践性的借鉴。

## 三、基本概念界定

为深入理解历史虚无主义思潮的科学内涵，我们首先对什么是虚无主义、什么是历史虚无主义、[①] 什么是历史虚无主义思潮等相关概念进行界定。

---

① 陈元明：《论新中国成立以来历史虚无主义的两种取向》，《毛泽东思想研究》2015年第3期。

## （一）虚无主义

“虚无”是历史虚无主义的核心概念，要理解虚无主义首先要理清“虚无”的含义。[①]《现代汉语词典》中对“虚无”的解释是：“有而若无，实而若虚，道家用来指‘道’（真理）的本体无所不在，但无形象可见。”[②]田居俭认为“虚者，模糊歪曲也；无者，抹杀消除也”[③]，意即对一些事物进行模糊歪曲，颠倒黑白，甚至虚构臆造，对另一些事物进行抹杀消除。

历史虚无主义是作为虚无主义的下位概念而存在的，因此研究历史虚无主义也必须明确虚无主义这一上位概念。[④]《当代汉语词典》把“虚无主义”解释为“一种唯心主义的历史观，一种否定人类历史文化遗产、否定民族文化，甚至否定一切的思想”[⑤]。如同现代汉语中其他许多带有“主义”后缀的词语一样，虚无主义也是舶来品。它是英文单词 nihilism 的中文译名。就词源来说，它源自拉丁文 nihil，意思是“什么也没有”。在西方，“虚无主义”一词是德国哲学家雅各比首先使用的，他在 1799 年《给费希特的信》中用“虚无主义”来指称费希特哲学。

“虚无主义”成为一个独立概念则是在 19 世纪。此时“虚无主义”的概念经由俄国批判现实主义艺术家陀思妥耶夫斯基流行开来。屠格涅夫的代表作《巴拉莎》《食客》《贵族长的早宴》《单身汉》《父与子》也带有鲜明的虚无主义色彩。与俄罗斯作家对虚无主义作艺术化的“感性阐释”不同，德国哲学家尼采从哲学角度赋予了虚无主义深刻含义：“虚无主义意味着什么？意味着最高价值的自我贬黜。没有目的，没有对目的的回答……

---

① 陈元明：《论新中国成立以来历史虚无主义的两种取向》，《毛泽东思想研究》2015 年第 3 期。

②《现代汉语词典》第 5 版，北京：商务印书馆 2005 年版，第 1537 页。

③ 田居俭：《历史岂容虚无——评新时期史学研究的若干历史虚无主义言论》，《高校理论战线》2005 年第 6 期。

④ 陈元明：《论新中国成立以来历史虚无主义的两种取向》，《毛泽东思想研究》2015 年第 3 期。

⑤《当代汉语词典》，北京：中华书局 2009 年版，第 1627 页。

虚无主义是迄今为止对生命价值解释的结果。”[①]从这个意义上讲，应将虚无主义理解为一个过程，一种最高价值逐渐自我贬黜的过程。[②]

通过以上对虚无主义概念发展脉络的历史考察可知，虚无主义作为某种观念，其本质内涵在人类历史发展过程中变化并不大。我们运用马克思主义的矛盾分析法，可以这样理解虚无主义：使某些人对某一事物内部矛盾双方对立性的夸大，而割裂了双方统一性的思想或者行动，这是从广义上界定虚无主义。同许多带有“主义”后缀的词一样，它首先应该是一套理论体系，如果其在某个时期于某种环境下广泛流行就成为一种社会思潮；但也可认为其是作为阶级或阶层矛盾的反映而存在的某种社会实践，如果仅仅零星出现那么它就仅仅是一些孤立现象，若是达到系统的高度则成为一种社会或者政治运动。

### （二）历史虚无主义

由上可见，抽象来讲，历史虚无主义是对某些历史存在的否定，严格说来是对重要历史人物和历史事件存在的两面性进行割裂的理论或实践。这种两面性可以是偶然与必然的两面，可以是延续与断裂的两面，亦可以是积极与消极的两面，还可以是运动与静止的两面等等。具体而言，历史虚无主义的实践主要体现在对待历史的态度和评价上。冯夏根、胡旭华认为：“所谓历史虚无主义，简言之，就是虚无历史，即对客观历史的本质、真相和规律持怀疑、否定和消解的态度，对历史现象、历史事实和历史人物任意解释甚至刻意歪曲的一种历史观。”[③]梅荣政、杨军认为：“历史虚无主义是一种以唯心史观为基础的典型的实用主义，是同马克思主义唯物史

---

① [德] 尼采：《权力意志——重估一切价值的尝试》，张念东等译，北京：商务印书馆1991年版，第199、280页。

② 陈元明：《论新中国成立以来历史虚无主义的两种取向》，《毛泽东思想研究》2015年第3期。

③ 冯夏根、胡旭华：《虚无的背后——新时期历史虚无主义思潮论析》，《湖南文理学院学报（社会科学版）》2009第9期。

观根本对立的，是非科学的。”[①]

综上所述，历史虚无主义是在唯心史观指导下，否定历史的规律性，夸大历史的选择性，把支流当主流，把现象当本质，孤立地分析历史中的阶段错误而否定整体过程，用实用主义的态度对历史事件和历史人物复杂的两面性进行简单化的割裂，用现实熔铸历史，甚至别有用心地解释或歪曲历史事件和历史人物为现实服务的一套思想理论。[②]

### （三）历史虚无主义思潮

通过前述对虚无主义、历史虚无主义等相关概念的界定，不难看出历史虚无主义思潮这个概念的内涵是比较复杂的。历史虚无主义思潮与历史虚无主义在内涵上是有区别的。从“主义”与“思潮”的概念来看，“主义”一般指某种特定的思想理论体系以及与其相应的某些行为的总括。“思潮”一般是指一定时期内反映一定阶级、阶层的利益和要求，得到广泛传播并对社会生活产生较大影响和作用的思想潮流。可见，只有当历史虚无主义达到一定量，形成一股对社会有较大影响的思想潮流时，才能称其为历史虚无主义思潮。历史虚无主义的思想观点在许多时期都有，但其形成思潮必须具备一定的社会历史条件。然而，当历史虚无主义形成一股思潮时，学界也常用历史虚无主义指代历史虚无主义思潮，本书的“历史虚无主义”如无特殊限定，即是指历史虚无主义思潮。

总之，历史虚无主义思潮是在唯心史观指导下，否定历史的规律性，夸大历史的选择性，把支流当主流，把现象当本质，孤立的分析历史中的阶段错误而否定整体过程，用实用主义的态度对历史事件和历史人物复杂的两面性进行简单化的割裂，用现实熔铸历史，甚至别有用心地歪曲历史事件和历史人物为现实服务，并对社会产生较大影响的思想潮流。本书所研究的历史虚无主义思潮是指中国改革开放以来，在西方以唯心史观为哲

---

① 梅荣政、杨军.《历史虚无主义重新泛起的透视》,《马克思主义研究》2005 年第 5 期。

② 陈元明:《论新中国成立以来历史虚无主义的两种取向》,《毛泽东思想研究》2015 年第 3 期。

学基础的多种社会思潮影响下，与全盘西化论相伴而生的，以否定革命、否定五四运动、否定社会主义、否定中国共产党的领导、否定中华文明为主要内容的，[①] 对社会产生较大影响的一股思想潮流。

### （四）研究的地域范围

本研究中的“西南地区”包括云南、贵州、广西等省区。需要说明的是，广西虽然在地理位置上属华南地区，但从经济、历史、民族文化等意义上而言，广西属于西南地区，国家的西部大开发战略就包括广西。

## 四、研究设计

### （一）基本思路

首先，在唯物史观指导下，从理论上对历史虚无主义思潮泛起的背景、发展历程、主要观点、实质和特征进行系统梳理。

其次，通过调查研究和实证分析，从实践上重点探讨历史虚无主义思潮对大学生思想的影响现状和影响特点。

再次，深入分析历史虚无主义思潮对大学生思想的影响原因，借鉴传播学理论，探索该思潮对大学生思想的影响过程，并构建其影响模式。

最后，在前述各部分的基础上设计应对历史虚无主义思潮影响大学生思想的对策和建议，并使之具有更强的系统性和可行性且更加具体化，以便更好地帮助大学生和相关教育部门预防或消解这股思潮的影响，从而提高大学生思想政治教育的实效性。

### （二）方法

研究思路的确定相当于提出了任务，还要有合适的研究方法才能完

① 陈元明：《论新中国成立以来历史虚无主义的两种取向》，《毛泽东思想研究》2015年第3期。

成。关于方法问题，毛泽东曾经形象地指出："我们不但要提出任务，而且要解决完成任务的方法问题。我们的任务是过河，但是没有桥或没有船就不能过。"[①] 这里凸显了方法的重要性，方法得当，事半功倍；方法不当，事倍功半。在本研究中我们采用以下方法：

1. 文献研究法

虽然关于本论题的现有研究成果不多，但学界的努力也为有关本论题的研究奠定了一定的基础。因此，通过对学界现有论文、论著或访谈录等与本论题相关文献资料的分析、归纳和整理，可以比较全面地把握国内外关于历史虚无主义思潮影响大学生思想的研究现状及其发展趋势。

2. 调查研究法

调查研究法是通过有目的、有计划地考察了解客观情况直接获取有关材料，从中发现一些问题、探索一些具有规律性的事物，并对这些材料进行鉴别、分析和研究的方法。本研究从广西、贵州、云南三省区选取重点本科院校、一般本科院校和独立学院等各类别各层次高校 11 所，发放 1300 份问卷进行问卷调查，再辅之以个案访谈、参与观察等方法，调查大学生对历史虚无主义思潮核心观点的认知和认同程度、判别历史是非的能力以及他们对四项基本原则和社会主义核心价值体系主要内容的认同程度。在掌握大量第一手资料的基础上，使用 SPSS 等数理统计分析软件对调研数据进行充分挖掘和分析来论述历史虚无主义思潮对大学生的影响情况，并以此作为制定对策的依据。

3. 多学科综合研究法

由于历史虚无主义思潮及其对大学生的影响研究涉及历史、马克思主义理论、政治、哲学、传播学等多个学科，要使本论题研究更全面、更科学必须进行跨学科的研究。基于此，本论题将采用多学科综合研究法对历史虚无主义思潮进行多角度、多层次的研究。

---

①《毛泽东选集》第 1 卷，人民出版社 1991 年版，第 139 页。

### （三）创新点

本书在已有研究的基础上，主要在研究内容和研究方法两个方面进行了一定的创新。

第一，研究内容的创新。借鉴传播学理论，本研究探索了历史虚无主义思潮对大学生思想的具体影响过程，从中发现并总结出其影响模式，在此基础上便于提出和论证具有较强针对性的对策和建议。

第二，研究方法的创新。本研究除采用传统的文献研究和定性分析等方法外，还采用了调查研究法和定量分析法，通过大量的调查研究和卡方检验、相关分析等定量分析法较为全面、深入地把握历史虚无主义思潮对大学生思想的影响现状。

# 第一章
# 历史虚无主义思潮影响研究的理论基础

研究历史虚无主义思潮对大学生思想的影响，必须掌握科学的理论基础和理论分析工具。首先，马克思主义唯物史观是我们正确考察和评价历史的理论基础，也是批驳历史虚无主义的理论武器。其次，文化领导权理论为我们提供了深入分析历史虚无主义思潮对大学生思想渗透的理论工具，并据此探索相应的有效对策。再次，探索该思潮对大学生的影响过程和模式需要以传播学的相关理论为理论基础。最后，马克思主义灌输论为我们探求化解历史虚无主义思潮对大学生思想影响的对策提供了较好的理论基础。

## 一、马克思主义唯物史观

历史虚无主义思潮实际上提出的是以什么样的理论为基础来考察和评价历史的问题，即历史观的问题。历史虚无主义思潮是以唯心史观为理论基础的，马克思主义唯物史观是同唯心史观相对而言的，二者是两种根本对立的历史观。唯心史观认为社会意识决定社会存在，把人类的历史仅仅看作意识的发展史，只注重考察历史人物活动的精神动机，而未能进一步深入考察隐藏在这种动机背后的经济动因，否定人类历史发展的客观规律，认为英雄人物的意志、精神在人类历史的发展中起决定作用，否认人民群众的历史决定作用。而唯物史观认为社会存在决定社会意识，把人类历史看作物质的发展史，不仅注重考察历史人物活动的思想动机，还注重考察这种动机背后的经济动因，认为人类历史发展存在客观规律，人民群众在历史发展中起决定作用。唯物史观的基本要求如下：

## （一）从历史实际出发，唯物地研究和评价历史

唯物史观的基本思想正如马克思、恩格斯所阐明的那样：“物质生活的生产方式制约着整个社会生活、政治生活和精神生活的过程。不是人们的意识决定人们的存在，相反，是人们的社会存在决定人们的意识。”[①]因此，用唯物史观来考察和评价历史，最基本的要求是要从活生生的历史实际出发唯物地研究和评价历史，而不能从假设出发或其他任何虚构、臆造的事物出发来研究和评价历史。

### 1.研究和评价历史应当从历史事实出发

马克思、恩格斯对唯心史观和唯物史观作了如下比较，他们指出：“不是意识决定生活，而是生活决定意识。前一种观察方法从意识出发，把意识看作是有生命的个人。符合实际生活的第二种观察方法则是从现实的、有生命的个人本身出发，把意识仅仅看作是他们的意识”[②]；“在自然界和历史的每一科学领域中都必须从既有的事实出发……不能构想出种种联系塞到事实中去，而要从事实中发现这些联系。”[③]这就告诉我们研究和评价历史必须从既有的历史事实出发，而不能从主观意识和个人想象出发。

马克思和恩格斯进一步指出了评判历史人物和历史事件的依据。他们认为：“判断一个人不能以他对自己的看法为根据，同样我们判断这样一个变革时代也不能以它的意识为根据；相反，这个意识必须从物质生活的矛盾中，从社会生产力和生产关系的现存冲突中去解释”[④]；“历史从哪里开

①《马克思恩格斯文集》第2卷，北京：人民出版社2009年版，第591—592页。
②《马克思恩格斯选集》第1卷，北京：人民出版社1972年版，第31页。
③《马克思恩格斯文集》第9卷，北京：人民出版社2009年版，第440页。
④《马克思恩格斯文集》第2卷，北京：人民出版社2009年版，第591—592页。

始，思想进程也应当从哪里开始，而思想进程的进一步发展不过是历史过程在抽象的、理论上前后一贯的形式上的反映”[①]。

历史虚无主义者往往站在既定的立场上，从主观意识出发，对历史事实进行带有鲜明倾向性的涂抹或剪裁，甚至以假设为前提，其惯用的解释模式是“如果……那么……”，如此通过虚构臆造，企图证明历史发展的所谓另类“规律”，为其现实目的服务。然而唯物史观认为，研究和评价历史必须从已有的历史事实出发，评价历史人物和历史事件都不能以主观意识为依据，这就为我们正确剖析历史虚无主义思潮提供了基本的理论前提。

2. 评价历史人物和政治派别应当看行动而不是看声明

历史虚无主义者在评价历史人物尤其是统治阶级的代表人物时，往往根据他们的声明或日记而不是根据他们的实际行动进行评判。关于这一点，马克思主义经典作家给出了有力的回答。恩格斯说：“判断一个人当然不是看他的声明，而是看他的行为；不是看他自称如何如何，而是看他做些什么和实际是怎样一个人。”[②] 马克思进一步指出评价历史斗争中的各个党派也不能以他们对自己的看法为依据。“正如在日常生活中应当把一个人对自己的想法和品评同他的实际人品和实际行动区别开来一样，在历史的斗争中更应该把各个党派的言辞和幻想同他们的本来面目和实际利益区别开来，把它们对自己的看法同它们的真实本质区别开来。”[③] 列宁在批评一些人判断政治派别以其声明为根据的错误做法时说：“判断整个派别，竟以该派代表人物自我表白时所讲的话为根据，这难道不是再‘肤浅’不过的吗？”[④]

这里需要进一步明确的是，在评价历史人物和政治派别时应当看其主要的行动而不是某些次要的、偶然的行动，也即应该抓重点。因为一般而

①《马克思恩格斯文集》第 2 卷，北京：人民出版社 2009 年版，第 603—605 页。
②《马克思恩格斯文集》第 2 卷，北京：人民出版社 2009 年版，第 438 页。
③《马克思恩格斯文集》第 2 卷，北京：人民出版社 2009 年版，第 498—499 页。
④《列宁专题文集·论无产阶级政党》，北京：人民出版社 2009 年版，第 57 页。

言，只有将其主要的行动联系起来考察，才能比较准确、全面地把握历史人物和政治派别的本质，而一些次要的、偶然的行动可能表现的是假象而不是本质。如果以那些次要的、偶然的行动为根据来评价历史人物和政治派别，就可能被误导而做出错误的评价。而一些历史虚无主义者正是从历史人物或政治派别的声明出发，或者仅仅根据其次要的、偶然的行动轻率地做出评价，而没有认真分析其主要的行动并将其联系起来进行考察。

3. 历史人物必须在具体的社会历史条件下考察

历史人物在创造历史的过程中虽然具有一定的主观能动性，但他们毕竟不是在真空中存在，其活动必然受到具体的社会历史条件的制约。

首先，历史人物只能在既定的社会历史条件下创造历史，其活动反映了当时的社会情形。正如马克思曾经指出的那样："人们自己创造自己的历史，但是他们并不是随心所欲地创造，并不是在他们自己选定的条件下创造，而是在直接碰到的、既定的、从过去继承下来的条件下创造"①；"人类始终只提出自己能够解决的任务，因为只要仔细观察就可以发现，任务本身只有在解决它的物质条件已经存在或者至少是在生成过程中的时候才会产生"②。恩格斯也曾指出："我们只能在我们时代的条件下去认识，而且这些条件达到什么程度，我们就认识到什么程度。"③

其次，时势造英雄，而不是英雄造时势。每个时代都需要并创造出属于自己时代的英雄，"如爱尔维修所说，每个社会时代都需要有自己的大人物，如果没有这样的人物，它就要把他们创造出来。"④ 列宁也说："历史早已证明，伟大的革命斗争会造就伟大的人物，使过去不可能发挥的天才发挥出来。"⑤ 而英雄造时势是不可能的，正如"任何专横的君主都不得不服从社会经济条件，不能向经济条件发号施令"⑥ 一样。

---

①《马克思恩格斯文集》第 2 卷，北京：人民出版社 2009 年版，第 470—471 页。
②《马克思恩格斯文集》第 2 卷，北京：人民出版社 2009 年版，第 591—592 页。
③《马克思恩格斯文集》第 9 卷，北京：人民出版社 2009 年版，第 494 页。
④《马克思恩格斯文集》第 2 卷，北京：人民出版社 2009 年版，第 137 页。
⑤《列宁全集》第 29 卷，北京：人民出版社 1956 年版，第 71 页。
⑥ 斯大林：《列宁主义问题》，北京：人民出版社 1964 年版，第 2—3 页。

最后，只有深入研究社会历史条件，才能把握历史人物活动的实质。恩格斯在这方面作了精辟的论述："历史进程是受内在的一般规律支配的。在社会历史领域内，尽管每个人都有自觉预期的目的，总的说来在表面上好像也是偶然性在支配着……但是，在表面上是偶然性在起作用的地方，这种偶然性始终是受内部的隐蔽着的规律支配的，而问题只是在于发现这些规律"①；"如果要去探究那些隐藏在历史人物的动机背后并构成历史的真正的最后动力的动力，那么问题涉及的与其说是个别人物的动机，不如说是使广大群众，使整个整个的民族，并在每个民族中间又是使整个整个阶级行动起来的动机；而是持久的、引起重大历史变迁的行动"②。

历史虚无主义者往往不去深入研究隐藏在历史人物背后的复杂的社会历史条件，就对历史人物作出主观臆断的评判，这就违背了唯物史观关于历史人物必须在具体的社会历史条件下考察的规定，如此得出的结论常是片面的、肤浅的、错误的。

### （二）用辩证的方法研究和评价历史

马克思主义在研究和评价历史事件和历史人物时非常注重运用辩证法，一贯坚持联系地、发展地、全面地考察和评价历史。其具体要求是：

1. 把历史人物的活动或相关的历史事件联系起来考察

人们的活动往往是相互联系、相互作用的，只有把历史人物的活动或相关的历史事件联系起来进行研究，才能得出比较正确的结论。正如马克思、恩格斯所言："单个人的历史决不能脱离他以前的或同时代的个人的历史，而是由这种历史决定的。"③但这种联系必须是客观的、现实的联系，而不能是主观的、想象的联系。马克思、恩格斯进一步说明："应该通过发现现实的联系来清除这种臆造的人为的联系：这一任务，归根到底就是

---

①《马克思恩格斯文集》第 4 卷，北京：人民出版社 2009 年版，第 301—302 页。
②《马克思恩格斯文集》第 4 卷，北京：人民出版社 2009 年版，第 303—304 页。
③《马克思恩格斯全集》第 3 卷，北京：人民出版社 1960 年版，第 515 页。

要发现那些作为支配规律在人类社会的历史上起作用的一般运动规律。”[①]

列宁针对那种脱离历史人物或历史事件之间的联系而蓄意裁剪历史事实的做法进行了深入的批驳，他说：“在社会现象领域，没有哪种方法比胡乱抽出一些个别事实和玩弄实例更普遍、更站不住脚的了。挑选任何例子是毫不费劲的，但这没有任何意义，或者有纯粹消极的意义，因为问题完全在于，每一个别情况都有其具体的历史环境。如果从事实的整体上、从它们的联系中去掌握事实，那么，事实不仅是‘顽强的东西’，而且是绝对确凿的证据。如果不是从整体上、不是从联系中去掌握事实，如果事实是零碎的和随意挑出来的，那么，它们就只能是一种儿戏，或者连儿戏也不如。”[②]

2. 以发展的观点评价历史人物和历史事件

首先，历史人物和历史事件是不断变化的，必须用发展的观点进行如实的评价。恩格斯说：“当我们通过思维来考察自然界或人类历史或我们自己的精神活动的时候……没有任何东西是不动的和不变的，而是一切都在运动、变化、生成和消逝。”[③]列宁进一步阐明了以发展的观点看待历史的要求，他指出：“辩证法要求从发展中去全面研究某个现象，要求把外部的、表面的东西归结于基本的动力”[④]；“考察每个问题都要看某种现象在历史上怎样产生，在发展中经过了哪些主要阶段，并根据它的这种发展考察这个事物现在是怎样的”[⑤]。

其次，要把历史事件和历史人物放到历史的整体发展进程中来评判。人类历史的发展是一个过程，任何一个历史人物或历史事件都是历史整体发展进程中的某些环节，因此脱离历史的整体发展进程而静止地评判历史事件和历史人物的做法是不可取的。恩格斯说：“任何一个人，只要把历史看作一个有联系的，尽管常常有矛盾的发展过程，而不是看作仅仅是愚

①《马克思恩格斯文集》第4卷，北京：人民出版社2009年版，第299—301页。
②《列宁全集》第28卷，北京：人民出版社1990年版，第364页。
③《马克思恩格斯文集》第3卷，北京：人民出版社2009年版，第538页。
④《列宁专题文集》，北京：人民出版社2009年版，第244页。
⑤《列宁专题文集·论马克思主义》，北京：人民出版社2009年版，第283页。

蠢和残暴的杂乱堆积……首先会对这些问题的研究感兴趣。”[①] 列宁也说过：“在分析任何一个社会问题时，马克思主义理论的绝对要求，就是要把问题提到一定的历史范围内”[②]；“马克思主义要求我们一定要历史地来考察斗争形式的问题。脱离历史的具体环境来谈这个问题，就是不懂得辩证唯物主义的起码常识……不详细考察某个运动在它的某一发展阶段的具体环境，要想对一定的斗争手段问题作出肯定或否定的回答，就等于完全抛弃了马克思主义的立足点”[③]。

把历史事件和历史人物放到历史发展进程中来评价就要求我们必须用历史的观点对研究对象作出恰如其分的评价，从这个意义上而言，历史评价是优于道德评价的。在这方面，马克思对资本主义的评价给我们树立了典范。“正像马克思尖锐地着重指出资本主义生产的各个坏的方面一样，同时他也明白地证明这一社会形式是使生产力发展到很高水平所必需的：在这个水平上，社会全体成员的平等的、合乎人的尊严的发展才有可能。”[④]

最后，判断历史人物的功绩，要根据他们比起前辈提供的新事物。判断历史人物的功绩不能以现在的标准进行简单比附，不能要求他们取得现在的人们想要的功绩，而要看那些历史人物同他们的前辈相比较，为当时的社会提供了什么新事物。正如列宁所言：“判断历史功绩不是根据历史活动家没有提供现代所要求的东西，而是根据他们比他们的前辈提供了新的东西。”[⑤] 恩格斯指出在评价历史人物时应明确指出前人的历史局限性，但不能苛求于前人。他在评价空想社会主义者时说：“空想主义者之所以是空想主义者，正是因为在资本主义生产还很不发达的时代，他们只能是这样。他们不得不从头脑中构想出新社会的要素，因为这些要素在旧社会本身中还没有普遍地明显地表现出来；他们只能求助于理性来构想自己的

---

①《马克思恩格斯全集》第 21 卷，北京：人民出版社 1965 年版，第 557—558 页。

②《列宁全集》第 25 卷，北京：人民出版社 1998 年版，第 229 页。

③《列宁专题文集·论马克思主义》，北京：人民出版社 2009 年版，第 100 页。

④《马克思恩格斯文集》第 3 卷，北京：人民出版社 2009 年版，第 87 页。

⑤《列宁全集》第 2 卷，北京：人民出版社 1959 年版，第 150 页。

新建筑的基本特征，因为他们还不能求助于同时代的历史。”①

3. 具体地、全面地评价历史事件和历史人物

具体地、全面地评价历史事件和历史人物是马克思主义历史评价的一个基本要求，历史虚无主义正是忽视了这一基本要求才导致种种谬误的产生。关于这一点，马克思曾说：“极为相似的事变发生在不同历史环境中就引起了完全不同的结果。如果把这些演变中的每一个都分别加以研究，然后再把他们加以比较，我们就会很容易地找到理解这种现象的钥匙。”②列宁进一步说：“马克思的辩证法要求对每一特殊的历史情况进行具体的分析。”③恩格斯以自然科学家为例阐明了这个道理，他认为：“许许多多自然科学家已经给我们证明了，他们在他们自己那门科学的范围内是坚定的唯物主义者，但是在这以为，就不仅是唯心主义者，而且甚至是虔诚的正教教徒。”④

要全面地评价历史人物的功过是非，必须尽力避免情绪化的偏见支配自己，因为“偏见比无知离真理更远”。在这方面，列宁给我们提供了很好的榜样。他在给高尔基的信中说：“要有力量防止情绪支配自己，像普列汉诺夫那样！他的策略是极其庸俗卑劣的，但在哲学上他捍卫的是正确的东西。”⑤他在评价罗莎·卢森堡时说：“鹰有时比鸡还飞得低，但鸡永远不能飞得像鹰那样高……（罗莎·卢森堡）虽然犯了错误，但她始终是一只鹰。”⑥

历史虚无主义之所以错误，一个重要原因就在于它没有用辩证的方法联系地、发展地、全面地考察和评价历史。而唯物史观要求人们必须在充分占有翔实的史料基础上，联系地、发展地、全面地看问题，作出符合实

---

①《马克思恩格斯文集》第9卷，北京：人民出版社2009年版，第282页。

②《马克思恩格斯文集》第3卷，北京：人民出版社2009年版，第467页。

③《列宁专题文集·论辩证唯物主义和历史唯物主义》，北京：人民出版社2009年版，第269页。

④《马克思恩格斯全集》第20卷，北京：人民出版社1971年版，第539页。

⑤《列宁全集》第34卷，北京：人民出版社1959年版，第387页。

⑥《列宁选集》第4卷，北京：人民出版社1972年版，第600—601页。

际的、经得住检验的结论。正如马克思、恩格斯所说："研究必须充分地占有材料，分析它的各种发展形式，探寻这些形式的内在联系。"[①]这就为我们分析、批判历史虚无主义的错误指明了方向。

### （三）人民群众是历史的主要创造者

唯物史观在历史创造者问题上历来强调群众史观，认为历史首先是人民群众的历史，人民群众是历史的主要创造者，同时也承认个人的历史创造作用。[②]

一方面，人民群众在创造历史中起主要作用，这是因为"无论不从事生产的社会上层发生什么变化，没有一个生产者阶级，社会就不能生存"[③]；"历史活动是群众的活动，随着历史活动的深入，必将是群众队伍的扩大"[④]，所以"历史科学要想成为真正的科学，就不能再把社会发展史归结为帝王将相的行动，归结为国家'侵略者'和'征服者'的行动，而首先应当研究物质资料生产者的历史，劳动群众的历史，各国人民的历史"[⑤]。

另一方面，唯物史观并不否认个人尤其是杰出人物的历史创造作用。列宁指出："在现代的文明国家内，阶级是由政党来领导的；政党通常是由最有威信、最有影响、最有经验、被选出担任最重要职务而称为领袖的人物所组成的比较稳定的集团来主持的。"[⑥]但杰出人物只有依靠群众，才能引导群众前进，从而在社会发展中起促进作用，反之将起延缓或阻碍的作用。"革命家只能起真正富有生命力的先进阶级的先锋队的作用，必须善于实现这一点。先锋队只有当它不脱离自己领导的群众并真正引导全体

---

①《马克思恩格斯文集》第5卷，北京：人民出版社2009年版，第21—22页。
② 李瑞琴：《唯物史观与苏联演变》，《马克思主义研究》2006年第11期。
③《马克思恩格斯全集》第19卷，北京：人民出版社1963年版，第315页。
④《马克思恩格斯文集》第1卷，北京：人民出版社2009年版，第287页。
⑤ 斯大林：《列宁主义问题》，北京：人民出版社1964年版，第647页。
⑥《列宁专题文集·论无产阶级政党》，北京：人民出版社2009年版，第249页。

群众前进时，才能完成其先锋队的任务”[①]；“在人民群众中，我们毕竟是沧海一粟，只有我们正确地表达人民的想法，我们才能管理”[②]。

总之，唯物史观认为，人民群众是人类历史的主要的创造者，同时也承认个人的历史创造作用，但个人即使是精英人物，也必须依靠群众而不能脱离群众才能促进社会发展，不能随意夸大精英人物的历史创造作用。而历史虚无主义者从唯心史观的理论基础出发，认为人类历史是精英人物创造的，精英人物的意志决定历史的发展，在历史创造者问题上主张精英史观，否定或贬低广大人民群众的历史创造作用。因此，唯物史观所主张的群众史观为我们分析、批判历史虚无主义所主张的精英史观提供了理论武器。

## 二、文化领导权理论

历史虚无主义思潮对我国大学生的思想施加影响的过程，实际上就是其鼓吹者与中国共产党争夺对大学生的文化领导权的过程。在这方面，马克思主义的文化领导权理论是我们剖析历史虚无主义思潮对大学生思想渗透的有力的理论武器。

### （一）文化领导权思想的发展

文化领导权问题是马克思主义发展史上的一个重要问题。比较系统的文化领导权理论形成于20世纪20—30年代，其代表人物是葛兰西，他的文化领导权思想受马克思关于国家的论述与列宁的关于无产阶级革命意识理论影响较大。从马克思、恩格斯到列宁、葛兰西都对文化领导权思想的发展作出了重要贡献。

马克思、恩格斯从唯物史观的视角间接阐释了其文化领导权思想。他

---

①《列宁专题文集·论辩证唯物主义和历史唯物主义》，北京：人民出版社2009年版，第322—323页。

②《列宁专题文集·论社会主义》，北京：人民出版社2009年版，第340—341页。

们提出：在阶级社会里“统治阶级的思想在每一时代都是占统治地位的思想”[①]；统治阶级“作为思想的生产者进行统治，他们调节着自己时代的思想的生产和分配”[②]；“支配着物质生产资料的阶级，同时也支配着精神生产资料，因此，那些没有精神生产资料的人的思想，一般地是隶属于这个阶级的”[③]。此处包含了马克思、恩格斯的文化领导权思想，他们认为任何一个国家的统治阶级不仅在物质上、经济上占统治地位，也在精神上、文化上占统治地位，即是对被统治阶级拥有文化领导权。马克思、恩格斯虽然强调物质、经济的决定作用，但也非常重视文化领导权，他们提出“理论一经掌握群众，也会变成物质力量”[④]，无产阶级要想得到解放，就要把无产阶级哲学作为精神武器，从而逐渐转化为解放自己的物质力量。

列宁在马克思、恩格斯的基础上对文化领导权问题进行了多方面的思考。他指出，在资产阶级占有意识形态领导权的国家里，无产阶级必须进行马克思主义的宣传教育，逐步瓦解资产阶级的文化阵地，为革命成功奠定牢固的思想基础。因此，列宁指出：“没有革命的理论，就不会有革命的运动”[⑤]，“只有以先进理论为指南的党，才能实现先进战士的作用”[⑥]。十月革命胜利后，列宁提出进行文化革命，其实质在于确立无产阶级意识形态的文化领导权。他强调“对社会主义思想体系的任何轻视和任何脱离，都意味着资产阶级思想体系的加强”[⑦]。因此，无产阶级必须用科学社会主义理论教育人民，牢牢把握文化领导权，而不致使这种领导权旁落到资产阶级手中。

葛兰西在马克思、恩格斯、列宁对文化领导权问题探索的基础上，在探讨西方发达资本主义国家的无产阶级革命策略的过程中继续发展这一理

①《马克思恩格斯选集》第1卷，北京：人民出版社1995年版，第98页。
②《马克思恩格斯选集》第1卷，北京：人民出版社1995年版，第99页。
③《马克思恩格斯选集》第1卷，北京：人民出版社1995年版，第292页。
④《马克思恩格斯选集》第1卷，北京：人民出版社1995年版，第6页。
⑤《列宁选集》第1卷，北京：人民出版社1995年版，第311页。
⑥《列宁选集》第1卷，北京：人民出版社1995年版，第312页。
⑦《列宁选集》第1卷，北京：人民出版社1995年版，第327页。

论，逐渐形成较为系统的文化领导权理论。葛兰西的文化领导权理论是无产阶级的一种革命理论，其核心是无产阶级通过夺取文化领导权，进而夺取国家政权，并巩固无产阶级的文化领导权，以巩固社会主义国家政权。葛兰西提出了“国家 = 政治社会 + 市民社会”的重要命题。他认为“上层建筑的两个主要方面：一个是能够被称作‘市民社会’，即通常被称作‘民间的’社会组织的集合体；另一个则是‘政治社会’或‘国家’”①。统治阶级以暴力和强制对政治社会直接统治，对市民社会则主要依靠文化领导权，即把统治阶级的文化、固有的价值观和世界观等意识形态潜移默化地渗透、灌输给被统治者，使其认同统治阶级统治的合法性，并自觉服从其统治，从而使政权不断得到巩固。

### （二）文化领导权的重要性

由上分析可知，文化领导权实际上是指以意识形态为核心的领导权。葛兰西认为，在现代社会，一个国家或政党的领导权，不仅体现在政治领导权方面，还体现在文化领导权方面。在现代国家，文化领导权比政治领导权更重要。文化领导权不仅是政治权力合法性的基本条件，而且是一种保障以广泛认同为基础的政权稳定性的方法。②在革命过程中，掌握文化领导权比掌握政治领导权能发挥更加重要和根本的作用，文化领导是“现代国家”的基础，而专政职能只是保护它的手段，“国家一有风吹草动，市民社会的坚固结构立即挺身而出。国家不过是外在的壕沟，其背后是强大的堡垒和工事”。③因此，国家对市民社会的领导，即对思想文化的控制是统治阶级保持领导权的根本。

现代国家的统治阶级为巩固其统治地位，除使用传统的强制手段外，更多的是劝导被统治阶级接受其思想意识，从而实现文化的领导。这里的

---

①［意］安东尼奥·葛兰西：《狱中札记》，曹雷雨等译，北京：中国社会科学出版社 2000 年版，第 305 页。

② 刘莘：《葛兰西：文化领导权及其诠释》，《探索》2007 年第 4 期。

③［意］安东尼奥·葛兰西：《狱中札记》，曹雷雨等译，北京：人民出版社 1983 年版，第 194 页。

关键不在于强迫大众违背自己的意愿和良知，屈从统治阶级的权力压迫，而是让个人心甘情愿，积极参与，被同化到统治集团的世界观或者说霸权中来。[①] 葛兰西指出，一个阶级的文化领导权意味着该阶级成功地说服了其他阶级接受自己的道德、文化观并予以认同和服从。

文化领导权的重要性告诉我们，一个国家或政党不仅要重视政治领导权的作用，更要重视文化领导权的作用，要采取多种策略劝导和说服其他阶级或集团自愿接受和认同该国或政党的思想意识，而不能放任异质或相反的思想意识肆无忌惮地挑战自身的文化领导权。

### （三）如何获得和巩固文化领导权

既然文化领导权如此重要，那么问题的关键也就在于如何获得和巩固文化领导权。在这个问题上，列宁提出革命者要千方百计让工人阶级掌握科学社会主义理论，以此增强无产阶级的阶级意识，“应当既以理论家的身分，又以宣传员的身分，既以鼓动员的身分，又以组织者的身分‘到居民的一切阶级中去’”[②]，积极对工人进行宣传、教育。他还强调了要根据社会主义事业的需要来做理论工作，并把工人组织起来的重要性。列宁认为：“不做理论工作，便不能当思想领导者；不根据事业的需要进行这项工作，不在工人中间宣传这个理论的成果并帮助他们组织起来，也不能当思想领导者。”[③]

而葛兰西提出“阵地战”作为夺取文化领导权的具体实施策略。所谓“阵地战”就是指在统治阶级已经取得了市民社会的文化领导权，统治阶级的意识形态牢牢占据市民社会，被统治阶级的世界观、人生观、道德乃至生活习惯被深深同化时，革命者无法用“闪电战”去摧毁统治阶级的政权，而只能首先通过建立自己的文化组织和文化团体，坚守自己的文化阵地，在广大普通群众中开展宣传和教育，与统治阶级积极开展争夺文化领

① 陆扬、王毅：《大众文化与传媒》，上海：上海三联书店 2000 年版，第 39 页。
②《列宁选集》第 1 卷，北京：人民出版社 1995 年版，第 366 页。
③《列宁选集》第 1 卷，北京：人民出版社 1995 年版，第 262 页。

导权的斗争，最后夺取整个国家政权。

葛兰西认为，在西方发达资本主义国家里，无产阶级必须首先通过“分子入侵式”的“阵地战”的方式，向资产阶级夺取一个又一个文化阵地，发动一场“精神革命”，建立并巩固无产阶级的思想阵地，开展社会主义意识形态的宣传、教育，逐步瓦解资产阶级的文化阵地，取得文化领导权，才能促使革命成功。“这种阵地战要求无限广大的人民作出巨大的牺牲。因此需要史无前例的巩固领导权的活动……同时要防止内部分裂，加强同质集团的阵地等等。……阵地战一旦获胜便具有明确的决定意义。”①

可见，获得文化领导权并非一朝一夕之功，而是一个细致的、动态的、不间断的“分子”过程，即一点一滴地“弥漫式”的改变大众意识中的观点和倾向。这一过程不能依靠对大众的自上而下的强灌硬输，而要采取“毛细血管式”的长期渗透和潜移默化，使大众在日常生活中积极地配合、自觉地认同某种价值观。

葛兰西告诫无产阶级：“即使牢牢地掌握了政权，也必须继续以往的‘领导’。……为行使有效的领导权，就不应单单指望政权所赋予的物质力量。”②“如果统治阶级不再发挥‘领导’作用，只能‘统治’，实施强权，这就意味着广大群众已经脱离了传统的意识形态，失去了从前的信仰。”③列宁也曾强调，共产党能否长期执政，共产主义事业能否获得最终胜利，从一定意义上说，“问题‘只’在于无产阶级及其先锋队的文化力量”④。

以上理论告诉我们，文化领导权的获得和巩固都是“分子入侵式”的弥漫和渗透的长期过程。即使在社会主义革命成功后，无产阶级及其政党

① [意] 葛兰西：《狱中札记》，曹雷雨等译，北京：中国社会科学出版社 2000 年版，第 194 页。

② [意] 葛兰西：《狱中札记》，曹雷雨等译，北京：中国社会科学出版社 2000 年版，第 38 页。

③ [意] 葛兰西：《狱中札记》，曹雷雨等译，北京：中国社会科学出版社 2000 年版，第 230 页。

④《列宁全集》第 43 卷，北京：人民出版社 1987 年版，第 63 页。

不能仅仅依靠政治领导权，也必须继续强化文化领导权，这是因为这种领导权不是自然而然地永远掌握在无产阶级及其政党手中，文化领导权仍处于动态变化过程中，仍有可能大权旁落。苏东剧变就是前车之鉴，在剧变前夕，历史虚无主义思潮“从底层破坏历史”，腐蚀和瓦解人民群众对社会主义历史的认同，对所在国社会主义文化核心的“分子入侵式”进攻异常猖獗，而苏联和许多东欧国家的共产党对此应对乏力，听任这股思潮夺取社会主义的一个个文化阵地，最后彻底丧失了社会主义的文化领导权，其国家剧变的悲剧也就难以避免了。因此，我国作为社会主义国家，一定要汲取这一教训，不断加强社会主义文化领导权，以有力应对历史虚无主义等不良社会思潮的挑战。

### （四）知识分子的特殊作用

知识分子在夺取或巩固文化领导权的过程中具有特殊重要的作用。葛兰西提出：“每个新阶级随自身一道创造出来并在自身发展过程中进一步加以完善的‘有机的’知识分子，大多数都是新的阶级所彰显的新型社会中部分基本活动[①]的‘专业人员’。”[②]这里，葛兰西提出了“有机知识分子”的概念，实际上是特指那些掌握了较多的知识财富并在一定社会结构中参与领导上层建筑的人。[③]

“有机的知识分子”是与一定的社会集团或阶级联系在一起的知识分子，他们明确地表达所属阶级在政治、社会和经济领域的集体意识，构建本阶级的意识形态，并把这些意识形态通过书籍、杂志、讲坛等大众易于接受的文化方式在整个社会予以传播[④]，从而为本集团或本阶级争得或巩固

---

① 这里的“基本活动”可理解为“意识形态工作”。

② ［意］葛兰西：《狱中札记》，曹雷雨等译，北京：中国社会科学出版社2000年版，第2页。

③ 谷少杰：《试论无产阶级文化领导权理论及其当代启示——从马克思恩格斯、列宁到葛兰西》，《天府新论》2012年第2期。

④ 谷少杰：《试论无产阶级文化领导权理论及其当代启示——从马克思恩格斯、列宁到葛兰西》，《天府新论》2012年第2期。

已有的文化领导权。

葛兰西认为，无产阶级要争得文化领导权，必须着力培养为本阶级服务的有机知识分子。他认为，知识分子只有和人民大众联系起来，融入大众，才能不断充实自己，提高自己。他认为，知识分子仅仅拥有了革命的理论是远远不够的，他们还必须回到实践中去，只有和实践紧密结合的革命理论，才能对社会的发展起到重要的促进作用。①

这就启示我们必须高度重视知识分子在文化领导权斗争中的作用，一方面要加强社会主义知识分子队伍建设，使其与人民群众相结合，与实践相结合，造就当代中国的“有机知识分子”大军，不断进行社会主义意识形态的宣传、教育；另一方面，要不断缩小历史虚无主义等反主流社会思潮的有机知识分子群体，逐步夺取他们的文化阵地。只有如此，才能充分发挥知识分子队伍在我国文化领导权建设中的特殊重要作用。

虽然文化领导权理论提出的初衷是探寻在发达资本主义国家开展无产阶级革命的道路，但作为一种指导实践的文化战略和政治战略，它也可能被各种反社会主义势力用于“和平演变”社会主义国家的策略。苏东剧变就是文化领导权理论被反社会主义势力实践的典型，其中历史虚无主义思潮发挥了“助推器”的作用。冷战结束后，西方资本主义国家仍未停止对社会主义国家文化领导权的争夺，我国作为当今最大的社会主义国家，首当其冲。如今，历史虚无主义思潮也在对我国社会主义文化的核心开展“阵地战”，其鼓吹者奉行“宁可一月不将军，不可一日不拱卒”的策略一步步“从底层破坏历史”，诱导大众怀疑我国社会主义的历史和文化，与我们争夺文化领导权。因此，我们必须运用好文化领导权这个理论武器，“兵来将挡，水来土掩”，采取“阵地战”“运动战”等多种有效策略收复被历史虚无主义思潮夺走的文化阵地，进一步巩固社会主义的文化领导权。

① 谷少杰：《试论无产阶级文化领导权理论及其当代启示——从马克思恩格斯、列宁到葛兰西》，《天府新论》2012 年第 2 期。

## 三、传播学理论

传播是指人类运用符号经由媒介交换信息、传达感情、交流意义的社会活动。[①] 历史虚无主义思潮作为一种社会思潮对当代大学生思想的影响其实是一种信息的传播，因此研究该思潮对大学生思想的影响过程和影响模式离不开传播学的相关理论。

### （一）把关人理论

“把关人”是传播学上的一个重要概念，它是指在信息的传播网络中所布满的对信息的进出流通进行过滤加工的人。把关人可以是个人，也可以是集体。在大众传播过程中，把关人的存在是一种普遍现象。在传播者与受众之间，把关人起着决定继续或中止信息传达的作用。[②] 换言之，把关人在大众传播中能决定什么性质的信息可被传播、传播多少及怎样传播。这一理论的基本思想是：对新闻信息的选择是必须的。把关人理论指出了大众传播者在信息传送过程中有重要的过滤作用。因而，让大众知道什么、不知道什么、知道多少，大众传播者起着决定性的把关作用，在新闻与信息的生产和传播过程中起着重要的控制作用。[③]

“把关”现象最早是由美国学者库尔特·勒温发现的。怀特将“把关人”概念引进新闻传播领域，提出了新闻筛选过程中的“把关”模式[④]，认为媒体类似守门员，但不同的是，媒体将一部分信息拦住，将另一部分信息放行。后来，休梅克和里茨对“把关”现象进行了多层次研究，总结了把关理论的五个层面：个体层面、传媒规范层面、媒介组织层面、非媒介组织层面和社会层面。他们认为在个体层面，在新闻传播的各个阶段往往存在

① 樊昌志、王勇、唐晓玲：《传播学应用教程》，长沙：湖南人民出版社 2008 年版，第 11 页。

② 肖沛雄等：《新编传播学》，广州：广东人民出版社 2006 年版，第 87 页。

③ 宫承波：《传播学纲要》，北京：中国广播电视出版社 2007 年版，第 96 页。

④ 吴满意、谢海蓉：《论网络人际互动对构建网络思想政治教育体系的意义》，《毛泽东思想研究》2011 第 5 期。.

多个把关人，把关人对信息的选择具有很强的主观性；在传媒工作规范层面，把关人对新闻信息的选择不是完全主观的，其中把关人的价值观、受众的价值观都影响着信息的选择[①]；在媒介组织层面，新闻机构的价值取向影响到整个新闻传播与生产过程；在非媒介组织层面，事件当事人、新闻发言人、目击者、线人等新闻来源也会对信息传播产生重要影响；在社会层面，各种社会组织力量对媒介组织有重要的制约作用。[②]

总之，虽然影响把关的因素多种多样，但传媒机构、编辑、总编、记者、撰稿人等把关人仍然对信息的大众传播起着重要的把关作用，信息的选择和加工经常受到他们的立场、价值观、道德、性格、兴趣等的影响。近年来，把关人理论虽然受到网络传播的挑战，但网络传媒作为一种大众媒体依然存在把关人，只不过网络把关人变成了隐形化的“资讯人”或“引路人”[③]，网站编辑、版主、管理员、相关网络管理部门等仍然可以通过删帖、删评论、关闭博客、关闭网站等多种方式来过滤网络信息。

历史虚无主义思潮在向大学生群体传播的过程中，大众传媒及其从业人员发挥着重要的把关人的作用。如果大众传播者这一关把得好，历史虚无主义思潮的信息就较少有机会传播到大学生群体中去；如果这一关把不好，该思潮的信息就可能大量涌入到大学生群体中去。因此，必须加强对大众传媒机构及其从业人员的教育、管理和规范。

### （二）意见领袖的作用

意见领袖是传播学受众研究中一个非常重要的概念。意见领袖又称“舆论领袖”，是指在信息传播中那些首先或较多接触大量信息，并将信息经过再加工后传播给他人的人。意见领袖是群体中介于大众传媒与受众之间的有较大影响力的人物。这些人没有固定的身份，但一般在群体中具有

---

① Denis McQuail & Seven Windahl, *Communication Models: For the Study of Mass Communication*, ( New York: Longman Publishing, 1982 ), pp.173–175.

② 宫承波：《传播学纲要》，北京：中国广播电视出版社 2007 年版，第 99—102 页。

③ 张品良：《网络文化传播：一种后现代的状况》，南昌：江西人民出版社 2007 年版，第 369 页。

较高的社会地位，也在群体之外拥有各种获取信息的社会关系；他们乐于接受和传播信息，有向心力和吸引力，周围常有一批追随者。[①]意见领袖是“大众传播中的评介员、转达者，是组织传播中的闸门、滤网，是人际沟通中的‘小广播’和‘大喇叭’”。[②]

传播学研究表明，许多情况下，大众传播信息并不是直接传输给受众，而是媒介信息首先抵达意见领袖，再经意见领袖这个中间环节将其所见所闻传达给同事或接受其影响的追随者，从而影响社会舆论。[③]意见领袖对媒介信息的使用更主动，他们往往对接受的信息进行加工、解释，并将加工后的信息传播给追随者，对追随者的态度和行为进行支配和引导，从而影响或改变他人的态度。传播效果研究证明，意见领袖的影响力一般比大众传媒来得更直接、更强有力。[④]因此，意见领袖对传播过程及其效果产生重要影响。

在历史虚无主义思潮向大学生的传播过程中，教师、社团干部、党团干部、班级干部或其他学生骨干等因其在普通大学生心目中具有较高的地位和影响力往往充当意见领袖的角色，他们的作用至关重要。认同历史虚无主义思潮的一些教师或学生骨干往往借助其意见领袖的角色将其价值观潜移默化地推销给大学生，从而对大学生接受历史虚无主义思潮的情况产生较大影响。鉴于此，要化解历史虚无主义思潮对大学生的影响，必须对这些意见领袖的言行进行有效规范和引导。

### （三）议程设置理论

议程是“依据重要性的不同将相互联系的一系列问题进行排序”[⑤]。议

---

① 宫承波：《传播学纲要》，北京：中国广播电视出版社 2007 年版，第 112 页。

② 邵培仁：《传播学》，北京：高等教育出版社 2000 年版，第 228 页。

③ [美] 沃纳·赛佛林、小詹姆斯·坦卡德：《传播理论：起源、方法与应用》，郭镇之孟颖、赵丽芳等译，北京：华夏出版社 2000 年版，第 228 页。

④ 张品良：《网络文化传播：一种后现代的状况》，南昌：江西人民出版社 2007 年版，第 380 页。

⑤ James W. Dearing, and Everett M. Rogers, “Agenda-setting,” *Sage Publications*,( 1996 ) : 1–2.

程设置理论是传播效果系列理论中的一个重要理论。该理论的核心思想是：媒介为人们提供了一个选定的话题和议题的议程，让人们对此作出反应和进行思考。研究表明，“大众传媒对某些命题的着重强调和这些命题在受众中受重视的程度构成强烈的正比关系。大众传播中越是突出某命题或事件，公众越是注意此命题或事件。”[①]也即是说，大众传媒只要对一些问题予以重视，集中报道，并淡化对其他问题的报道，就可能影响社会舆论。一般而言，公众总是有一种关注大众传媒反复集中报道的问题的倾向，并根据大众传媒为这些问题所布置的先后顺序来安排自己对这些问题的注意力。这就说明，大众传媒发挥作用的一个重要表现是吸引人们的注意力，改变人们关注问题的做法能影响社会舆论。

议程设置理论表明了大众传媒的一个重要功能在于有效地转移和控制大众所关注的热点问题。不仅如此，议程设置是一个过程，它既能影响人们思考什么问题，也能影响人们怎样思考[②]。其实就是影响人们思考问题的方式。因此，议程设置对传播效果起着重要作用。研究表明，影响媒介议程的因素主要有：媒介工作者的立场、特点、职业背景，媒介日常工作惯例，媒介的组织方式，媒介机构外组织的影响，意识形态等。[③]

议程设置在历史虚无主义思潮向大学生的传播过程中也发挥着十分重要的作用。一些媒体往往有意无意间把历史虚无主义思潮的相关信息放在头条、置顶或其他显要位置，或用醒目字体标明，使不少大学生处于该思潮信息的包围中，诱导大学生查阅、观看或收听，在不经意间受到该思潮的影响。鉴于此，相关管理部门必须对大众传媒的议程设置进行必要的引导和规范，使历史虚无主义思潮的信息在议程设置中处于不利地位，逐渐淡出大众的视野。

---

① Maxwell E, McCombs and Donald L. Shaw, “The Agenda Setting Function of The Press,” *Public Opinion Quarterly* 36：176–186.

② M. E. McCombs and D. L. Shaw, “The Evolution of Agenda-setting Research: Twenty-five Years in Marketplace of Ideas,” *Journal of Communication* 43(1993): 85–67.

③ 宫承波：《传播学纲要》，北京：中国广播电视出版社 2007 年版，第 189—190 页。

### （四）沉默的螺旋理论

沉默的螺旋理论也是传播效果理论中的一个重要理论。该理论认为，在某一特定时期，大众传媒的观点在社会上占据优势地位，对受众造成一定的压力。受众在表达自己意见时，往往对周围的“意见气候”进行评估，审视已被广泛接受的观点，当发现自己的意见属于主流意见时，受众就会坦然表达自己的意见；反之，当发现自己的意见属于弱势意见时，因为惧怕自己的观点与众不同而受到社会的孤立，就会屈从于周围的压力而保持相对的沉默，甚至逐渐放弃原有的不同意见。如此一来，一方的意见相对“沉默”了，另一方的意见就会显得更加强势；更加强大起来的优势意见反过来又会促使弱势意见更加“沉默”下去。长此以往，就形成“一方越来越大声疾呼，另一方越来越沉默下去的螺旋式过程”①。其中，虽然有少数敢于坚持弱势意见的中坚分子，但大多数个体还是会屈服于社会和群体的压力。

可见，在信息传播中，沉默的螺旋形成的过程就是减少意见差异，形成多数意见的过程，也即社会舆论的形成过程。大众媒介通过影响沉默的螺旋逐渐发挥了舆论控制的功能。社会统治力量可利用大众传媒对社会舆论施加影响，从而进行社会控制。

在历史虚无主义思潮向大学生传播的过程中，也存在沉默的螺旋。历史虚无主义思潮的鼓吹者经常通过大众传媒兜售他们的信息，而一些散播该思潮信息的大众媒体往往通过把关人、议程设置及发挥意见领袖的作用进行舆论造势，在一定范围内造成支持该思潮的强势意见，企图压制反对该思潮观点的意见。因此，要化解历史虚无主义思潮对大学生的影响，就要反其道而行之，相关管理部门和广大人民群众要充分利用坚持唯物史观的大众传媒对社会舆论施加影响，进行适当的舆论控制，在信息传播中不断增加正能量、减少负能量；同时，鼓励敢于批驳历史虚无主义思潮的中坚分子多发表自己

---

① 田家华、龙朝双：《政策议程创立中的舆论“虚拟”》，《江汉论坛》2004 年第 11 期。

的观点，以带动更多的大学生认清这股思潮，了解它的危害。

### （五）传播过程与模式

传播过程是指传播者通过采集、加工信息，以一定的媒介手段发送到受传者并产生作用以及受传者进行反馈的过程。这一过程是传播者与受传者相互交换和分享信息的双向传达过程。传播者、受传者、信息、传播媒介、反馈构成传播过程的基本要素，这五要素在传播过程和传播模式研究中都是不可或缺的。

上述五要素之间的相互联系、相互作用形成传播过程的三个阶段：信息传达、信息接收和信息反馈。在信息传达阶段，传播者首先要选择一定的传播内容，然后把要传播的信息转换成能被受传者理解的、可供传输的符号，最后将这些符号发送给受传者。在信息接收阶段，传播者发送的信息引起受传者的注意，受传者在接收到符号信息的刺激后，把符号转换为所需的具体信息，然后根据自己的认知对信息进行加工和理解，最后决定是否真正接受和认同这些信息。在信息反馈阶段，受传者接受信息后用符号把自己对所传播信息的感受、态度、评价和愿望向传播者作出反应。信息反馈是传播者与受传者的一种双向对话，这是传播过程中不可缺少的。在探索历史虚无主义思潮对当代大学生的影响过程时，可依据传播过程理论进行详细考察。

传播模式是为了使传播过程简化而进行的总结或图示化处理，以便直观地再现传播活动的理论描述方式。传播模式是对复杂的传播现象、过程和环节的高度凝练和抽象。信息传播的最基本模式是美国学者拉斯韦尔的5W模式，他认为传播过程可分解为五个部分，即："谁"（Who）——传播主体；"说什么"（Says What）——传播内容；"通过什么渠道"（In Which Channel）——传播媒介；"对谁说"（To Whom）——传播对象；"产生什么效果"（With What Effect）——传播效果[①]。"5W"这一名称来自五个要素

① 李彬：《传播学引论》，北京：新华出版社2003年版，第31页。

的相同首字母W。[1] 这五个环节组成一个连续的系统。

后来的研究人员在信息传播基本模式的基础上，引入控制论的“反馈”机制，形成了双向循环的控制论传播过程模式，其中韦斯特利—麦克莱恩的大众传播模式是至今比较完备的大众传播模式。这种模式描述了传播者和大众传媒信息选择的多样性，突出了信息反馈的重要性。

我国学者邵培仁借鉴系统论、控制论等理论，提出了信息传播的整体互动模式。该模式包含了人际传播系统、大众传播系统、网络传播系统这三个主要传播系统，揭示了5W核心要素和诸多环境要素之间的复杂关系，是一个比较全面的综合性传播模式。

传播过程与模式理论为深入分析历史虚无主义思潮对大学生思想的具体影响过程，发现、总结该思潮对大学生思想的影响模式提供了重要的理论分析工具。

## 四、马克思主义灌输论

历史虚无主义思潮之所以对当代大学生的思想产生影响，从某种意义上说，是长期的思想文化渗透的结果。我们要逐步化解这种影响，需要在大学生思想政治教育中进行长期的思想理论灌输，以有效抵御这种渗透。在这方面，马克思主义的灌输理论为我们提供了较好的理论基础。

### （一）灌输论的萌芽

马克思早在《〈黑格尔法哲学批判〉导言》中就提出：“哲学把无产阶级当做自己的物质武器，同样，无产阶级也把哲学当做自己的精神武器；思想的闪电一旦彻底击中这块素朴的人民园地，德国人就会解放成为人。”[2] 在《共产党宣言》中，马克思和恩格斯进一步指出：“共产党一分钟

① 张国良：《传播学原理》，上海：复旦大学出版社2011年版，第39页。
②《马克思恩格斯文集》第1卷，北京：人民出版社2009年版，第17—18页。

也不忽略教育工人”[①]。在此，我们可以看到马克思、恩格斯已经明确提出只有对工人阶级进行思想教育，才能使其获得解放，共产党必须重视教育工人的观点，他们的这些论述已经包含了灌输论的萌芽。

## （二）灌输论的形成和发展

列宁对马克思主义灌输论的发展作出了重大贡献，使之理论化、系统化。他在《怎么办》中批判了“自发论”忽视理论指导的错误观点，全面阐述了马克思主义灌输论。列宁强调：“工人本来也不可能有社会民主主义的意识。这种意识只能从外面灌输进去，各国的历史都证明：工人阶级单靠自己本身的力量，只能形成工联主义的意识”[②]；“阶级政治意识只能从外面灌输给工人”[③]；“既然工人群众自己决不能在他们运动进程中创造独立的思想体系……因此，对社会主义思想体系的任何轻视和任何脱离，都意味着资产阶级思想体系的加强”[④]。列宁提出对群众灌输科学社会主义思想是革命知识分子的神圣使命，他认为：“社会主义学说则是从有产阶级的有教养的人即知识分子创造的哲学理论、历史理论和经济理论中发展起来的……社会民主党的理论学说也是完全不依赖于工人运动的自发增长而产生的，它的产生是革命的社会主义知识分子的思想发展的自然和必然的结果。”[⑤]在此，列宁不仅揭示了思想政治教育的必要性，同时也明确揭示了思想政治教育的本质就是灌输。“对于怎么办才能向工人灌输政治知识这个问题”[⑥]，列宁提出：“我们应当既以理论家的身分，又以宣传员的身分，既以鼓动员的身分，又以组织者的身分到居民的一切阶级中去。”[⑦]

在改革开放和社会主义现代化建设新时期，邓小平也多次强调：“历

①《马克思恩格斯文集》第 2 卷，北京：人民出版社 2009 年版，第 66 页。
②《列宁选集》第 1 卷，北京：人民出版社 1995 年版，第 317 页。
③《列宁选集》第 1 卷，北京：人民出版社 1995 年版，第 363 页。
④《列宁选集》第 1 卷，北京：人民出版社 1995 年版，第 256 页。
⑤《列宁选集》第 1 卷，北京：人民出版社 1995 年版，第 317—318 页。
⑥《列宁选集》第 6 卷，北京：人民出版社 1986 年版，第 76 页。
⑦《列宁选集》第 6 卷，北京：人民出版社 1986 年版，第 79 页。

史告诉我们，思想阵地，正确的思想不去占领，错误的思想就会去占领；马克思主义、无产阶级不去占领，各种非马克思主义、非无产阶级的思想，甚至反马克思主义的思想就会去占领。”[①]后来的几代领导人也表达过类似的思想。

可见，灌输论科学阐明了马克思主义理论产生和传播的一般规律，比较集中地论述了思想理论教育的价值、方法、主客体等问题，为开展马克思主义思想理论教育奠定了重要的理论基础。[②]

### （三）灌输论的应用

然而需要明确的是，马克思主义灌输论同人们从一般意义上理解的灌输是有本质区别的，马克思主义灌输论所阐明的不是具体方法，而是无产阶级政党进行思想政治教育的重要原则。[③]有些人把灌输论理解为具体教育方法上的“强灌硬输”，是误解了马克思主义经典作家的本义。在具体教育方法上，列宁在谈及青年教育时，批评了那种“简单生硬地把政治灌输给尚未准备好接受政治的正在成长的年青一代”[④]的错误做法；他谈及对农民的思想政治教育时说：“不能强迫农民接受社会主义，而只能靠榜样的力量，靠农民群众对日常实际生活的认识。”[⑤]因此，马克思主义灌输论是思想政治教育必须遵循的法则和标准，是一个包含着思想政治教育活动的主体、客体、内容、任务等方面的活动系统，而并非仅指主体到达活动目的的中介和手段。[⑥]

鉴于“科学知识不可能在人的头脑中自发产生，思想、政治、道德、心理等方面的理论知识也同样不可能在人的头脑中自发产生，它必须也只

①《邓小平文选》第2卷，北京：人民出版社1994年版，第177页。

② 孙来斌：《“灌输论”是指导思想理论教育的科学理论》，《马克思主义研究》2004年第3期。

③ 韦冬雪：《对灌输论不同对立观点的辨析》，《学术论坛》2003年第3期。

④《列宁全集》第35卷，北京：人民出版社1985年版，第422页。

⑤《列宁全集》第33卷，北京：人民出版社1985年版，第265页。

⑥ 韦冬雪：《论马克思主义灌输论与思想政治教育本质的契合》，《广西师范大学学报（哲学社会科学版）》2002年第4期。

能从外部加以‘灌输’”[①]，因此我们在研究历史虚无主义思潮对大学生思想的影响及设计相应的对策时也要以马克思主义灌输论为基础，以灵活多样的方式把社会主义主流意识形态灌输到学生的头脑中，以此逐渐消解该思潮对大学生思想的影响，但要力避具体方法上的“强灌硬输”。

总之，马克思主义唯物史观是分析历史虚无主义思潮相关问题的理论基石；文化领导权理论是剖析历史虚无主义思潮对大学生思想渗透机理的理论武器；传播学的相关理论是研究历史虚无主义思潮对大学生思想的影响过程和影响模式的理论分析工具；马克思主义的灌输论是探索化解历史虚无主义思潮影响的对策的理论前提。

① 韦冬雪:《论马克思主义灌输论与思想政治教育本质的契合》,《广西师范大学学报（哲学社会科学版）》2002 年第 4 期。

# 第二章
# 历史虚无主义溯源及其在国外的演变

历史虚无主义不是凭空产生的，而是有着深刻的理论渊源和历史背景的。历史虚无主义产生于西方，在西方、苏联及东欧地区经历了复杂的演变历程。厘清历史虚无主义的渊源及其在国外的演变历程，便于更好地分析其对我国的影响。下面，我们就追溯历史虚无主义的起源，进而探索其在国外的演变轨迹。

## 一、历史虚无主义溯源

历史虚无主义作为虚无主义的一种，根源于西方的虚无主义哲学。追溯历史虚无主义的起源离不开对西方虚无主义哲学的考察。那么虚无主义是从何而来的呢？虚无主义又是如何衍生出历史虚无主义的呢？

### （一）西方哲学的形而上学传统

在西方哲学史上，形而上学曾是长期居于主导地位的哲学理论形态和思维方式，构成了数千年来西方哲学的理论内核。从古希腊的柏拉图和亚里士多德开始，“途径普罗提诺、笛卡尔、斯宾诺莎和莱布尼兹，一直延续到康德、费希特、谢林和黑格尔”[①]，形而上学传统影响深远。从柏拉

① [德] 哈贝马斯：《后形而上学》，曹卫东等译，上海：译林出版社 2001 年版，第 28 页。

图将理念世界视为真实的世界，到亚里士多德将哲学理解为对终极原因的寻求，到中世纪的基督教中三位一体完满的上帝，再经笛卡尔作为“我思”的觉醒，到黑格尔的绝对精神的辩证运动，整个西方都沉浸在形而上学的宏大体系之中。[①]这种形而上学的传统方式将一切现实的、感性的、经验的、形而下的存在视为非本质的、转瞬即逝的“现象”，而只有永恒的、躲避在现象背后的、形而上的存在才是真实的本质。

可见，西方哲学的形而上学传统将超脱于人的现实感性之外的事物当作人类追求的目标，在无形中贬低了人的主观性的价值。

### （二）虚无主义思想对形而上学传统的批判

然而，19 世纪以来，随着西方工业化和资本主义民主政治的迅速发展，人的现实价值进一步受到重视，这种形而上学的哲学传统逐渐受到怀疑和批判。德国哲学家施蒂纳把一切物质形态和精神形态的“神灵”都视为阻碍人的自我实现的障碍；而革除所有这些障碍之后呈现出的、每个人可以自由创造和伸张自己的局面就是他所谓的“无”[②]，这种“无”带有强烈的利己主义色彩。屠格涅夫则在文学上塑造了一个典型的虚无主义者形象，并使虚无主义成为人们熟知的概念。他的名著《父与子》中的巴扎罗夫质疑和轻蔑所有俄罗斯传统的习俗、规范、规则和价值，从不向任何权威低头，从不接受正面原则，只相信实证主义的自然科学，甚至把整个世界都看作没有任何形而上学意义和目标的大工厂和实验室。对于这类虚无主义，海德格尔解释道：“这种观点否定了所有建立在传统、权威以及其他任何特定的有效价值基础上的东西。”[③]

施蒂纳的“无”和屠格涅夫笔下的“虚无主义”后来在尼采那里发展为现代虚无主义的经典表达——“上帝之死”。“上帝之死”意味着：通过

① 张欢欢：《价值虚无主义的批判和超越》，吉林大学 2015 年博士学位论文。

②［德］麦克斯·施蒂纳：《唯一者及其所有物》，金海民译，北京：商务印书馆 2011 年版，第 5 页。

③［德］海德格尔：《尼采》下卷，北京：商务印书馆 2010 年版，第 717 页。

传统方式塑造的“神”，都将在崇尚理性、科学、批判的现代启蒙文化中死去。[①] 尼采将虚无主义定义为“最高价值的自行贬黜”[②]。这里的“最高价值”是指西方传统的形而上学哲学所设定的那个终极价值，它凌驾于一切现实的感性世界之上，然而却一直规范着现实世界的人们的所思所想和所作所为。尼采认为，西方文明从苏格拉底和柏拉图开始，一直通过形而上学在塑造和追求一种非真实的崇高价值[③]，传统的形而上学哲学所预设的“最高价值”本身就是虚幻的存在，因此这些价值应该被否定。这个“最高价值自行贬黜”了，随着“上帝之死”，人类失去了任何的目标和意义，在精神上变得无所归依。这样，随着虚无主义的降临，形而上学的传统被抛弃，一切神圣、崇高的事物被否定，传统价值体系的基础动摇了，价值评判标准变得模糊了。尼采进而提出要对一切事物进行价值重估，过去的历史追求的不断进步是虚妄的价值，这种重估极易导致对历史的否定。

海德格尔在尼采的基础上对虚无主义进行了更深入的研究，把虚无主义的问题与“存在”联系起来，并赋予虚无主义以新的内涵。海德格尔认为：“从存在之命运来思考，虚无主义之虚无意味着：根本就没有存在……它被遗忘了。”[④] 从这个定义可知，虚无主义的本质在于存在自身的虚无。他认为真理与价值本身就是不存在的。可见，这种虚无比尼采的虚无更彻底。

总之，虚无主义是认为世界，特别是人类的存在没有意义、目的及可理解的真相及最本质的价值的一种哲学思想。虚无主义对西方哲学的形而上学传统进行了猛烈的批判，为历史虚无主义的产生提供了理论前提。

### （三）历史虚无主义的产生

西方哲学的形而上学传统表现在历史方面，就是传统的西方历史编纂

---

① 刘森林：《虚无主义的历史流变与当代表现》，《人民论坛》2015 年第 5 期。
②［德］尼采：《权力意志》，陈筱卿译，北京：中央编译出版社 2005 年版，第 121 页。
③ 刘森林：《虚无主义的历史流变与当代表现》，《人民论坛》2015 年第 5 期。
④［德］海德格尔：《尼采》，孙周兴译，北京：商务印书馆 2002 年版，第 816 页。

学。从基督教的神本史学到黑格尔的《历史哲学》都将历史变迁视为一个不断接近历史终极目标的直线发展、有始有终、不断进步、合乎理性的过程，并且该过程本身存在某种内在的一致性。历史学家的任务在于像自然科学家解释自然界一样揭示人类历史发展的客观规律[①]，以此解释历史的演变过程。这种历史观主要关注历史的发展历程、历史事实背后的理性原则、规律和意义等。可见，这种历史编纂学，总是预先为人们设定了历史的终极目标，而后把历史发展过程看作不断趋向终极目标的各个阶段或环节，而从未质疑过这个终极目标本身是否存在。

而虚无主义使人们失去了具有普遍同一性的价值评判标准，判断是非、对错、好坏、善恶等的标准变得模糊了，价值评判的主观色彩越来越浓。由于放弃了对崇高价值的信仰，建立在原有价值体系上的历史也难逃被消解的命运，价值重估势必导致历史重估。人们开始怀疑西方历史编纂学对历史终极目标的设定是否具有合理性，是否应该提前预设终极目标。正如虚无主义意味着最高价值的自行贬黜一样，历史虚无主义意味着历史的最高价值的自行贬黜，历史本身丧失了其终极目标和神圣性，人在历史研究中的主观性被高扬。于是，历史虚无主义在西方的产生就不可避免了。

## 二、历史虚无主义在国外的演变

历史虚无主义在国外的演变以西方和苏联、东欧地区为典型。分析历史虚无主义在国外的演变，可为研究历史虚无主义在我国的变迁及其影响提供借鉴。

### （一）历史虚无主义在西方的演变

历史虚无主义在西方经历了一个比较复杂的演变历程，首先是历史相

---

① 郭子其:《历史教学应注重诠释方法的价值》,《历史教学问题》2015 年第 4 期。

对主义对传统的西方历史哲学进行了强烈的冲击，其次是一些西方学者否定革命、鼓吹改良的思想倾向导致对英法资产阶级革命历史的虚无，最后是后现代史学的兴起加剧了历史虚无主义的蔓延。

1. 历史相对主义对传统西方历史哲学的冲击

历史相对主义指一种以怀疑历史知识的客观性为特征的史学流派，它认为历史不是实际发生的往事，而是史学家基于现实需要并蕴涵自身价值观的主观建构的话语。① 历史相对主义对传统西方历史哲学形成了强烈的冲击。

传统西方历史哲学认为历史的发展具有一致性和连续性。历史知识与客观真理的信念都依赖于一致性，普遍理性是一致性的基石，历史知识一致性通过普遍理性拥有了最高的一致性，从而支持了坚实的客观性信念。②

然而，19 世纪后半叶以来，形而上学传统逐渐受到质疑，绝对主义走向衰落，相对主义日渐凸现。这种现象表现在历史方面，传统西方历史哲学的“单线进步论”和“目的论”日益受到怀疑，普遍理性和“客观史学”的信念动摇。历史一致性的观念随着绝对主义的衰落而逐渐崩溃，从而历史客观性的根基也随之动摇。

20 世纪 20—30 年代，美国历史学家比尔德与贝克尔通过长期的史学实践，提出“书写历史只是人们的一种信仰行为”，“人人都是自己的历史学家”，历史事实仅仅是史学家“心灵的镜像或图景”③ 等观点，认为历史不存在客观性与真实性，历史的客观性与真实性的观念仅仅是某些历史学家主观建构的，为他们自身的史学信仰辩护的产物，从而历史知识和客观真理不存在一致性，给传统西方历史哲学造成了强烈的冲击。同时，当历史“单线进步论”和“目的论”随着普遍理性的崩溃而崩溃，历史连续性

① 张小忠：《20 世纪西方历史相对主义论析》，福建师范大学 2007 年硕士学位论文。

② 卓立：《历史相对主义的脉络》，华东师范大学 2011 年博士学位论文。

③ Carl Becker, “Detachment and the Writing of History”, in *Detachment and the Writing of History: Essays and Letters of Carl Becker*, edited by Phil. L. Snyder (NewYork: Cornell University Press, 1958).p.527.

的信念也开始动摇，从而人的主观性被高扬，历史情境的断裂被绝对化。法国哲学家福柯从知识考古学出发，认为历史是断裂的、非连续的，从而消解了自启蒙以来线性发展的历史观。[①]这样，历史性消解了一致性，具体的历史情境对人类历史认识的基础性上升为决定性，历史相对主义应运而生。

历史相对主义认为"历史记述不可验证"，根本不存在"纯粹的历史事实"，在历史学家那里不可能产生客观的历史知识，历史学严格意义上说不是一门科学，以此颠覆了历史的客观性与真实性以及历史学本身的科学性。在历史研究中，历史相对主义提倡价值判断，主张凸显研究者的主体性。历史相对主义者认为历史学家分析历史现象和历史事件发生的复杂原因内在地假定了历史解释的相对性。按照库恩的说法，就是历史解释存在范式上的"不可公度性"[②]。

20 世纪 70 年代以后，历史相对主义逐渐发展为西方史学理论的主流话语。历史相对主义强调历史的相对性，否定历史的客观性和历史知识的确定性，片面高扬人的主观性与个体性，夸大了历史学家进行历史解释的自由空间和逻辑上的多样性，忽视了历史解释的现实基础，从而导致历史研究的主观随意性，导致历史研究目的和意义的虚无。

2. 部分西方学者对革命历史的虚无

在西方历史虚无主义的发展过程中，不少西方学者是从对革命历史尤其是对英法资产阶级革命历史的评价中阐释其观点的，以对法国大革命的评价最为典型。自法国大革命发生以来，不同学者基于不同的立场和价值观就对这场影响深远的历史事件有不同的评价。米什莱、米涅、托马斯·潘恩、饶勒斯、奥拉尔、马迪厄、勒菲弗尔、索布尔等学者延续着法国大革命史的进步传统，对法国大革命的评价是比较正面的，但也有一些学者对法国大革命持较多的负面评价。

---

① 张小忠：《20 世纪西方历史相对主义论析》，福建师范大学 2007 年硕士学位论文。

② 不可公度性是指历史学家进行历史研究不可能获得绝对的历史真相，进而人们对历史现象的解释存在着相对性和多样性。

英国政治理论家柏克就是对法国大革命持负面评价较早的一位。柏克在《法国革命论》一书中激烈抨击了法国大革命的理念和原则，将其视为人类各种罪恶的集中体现，看作是贪婪、野心和阴谋诡计的表现。他把革命中的弊端的出现归因为革命者的个人品质和思想等因素，带有明显的唯心史观色彩。柏克认为法国大革命用暴力毁坏了所有美好的传统，践踏了人的权利和法律的秩序，使不同群体的利益难以调和，不可避免地陷入暴力的恶性循环之中。在柏克看来，法国大革命根本上动摇了社会秩序的基础，也动摇了自由的基础，毁坏了人类文明，这种超强度的破坏必将导致新的专制强权的再次产生，因为只有如此，才能阻止社会陷入更大的混乱。我国20世纪90年代《告别革命》一书对革命的评价与柏克的观点极为相似。但柏克并不反对一切革命，他赞赏英、美资产阶级革命而反对法国大革命。他认为英、美资产阶级革命的目的是继承和发扬传统中的美好价值，而法国大革命的目的却是以抽象的理性为基础破坏传统。

继柏克之后，法国历史学家托克维尔对法国大革命进行了系统的反思和研究。他的《旧制度与大革命》一书在历史分析视角、历史研究方法等方面自有其价值，但囿于时代和阶级的局限，带有一定的历史虚无主义色彩。托克维尔在这本书中提出法国大革命的“成就远较外人所想象的和他们自己最初想象的要小”[①]，理由是大革命加剧了法国社会的原子化，人们得到了形式上的平等但却失去了实际上的自由，而革命后建立的新制度本质上是旧制度及其文化的继续乃至升级。他说：“随着这项研究的进展，我惊异地在昔日的法国处处看到许多今日法国突出的特点……时时碰到深植于这片古老土壤中的当今社会的根系。”[②]托克维尔认为大革命虽然削弱了封建制度，但却以新的形式强化了旧封建制度中原有的中央集权，而中央集权是通往自由宪政之路的最大障碍。他坚持认为法国大革命后建立

---

①［法］托克维尔：《旧制度与大革命》，冯棠译，桂裕芳、张芝联校，商务印书馆1992年版，第29页。

②［法］托克维尔：《旧制度与大革命》，冯棠译，桂裕芳、张芝联校，商务印书馆1992年版，第31页。

的新的中央集权制“是旧制度的产物”，原子化的个人不得不服从这种体制，这就蕴含着独裁、专制复辟的恶之花，为下一次革命动荡的发生提供借口，陷入了历史的恶性循环。托克维尔进一步探索了跳出这种循环的途径，他主张借鉴美国经验，以赋予平民结社自由、促进平民政治参与、培育社会中间团体、建设公民社会的方式来抗衡权力集中化趋向，保障自由宪政的实现，力避革命动荡，促进社会平稳发展。托克维尔探索避免革命动荡的途径的主观愿望是好的，但客观上给后来的历史虚无主义者提供了一种“假如没有革命……可能更好……”的历史分析框架。

英国历史学家阿克顿继承和发展了柏克的保守主义思想，他从自由主义价值观出发，在《论法国革命》和《法国大革命讲稿》中反思和批判了法国大革命追求极端的自由、平等和民主的倾向，把法国大革命爆发的原因归结为法国启蒙思想家的一些新奇观念的引导和美国独立战争的刺激，而不是人们无法照旧生活下去而奋起反抗。他认为法国大革命只接受了破坏性原则，未接受建设性原则，虽然破坏了一个旧世界，但并未如愿建立一个新世界，并指责革命杀人无数、血流成河，从根本上违反了自由主义的本性，渲染革命的恐怖气氛。阿克顿认为法国大革命爆发后的25年是“基督教国家历史最恐怖的岁月”。

进入20世纪，英国历史哲学家卡尔·波普尔在《历史决定论的贫困》《开放社会及其敌人》《猜想与反驳》等论著中表达了“反历史主义”思想，批判了历史主义关于历史发展存在不以人的意志为转移的客观规律及历史发展进程可以预言的观点，他断言历史现象不可能重复发生，历史现象存在的发展趋势和某些相似性不是规律，历史本身没有规律，历史不会重演，因而人们也不可能准确地预言历史。波普尔提出描述和解释是历史学的主要任务，而这些都是动态的、多元的，人们的历史认识具有相对性，历史学渗透了人们的主观意识，不具有客观性。波普尔反对整体主义的历史认识论和方法论，提出了证伪法、猜想与反驳法、试错法等历史研究方法和零碎工程学理论，并由此出发主张渐进的、温和的改良，反对激进的、暴力的革命。总体而言，波普尔用唯心史观批判历史决定论，尤其是马克思主义唯物史观；他反对一切暴力革命，集中批驳了马克思的革命理论，认为任何暴力革命和流血冲突都是不必要的、可以避免的。

这种对革命历史的虚无起初在西方史学界并不占主流，但到了20世纪后期，在世界社会主义运动走向低潮而西方资本主义有了新发展的形势下，欧美史学界泛起了一股否定所有革命、鼓吹改良的历史虚无主义思潮。这股思潮认为革命导致了流血牺牲，换来的历史进步却比预想的要小得多，得不偿失；而改良能维持社会的平稳发展，避免革命动荡，能较快地实现现代化。这股思潮传到我国，对改革开放以来历史虚无主义思潮的泛起和蔓延起了诱导和刺激的作用。

3. 后现代史学的兴起加剧了历史虚无主义的蔓延

后现代主义是20世纪60—70年代在西方学界逐渐兴起的一股社会思潮，它猛烈批判西方启蒙运动以来的理性主义，反对理性的绝对化与扩大化，倡导非理性主义。这种思潮具有强烈的反传统倾向，它反对本质主义，反对"中心论"，反对统一的道德，反对连续的、权威的、确定的解释。后现代主义的"无中心意识"和多元价值取向带来的直接后果就是事物评判标准的模糊化。

20世纪70年代，后现代主义从语言学进入历史学，逐渐形成了后现代史学。1973年，美国学者海登·怀特出版了《元史学：19世纪欧洲的历史想象》一书，认为人们不能从历史著作中得到真实的历史，历史语言与文学语言没有什么区别，理解历史的关键性问题是语言而非意识，历史叙述与历史实体之间近似于文学修辞的"隐喻"方式。怀特认为历史和文学都是人们想象的产物[①]，将史学文学化，这是因为历史著作是用语言写成的，而语言本身是具有局限性的，语言无法完全准确地传达人们的思想，语言与历史事实之间不可能完全相符。后现代史学坚信历史是不客观的，历史是文化价值体系塑造的语言表意，历史学家叙述的事件、结构及意义都是人类文化构造的产物。

---

① 杨共乐：《后现代与后现代史学》，《史学史研究》2003年第3期。

后现代史学提倡解构主义，主张摈弃目的论和“连续性”，将其碎片化，并重新拼贴，以破除强加于历史现象之上的各种“本质性”规定。[①]正如福柯所说：“过去一向作为研究对象的线性连续已经被一种在深层上脱离连续的手法所取代。”[②]在哲学上，“解构”概念意指对结构的分解和对个体意义的凸显。解构主义创始人法国哲学家德里达把“解构”概念扩展为对二元对立的现代主义思维方式的消解和对等级结构的颠覆。这种解构旨在消解中心与边缘的对立，破除对理性、主体和本质的迷信。具体来说，后现代史学的解构是指从历史学的认识论特点出发来论证历史学客观性的局限，进而暴露过往那种民族国家历史模式的缺陷，通过分析语言解构传统史学，从语言方面重建历史与文学的联系。德里达反对确定性，力主不确定性和模糊性，启蒙运动以来“真理”“理性”“意义”等概念都在“解构”之列。

后现代史学的另一重要内容是否定民族史、国家史、世界史等宏大叙事，主张“小写历史”。法国哲学家利奥塔在批判近代以来的历史哲学时，就着力批判宏大叙事，倡导“小型叙事”，并“将‘后现代’一词定义为对于宏大叙事的怀疑”。[③]在他看来，历史唯物主义也是一种宏大叙事，“我们不再求助于宏大叙事……甚至也不能求助于人类的解放，以使后现代科学的话语合法化”[④]。在福柯看来，传统的线性的历史时间观为历史学家描绘历史进步神话的宏大叙事做了基础性的铺垫，然而历史并不总是线性发展的，这种结构的历史真实性很值得怀疑与批判。

可见，后现代史学将史学文学化，否定历史客观性，否定人类走向文明、进步的历史过程。它对客观史实和真理的“解构”及对宏大叙事的否

---

① 邓欢：《后现代史学的实践与反思——以何伟亚的〈怀柔远人：马嘎尔尼使华的中英礼仪冲突〉为中心》，《史学月刊》2014 第 11 期。

②［法］米歇尔·福柯：《知识考古学》，谢强、马月译，北京：生活·读书·新知三联书店 1998 年版，第 1 页。

③［法］让–弗朗索瓦·利奥塔：《后现代状况：关于知识的报告》，岛子译，长沙：湖南美术出版社 1996 年版，第 29 页。

④［法］让–弗朗索瓦·利奥塔：《后现代状况：关于知识的报告》，岛子译，长沙：湖南美术出版社 1996 年版，第 122 页。

定，代之以形形色色的甚至荒诞不经的对历史的碎片化，动摇了历史学赖以存在的基础，极易滋生历史虚无主义的种种奇谈怪论[①]，加剧了历史虚无主义在西方的蔓延。

### （二）历史虚无主义在苏联、东欧的演变

历史虚无主义在苏联、东欧地区曾产生重要影响，以苏联的历史虚无主义最为典型，影响也最大。历史虚无主义进入苏联后，给苏联社会带来了深远的影响，成为导致苏联解体的催化剂，其教训非常深刻。苏联的历史虚无主义源自1956年苏共二十大后的秘密会议。在那次秘密会议上，时任苏联领导人赫鲁晓夫从批判斯大林的个人崇拜发难，迅速升级到对斯大林的全盘否定，从而揭开了苏联历史虚无主义恶浪的序幕。接着，一些历史虚无主义者发表、出版了许多贬低、丑化斯大林的文艺作品。在赫鲁晓夫等人的授意和怂恿下，苏联不少地方出现了大肆拆毁斯大林塑像的现象，并将斯大林的遗体迁出列宁墓。这股历史虚无主义思潮在当时的苏联思想界和国际共产主义运动中造成了相当大的思想混乱，一些涉世未深的青年深受其影响，成为所谓“二十大的产儿”，戈尔巴乔夫就是其中的一位。

赫鲁晓夫下台后，以勃列日涅夫为首的苏联领导集团在意识形态领域加强了引导和监管，对斯大林和苏联历史的评价基本上采取一分为二的态度，但未从根本上解决历史虚无主义的问题。在随后的一段时期内，历史虚无主义思潮未能继续迅速蔓延，而是时隐时现，在社会上未形成较大的气候。

20世纪80年代中后期，戈尔巴乔夫上台后，逐渐在苏联推行一条背离社会主义的所谓“改革”路线，历史虚无主义思潮作为这条路线的工具沉渣泛起。一些人以“填补历史空白点”为名，一方面从批判斯大林肃反扩大化和个人崇拜的错误开始，恣意渲染“大清洗”运动的错误和运动中

---

① 于沛：《后现代主义历史观与历史虚无主义》，《历史研究》2015年第3期。

的受害人数，竭力妖魔化斯大林，甚至把斯大林和希特勒相提并论，不断诋毁苏联社会主义革命和建设的成就和反法西斯战争的贡献，从而否定斯大林时期形成的苏联社会主义基本制度，进而否定列宁和十月革命，最后发展到否定苏共的领导，否定马克思主义的指导地位，乃至整个苏联历史；另一方面，美化沙皇俄国罗曼诺夫王朝的全部统治史，称罗曼诺夫王朝的统治者们为“上帝的羔羊”，“他们只懂得关心人民，为人民谋幸福”，还把发动反革命战争、妄图颠覆苏维埃政权的自卫军军官美化成传奇式的英雄人物，把西方资产阶级的“民主”制度美化为全世界独一无二的理想社会，是世界历史的最终归宿。[①]这样，历史虚无主义思潮在苏联就一浪高过一浪地迅速蔓延开来。

苏联的历史虚无主义思潮呈现如下特点：第一，由部分苏共领导人自上而下发动，否定的矛头对准苏共和苏联的历史。第二，由一些文学家、政论家发难，部分历史学者后来逐步跟上。第三，大众传媒在其中起了非常恶劣的作用。第四，既有所“虚无”，又有所“不虚无”，“虚无”的是苏共和苏联的社会主义革命和建设史，“不虚无”的是各类反动派的历史。

这股历史虚无主义逆流给苏联社会带来了严重的危害：一是历史虚无主义者全盘否定苏共和苏联的历史，动摇了苏共执政的合法性；二是消解社会主义主流意识形态，颠覆社会主义核心价值，使苏共的吸引力、战斗力迅速下降；三是搞乱了人们的思想，为西方“和平演变”大开方便之门；四是根本上动摇了社会主义制度的根基。

苏东剧变前后，原苏联的部分加盟共和国和一些东欧国家，在民族分裂主义和狭隘民族主义情绪支配下，一方面肆意否定和丑化共产党和社会主义的历史，大肆拆毁反法西斯战争纪念碑，又颠倒黑白地审判反法西斯老战士；另一方面却公然为民族分裂主义分子甚至法西斯分子平反，还在剧变后建立纪念法西斯的纪念碑，企图颠倒人们头脑中的历史记忆。如此颠倒黑白，可见，这些国家的历史虚无主义一度达到了登峰造极的程度。

---

① 陈之骅：《意识形态自由化的恶果 历史虚无主义搞乱苏联》，《人民论坛》2013 年第 9 期。

苏东剧变前后的这股历史虚无主义思潮很快传到了中国国内。一些人仿照苏联、东欧国家全盘否定斯大林和其他共产党领导人的调子，鼓吹在中国全盘否定毛泽东和毛泽东思想，虚无我国优秀的民族传统文化，否定革命，否定中国人民的反侵略斗争，否定社会主义改造，否定中华人民共和国前 30 年的社会主义建设，直至否定中国共产党的领导和我国的社会主义根本制度。

# 第三章
# 改革开放以来的历史虚无主义思潮概说

历史虚无主义思想在20世纪20—30年代传入中国后，起初以“全盘西化论”的表现形式出现，但随着抗战时期爱国主义精神的高扬和新民主主义革命的胜利，这种思想日渐式微。中华人民共和国成立后的17年间，马克思主义逐渐成为我国主流意识形态，历史虚无主义逐渐走向沉寂。但在“文革”时期发生了以“左”的面目出现的历史虚无主义思潮。改革开放以来，历史虚无主义在我国又以新的面目重新泛起，逐渐蔓延成“潮”。下面，我们就对改革开放以来历史虚无主义思潮在我国重新泛起的背景、蔓延的历程、核心观点和实质及其主要特征进行详细的剖析和论述。下文论及的“历史虚无主义思潮”，如未做特别说明，均是指改革开放以来的历史虚无主义思潮。

## 一、历史虚无主义思潮泛起的背景

历史虚无主义思潮在改革开放以来的泛起和蔓延是有其深刻而复杂的背景的，其中既有历史背景，又有现实背景；既有国内背景，又有国际背景；既有经济、政治方面的背景，又有文化方面的背景。

### （一）近代以来历史虚无主义的影响

我国在古代曾长期走在世界的前列，本来没有历史虚无主义的传统。

只是到了近代，我国逐渐落伍，曾长期遭受西方资本—帝国主义的侵略。在这种背景下，我国先进的知识分子深感向西方学习以改造国家与社会的必要。但在向西方学习的过程中，部分知识分子陷入“全盘西化论”的泥淖，他们往往从“西方中心论”出发，虚无我国的历史文化。近代以来，历史虚无主义在我国一再泛起。

中华人民共和国成立后，随着各项建设取得重大成就，人民生活得到较大改善，民族自信和文化自信迅速增强，我国大部分知识分子对新的社会制度寄予极大的期望，希望在新的制度下迅速实现现代化，赶超西方。但后来在社会主义建设过程中出现了挫折，直至发生了“文化大革命”，严重影响了现代化建设，使中西之间本来已经缩短的差距又拉大了。

改革开放后，随着国门洞开，不少人因深感我国与发达资本主义国家的巨大差距而心理失衡，往往离开中华人民共和国一穷二白的发展基础和发展过程中复杂的历史环境，将我国与西方国家的发展情况进行片面比较，从而误认为“社会主义一切都坏，资本主义一切都好”，重新转向西方寻求我国发展的出路，“全盘西化论”回潮，由此产生了对社会主义革命传统和社会主义本质的质疑与反思①，历史虚无主义重新泛起。其中一些人从“文革”时期“左”的历史虚无主义的一个极端走向右的历史虚无主义的另一个极端。他们以“反思历史”为掩饰，曲解“解放思想”的真意，从纠正“文化大革命”的“左”的错误，走到“纠正”社会主义……从批评毛泽东晚年的错误，走到全盘否定毛泽东和毛泽东思想；从诋毁中华人民共和国的伟大成就，发展到否定革命的历史必然性；从丑化、妖魔化中国共产党领导的革命和建设的历史，发展到贬损和否定近代中国一切进步的、革命的运动；从刻意渲染中国人的落后性，发展到否定五千年的中华文明；等等。②可见，近代以来我国历史虚无主义的影响是改革开放以来历

① 王志红、朱士群：《对中国当代虚无主义思潮的哲学思考》，《河北学刊》2012年第2期。

②《要充分认识历史虚无主义思潮的严重危害性——访中国社会科学院马克思主义研究院特聘研究员梁柱》，《马克思主义研究》2009年第3期。

史虚无主义重新泛起的深层历史原因。

### （二）改革开放以来我国经济领域的变化

社会思潮属于上层建筑范畴，社会思潮的产生根源于经济基础。“社会思潮产生的经济条件是一定社会发展阶段的生产力水平和与此相应的生产关系、经济制度的性质以及人们的日常物质生活状况。”[①]历史虚无主义作为社会思潮的一种，其重新泛起与我国改革开放以来经济领域的变化导致的人们思想的多元化息息相关。

改革开放以来，我国根据在社会主义初级阶段经济比较落后的基本国情，在经济领域进行了大刀阔斧的改革。我国在经济制度上从单一公有制逐步过渡到“以公有制为主体、多种所有制经济共同发展”；在经济体制上由社会主义计划经济体制逐步过渡到社会主义市场经济体制。这些改革是完全必要的。这些经济领域的深刻变化促使人们的利益诉求多样化，人们的思想也开始多元化。在思想文化领域，马克思主义仍是主流意识形态，但也不可避免地出现与这种变化相适应的其他种种思想。其中有些是比较健康的思想，但一些错误的、消极的、颓废的思想也有所滋长，特别是一些非马克思主义、甚至反马克思主义的思潮时有出现。[②]作为其中的一种错误思潮，历史虚无主义在我国经济变化导致的人们思想多元化的环境中重新泛起。

### （三）世界社会主义运动进入低潮

自 20 世纪 80 年代以来，由于种种复杂原因，苏联、东欧社会主义国家的经济政治改革逐渐陷入困境，世界社会主义运动走向低潮。在这种形势下，西方国家在国际上掀起了一股否定、丑化社会主义革命和建设历史的思潮，利用苏东国家某些领导人的错误加紧对其进行“和平演变”。综观苏东剧变的全过程，历史虚无主义思潮起到了先导的、腐蚀的恶劣作用。

---

① 梅荣政：《用马克思主义引领社会主义思潮》，武汉大学出版社 2008 年版，第 58 页。
② 张晓红、梅荣政：《历史虚无主义的实质和危害》，《思想理论教育》2009 年第 7 期。

尤其是苏东剧变后，十几个社会主义国家剧变为资本主义国家，原有资本主义国家中社会主义运动的发展也陷入了空前的困境，于是世界社会主义阵营瓦解，国际上出现了明显的“东弱西强”的总体格局，世界社会主义运动陷入了空前严重的低潮。在这种形势下，社会主义“失败论”、马克思主义“过时论”、共产主义“渺茫论”一度甚嚣尘上。福山抛出《历史的终结与最后之人》一书，鼓吹“历史终结论”，认为资本主义制度是最好的制度，人类社会的发展将终结于资本主义，这些观点在我国一些知识分子中颇有影响。

世界社会主义运动陷入低潮，这本身并不可怕，真正的社会主义者会认真总结历史的经验教训，从挫折中奋起，力图早日实现“凤凰涅槃”，从低潮中走出来。然而，值得警惕的是，低潮的出现可能导致一些人惊慌失措，丧失信心，甚至“另找出路”[①]，从而患上“低潮综合征”。2008 年国际金融危机后，世界社会主义运动虽然有所升温，但仍未走出低潮，国际上“资强社弱”的总体态势未得到根本改观。在可预见的将来，世界社会主义运动走出低谷不是一朝一夕，西方国家意识渗透的战略图谋在短期内不会改变，其国内反社会主义势力在短期内也不会消失，因此，历史虚无主义绝不会在短期内偃旗息鼓。它必将随着形势的变化不断改头换面，伺机而动[②]，因此世界社会主义运动陷入低潮的政治形势与改革开放以来历史虚无主义思潮在我国的重新泛起是密切相连的。

### （四）西方社会思潮的渗透

历史虚无主义思潮的泛起和蔓延，与西方社会思潮对我国的渗透有着千丝万缕的联系。在当代国内外背景下，各国之间的思想文化交流日益频繁，国内的某种社会思潮能在国际上找到根源或者得到呼应。[③]改革开放以

①《坚持唯物史观仍是史学研究领域的重要课题——访著名学者、北京大学梁柱教授》，《中共福建省委党校学报》2007 年第 9 期。

② 周玉：《社会主义道路：中国近现代革命的必然逻辑——对历史虚无主义几个观点的回应》，《西南民族大学学报（人文社会科学版）》2011 第 8 期。

③ 梅荣政、杨军：《历史虚无主义重新泛起的透视》，《马克思主义研究》2005 年第 5 期。

来，我国思想文化环境逐渐宽松，在中西发展差距的刺激下，国内思想界掀起了新一轮西学东渐的热潮。

其间，西方后现代主义史学理论和历史相对主义思潮对我国的历史研究影响很大。后现代主义是指20世纪60年代以来西方以反传统哲学为特征的社会思潮和文化思潮。后现代主义反对把历史看成是一个连续的、进步的过程，后现代主义者“自称要持存的全部就是断片”①。20世纪70—80年代，在后现代主义史学理论影响下，以唯心史观为基础，西方史学界泛起一股否定一切革命、鼓吹改良的历史相对主义思潮，这种思潮认为一切历史观念都是相对的，历史认识不存在真理。在这种唯心史观指导下，对人类的客观历史采取了虚无主义的态度。美国学者布热津斯基的《大失败》和福山的《历史的终结》就是对社会主义的历史进行虚无的典型代表。部分西方学者认为要对以前的革命历史重新评估、重新定位，极力否定革命在历史上的地位。在对待中国的历史问题上，他们认为近代中国不应该实行革命，是革命延缓了中国现代化的进程，“革命带来的可能并不仅仅是失败，它还可能打断了清末以前一直在进行的朝着现代化方向的发展过程……中国如果没有革命，其境况会较好些”②。国内一些知识分子受西方后现代主义史学理论和历史相对主义思潮的影响，对中国近现代史采取了虚无主义的态度，对以前在马克思主义指导下获得的对中国近现代史的正确认识进行了简单化的否定。③

### （五）文化产业化的负面影响

近年来，文化界一些人由于受到新自由主义思潮的影响，片面理解国家的文化产业政策，文化的经济效益被过分渲染，大量文化产品和文化服

① 王潮：《后现代主义的突破：外国后现代主义理论》，兰州：敦煌文艺出版社1996年版，第37页。

②［美］阿里夫·德里克：《革命之后的史学：中国近代史研究中的当代危机》，吴静研译，《中国社会科学季刊》（香港），1995春季卷。

③ 杨晗：《论历史虚无主义的理论前提——历史复杂性视角》，昆明理工大学2012年硕士学位论文。

务被现代商业所操纵，而文化的社会效益却被过分弱化，非常不利于文化正能量的传播。众所周知，文化是多种多样的，是具有多种属性的。有些文化可以生利，可以被产业化；有些文化则不宜生利，不宜被产业化。我们称前者为文化产业，后者为文化事业。无论是社会主义文化事业还是文化产业，始终都应该为人民服务，应该把社会效益放在首位。[①] 如果文化被完全产业化了，就会让原本不能生利的文化变得生利，就会使文化变成商业利润的奴仆，变成纯粹赚钱的工具，使文化被铜臭味所笼罩，从而丧失其本真面目，不仅难以促进文化的大发展、大繁荣，反而亵渎和破坏了文化。从长远看，文化全盘产业化不仅不利于社会主义文化建设，也无益于社会主义经济建设。

正是在文化过度产业化的热潮冲击下，不少媒体人、学者和文艺工作者为迎合一些受众的庸俗趣味，专以解构、颠覆正统历史为能事，以此吸引眼球，出现了一味追求"消费历史""玩历史"的现象，于是一时间有关"戏说""野史""穿越""神剧"的文化产品满天飞，更有甚者，丑化英烈、美化汉奸、美化侵略等混淆是非、颠倒黑白的作品也层出不穷。这些唯利是图的文化产品把大众的欣赏口味变得肤浅化、庸俗化，无形中降低了人们对历史问题和历史现象的辨别力，产生了恶劣的影响。事实表明，近年来，历史虚无主义思潮正是在某些人鼓吹的文化过度产业化的喧嚣中在社会大众和大学生中迅速散播的。

## 二、历史虚无主义思潮蔓延的过程

历史虚无主义思潮的蔓延经历了一个复杂的过程，具有明显的阶段性特征，其在不同的阶段有着不同的表现形态，笔者认为可以分为三个阶段。

---

① 迟雪：《"文化产业化"的困境及其出路》，燕山大学 2011 年硕士学位论文。

### （一）20 世纪 80 年代：民族文化虚无主义

20 世纪 80 年代，历史虚无主义思潮作为历史观上的资产阶级自由化思想的体现在我国泛起，主要表现为民族文化虚无主义的样态。[①] 一些人以反思"文革"为名，把对"文革"的否定逐渐升级为对整个中华人民共和国历史和中国共产党历史的否定，不遗余力地把中国共产党的历史说成是一系列错误的延续，最后发展到全盘否定中华民族的历史文化传统，贬抑中华文明，美化西方文明。在这方面，尤以 1988 年 6 月以"反思黄河文明"为名否定中华文明的电视政论片《河殇》最为典型。该片认为我们的民族不仅"愚昧""丑陋"，而且充满"奴性"、安于现状、逃避现实，宣扬黄河、黄土、黄皮肤是中国落后的象征，声称中华民族已经孕育不了新的文化，是只能走向"自杀"的"黄土文化"，"只有蔚蓝色的海风终于化为雨水，重新滋润这片干旱的黄土地时，才有可能使巨大的黄土高原重新获得生机"。[②]

### （二）20 世纪 90 年代："告别革命"和"非毛化"

20 世纪 80 年代末 90 年代初，经过三年多的反"和平演变"斗争，党中央和理论界集中批判民族文化虚无主义和"全盘西化论"，历史虚无主义思潮逐渐由狂热转入了相对沉寂，但仍然在社会上暗流涌动。1991 年底，苏联的解体使世界社会主义运动转入空前的低潮，给人们的思想带来强烈冲击，一时间，"历史终结论""马克思主义过时论"和"共产主义渺茫论"在国内外甚嚣尘上。20 世纪 90 年代，历史虚无主义思潮关注的问题从历史领域向政治领域扩展。这一时期，历史虚无主义思潮集中表现为"告别革命"和"非毛化"。1995 年，香港天地图书公司以李泽厚和刘再复的对话为基础出版了《告别革命》一书，书中极力渲染革命的"弊病"和

① 唐莉：《当代中国历史虚无主义的政治诉求与双重应对》，《思想政治工作研究》2013 第 7 期。

②《对民族文化的反思——〈河殇〉解释词选编》，《社会》1988 年第 10 期。

“祸害”，一味美化改良，认为五四运动是破坏运动，断言中国现在的主要问题是革命的后遗症，并由此得出“告别革命”的武断结论。

20 世纪 90 年代，历史虚无主义思潮的另一个主要表现就是竭力妖魔化毛泽东，全盘否定毛泽东的历史地位。[①]这种表现可以被概括为“非毛化”。所谓“非毛化”，就是采用多种方式全盘否定和批判毛泽东，以达到彻底清除毛泽东及其思想观念对中国的影响的目的。早在“文革”结束后，西方舆论界就由苏联的“非斯大林化”鼓噪出一种“非毛化”的提法。当时的“非毛化”主要是借中华人民共和国成立后反右扩大化、“大跃进”运动和“文化大革命”来否定毛泽东的历史功绩。由于当时以邓小平为代表的一大批党员、干部对这种错误倾向的抵制，促使 1981 年党的十一届六中全会通过的《关于建国以来党的若干历史问题的决议》对毛泽东的功过是非作出了实事求是的评价，对“非毛化”倾向有所遏制。但到了 20 世纪 90 年代中期以后，在西方自由主义思想观念影响下，“非毛化”倾向再次抬头并愈演愈烈，一些自由主义知识分子带头否定、丑化毛泽东。某些历史虚无主义者认为毛泽东热衷于“暴力革命”，建立了“集权政治”，塑造了“个人崇拜”[②]，使普通人失去了个人自由，甚至把毛泽东时代说成是一个“封建专制独裁”的时代，把毛泽东描绘成“最后一个封建皇帝”。

### （三）21 世纪以来：“重评历史”

进入 21 世纪，随着改革开放进入深水区，社会深层次矛盾不断出现，各类社会思潮纷纷推出各自的解决方案。在这种背景下，历史虚无主义思潮愈演愈烈，逐渐演进到全面“重评历史”的地步。该思潮从各个方面虚无历史，企图全面“重评历史”，彻底否定唯物史观及在其指导下得出的历史结论，并日益渗透到历史、政治、教育、文艺等多个领域，呈现全面泛滥的趋势，其影响程度之深、范围之广都是前所未有的。这一阶段，历

---

① 唐莉：《当代中国历史虚无主义的政治诉求与双重应对》，《思想政治工作研究》2013 第 7 期。

② 杨军：《透视非毛化思潮》，《思想理论教育》2013 第 21 期。

史虚无主义思潮主要表现在以下六方面。

第一，在21世纪之初，历史虚无主义者把矛头对准了马克思主义观察和分析社会问题的基本方法——阶级分析法。中国社会科学院社会学研究所在2002年公开发表了《社会十大阶层分析》一文，该文在其他方面自有其积极意义，但文中存在的混淆阶级与阶层关系、简单化地用“冲突论”与“功能论”来解释阶级与阶层的分析思路、试图以阶层分析取代阶级分析的倾向极易为历史虚无主义者所利用。随后部分学者发表了许多鼓吹阶层分析法、贬抑阶级分析法的文章。许多历史虚无主义者正是以此为由误认为阶级分析法必然导致阶级斗争扩大化，影响社会的稳定和谐，因而竭力主张淡化、否定阶级分析法，代之以阶层分析法和所谓的“人性分析法”。

第二，由否定革命扩大为否定一切农民运动。这一时期的历史虚无主义思潮由否定新民主主义革命、辛亥革命逐渐升级为否定太平天国运动、义和团运动和国民大革命中的农民运动以至历史上的一切农民运动。历史虚无主义者认为农民运动愚昧、落后，是“痞子运动”“土匪运动”，“糟得很”，太平天国运动是“一个笑话”，污蔑洪秀全是“文盲加流氓”，义和团运动抗拒近代文明，“名为爱国，实则害国”，国民大革命中的农民运动“太激进”。据此他们认为“每次农民革命都造成社会生产大规模的破坏”，“很难得出农民运动是推动历史前进的动力这个普遍的结论”。[①]

第三，丑化、调侃英烈，美化统治阶级的代表人物。这是这一时期的历史虚无主义思潮出现的一个新动向。这一时期的历史虚无主义者已经走到公开丑化、调侃英烈，美化反动统治者的道路上去。从林则徐、洪秀全、孙中山到刘胡兰、董存瑞、江姐等，常被斥之为“太激进”“非理性”“缺乏人性”，无一不被贬抑和丑化。与此同时，历史虚无主义者却对慈禧、曾国藩、李鸿章、袁世凯、蒋介石等情有独钟，大加赞赏，认为他们是“稳健、务实”的人，把他们称作中国“近代化的功臣”。这些观点

---

① 梁柱：《历史虚无主义评析》，北京：社会科学文献出版社2012年版。

在电视剧《走向共和》和近年来某些学者对《蒋介石日记》的评论中俯拾皆是。

第四，丑化爱国主义，美化侵略，宣扬殖民化思想。这一时期的历史虚无主义思潮已不再满足于虚无某一时段、某一方面的历史或某个领导人、某种历史研究方法，而是已经演变到公开地、直接地丑化爱国主义，美化侵略，散布半殖民地奴化思想。有论者说“鸦片战争一声炮响，给中国送来了近代文明”，“中国要富强康乐，先得被殖民一百五十年”，“如果中国当时执行一条‘孙子’（不是《孙子兵法》中的孙子，而是爷爷孙子的孙子）战略，顺便搭上哪条顺风船，或许现在的中国会强很多。比如追随美国，可能我们今天就是日本”。[①] 这些历史虚无主义者故意混淆殖民侵略和近代文明的区别，大肆鼓吹“侵略有功论”，极力赞扬西方国家入侵是帮助中国发展，以此推论，鸦片战争、中法战争、抗日战争都没有什么必要[②]，中国人民抵抗侵略反而是抗拒世界文明。此外，他们还对批评者动辄冠以“民族主义”或“狭隘民族主义”的帽子，故意把褒义的爱国主义混同为中性的民族主义甚至是贬义的狭隘民族主义。

第五，“非毛化”达到高峰。这一时期的“非毛化”在以前的基础上愈演愈烈，达到了一个高峰。许多“非毛化”论者对毛泽东进行了全方位、全过程的否定，毛泽东的各个方面及其一生的各个阶段都被否定和质疑，从他的人品、心理、情感、私生活甚至身高，到军事才能问题、AB团问题、西路军问题、抗美援朝问题、亿元稿费问题、诗文代笔问题、别墅问题、“世袭问题”等等几乎是无一遗漏，没完没了。有论者把毛泽东所犯的错误都归结为个人品质和畸形心理，把毛泽东描绘成一个公报私仇、才疏学浅、贪权占利、生活奢侈腐化的坏人；有论者甚至在网上耸人听闻地说“毛泽东是二十世纪三大暴君之一……是双手浸满人民鲜血的刽子手”。

第六，传播领域广为拓展。这一时期历史虚无主义思潮的传播不再局限于狭小的学术圈，已经渗透到教育和文艺领域。在教育领域，不少高校

---

① 田居俭：《历史岂容虚无》，《高校理论战线》2005年第6期，第43页。

② 梅荣政、杨军：《历史虚无主义重新泛起的透视》，《马克思主义研究》2005年第5期。

甚至中小学和一些培训班都受到这股思潮潜移默化的影响，一些课堂甚至在有意无意间成了传播历史虚无主义思想、观点的阵地。在文艺领域，历史虚无主义思潮已悄然通过各种文学作品、普及读物和影视剧的形式迅速蔓延。

此外，这一时期的历史虚无主义思潮还有诸多表现，如割裂毛泽东思想与中国特色社会主义理论体系的关系，无限夸大中华人民共和国历次运动中错杀的人数和三年困难时期饿死的人数，污蔑中国共产党没有注册，全盘否定现行历史教科书，制造改革开放前后两个 30 年的对立，污蔑唯物史观为“土匪史观”等等，不一而足。

## 三、历史虚无主义思潮的核心观点

从改革开放以来历史虚无主义思潮蔓延的历程可以看到其具体思想观点纷繁复杂，不一而足，那么其核心观点究竟有哪些呢？只有把握这股思潮的核心观点，才能抓住其关键环节，从而深入理解这股思潮。在历史虚无主义思潮的鼓吹者中，虽然不同的人知识背景不同、看问题的视野和层次不同，使这股思潮的具体观点比较庞杂，但总体来说该思潮的核心观点可概括为以下五个方面。

### （一）否定革命，美化改良

历史虚无主义思潮的第一个核心观点就是竭力否定革命，美化改良，诋毁和嘲弄我国人民为求得民族独立和人民解放而进行的反帝反封建斗争。这方面的典型表现集中在《告别革命》一书中。该书大肆渲染革命的“弊病”和“祸害”，把革命与建设、革命与现代化绝对对立起来，认为革命白白耽误了实现现代化的时间。他们认为“革命者们很残忍、血腥，革命容易使人发疯发狂，丧失理性。革命的残忍、黑暗、肮脏的一面，我们注意得很不够”，“革命只是一种破坏性的力量，它破坏了一种政治框架之后，并没有提供新的政治框架”，“革命方式付出的代价太沉重了”，“从辛亥到‘文革’都没有革命‘一定要发生’的逻辑”，“二十世纪的革命方式确实带给中国很深的灾难”，“中国在二十世纪选择革命的方式，是令人叹息的百年疯狂与幼稚”。[①]据此，他们也提出了自己的替代方案，就是竭力颂扬改良，称“革命是一种能量消耗，而改良则是一种能量积累”，“改良可能成功，革命则一定失败”，总之“改良比革命好，要改良不要革命”。[②]

在“告别革命”论影响下，历史虚无主义者离开复杂的社会背景，以历史偶然性否定革命的必然性，把革命发生的原因单纯归结为少数革命者个人的心血来潮和宣传鼓动，认为革命完全是近代中国特殊历史条件下革命志士鼓吹、争取的结果；高扬所谓人性的大旗，对革命的暴力大肆讨伐，而对中外反动势力血腥镇压人民群众的暴力却视而不见或轻描淡写。他们认为：“辛亥革命搞糟了，是激进主义思潮的结果。清朝的确是腐朽的王朝，但这个形式存在仍有很大意义。宁可慢慢来，通过当时立宪派所主张的改良来逼着它迈向现代化和‘救亡’的道路；而一下子痛快地把它改掉，反而糟了，必然军阀混战”[③]。“告别革命”论者以此推断如果让清政府慢慢搞新政，中国今天也能实现现代化。在 2011 年纪念辛亥革命 100 周年之际，有些学者借评论孙中山为名，竟说：“现在看来，如果选择康、梁的改良主义道路会好得多，这就是说，辛亥革命其实是不必要的……如果他的认识深一些，也许就会接受‘虚君共和’的英国式道路，避免许多战争。”[④]

从否定革命、颂扬改良的核心观点出发，历史虚无主义者在对我国近现代历史事件和历史人物的评价上，贬抑太平天国运动、辛亥革命和新民主主义革命，抬高洋务运动和清末“新政”；贬抑洪秀全、孙中山、毛泽东等，抬高慈禧、曾国藩、李鸿章、袁世凯、蒋介石等。与此同时，他们在对中国近现代史的研究中竭力主张以现代化范式代替革命范式，由此出

① 李泽厚、刘再复：《告别革命》，香港：天地图书有限公司 2011 年版，第 63— 67 页。
② 李泽厚、刘再复：《告别革命》，香港：天地图书有限公司 2011 年版，第 63— 67 页。
③ 李泽厚、王德胜：《关于文化现状、道德重建的对话》（上），《东方》1994 年第 5 期。
④ 李泽厚、刘再复：《告别革命》，香港：天地图书有限公司 2011 年版，第 103、105 页。

发虚无以马克思主义唯物史观为指导得出的一切史学研究成果。

### （二）否定五四运动

历史虚无主义者不仅否定革命，颂扬改良，而且把矛头指向了五四运动。他们把五四运动视为近代中国产生革命的罪魁祸首，指责五四运动造成了中国近代历史发展的断裂，认为五四运动“把民族传统文化赖以生存的东西截断了，一切民族虚无主义，一切政治灾难都是从五四运动来的”；五四运动改变了近代中国发展的方向，使“救亡压倒了启蒙”，打断了“向西方学习”的道路，即从所谓“以英美为师”的“近代文明的主流”走上了“以俄为师的歧路”，中国因此耽误了 60 年的发展，“至少虚掷了三代人的血泪精华”。[①] 历史虚无主义者还认为马克思主义本来没有传入中国的必要，正是五四运动使马克思主义乘虚而入，随后在马克思主义影响下产生了中国共产党，使中国走上了一条错误的道路，从而此后进入了动荡而流血的 30 年。此外，历史虚无主义者还在文学、艺术领域全盘否定五四运动以来、特别是中国共产党领导和影响下的进步文艺、革命文艺。

### （三）否定社会主义改造

历史虚无主义者对中华人民共和国历史的虚无首先表现在否定社会主义改造上。他们认为社会主义改造实质的问题是根本上搞早了、搞糟了、搞错了，阻滞、破坏了中国社会的发展。他们宣称经济文化非常落后的中国没有资格搞社会主义，即使勉强搞起来，也不过是小资产阶级的空想社会主义，[②] 并据此否定改革开放前 30 年的社会主义建设历程，认为 1978 年以前 30 年的社会主义建设“只是一部荒唐史”，而称改革开放 30 多年的实践正是对社会主义的否定和对“以英美为师”的“近代文明主流”的回

---

① 梅荣政、杨军：《历史虚无主义重新泛起的透视》，《马克思主义研究》2005 年第 5 期。

② 陆攀：《影响大学生爱国主义教育的三大社会思潮剖析》，《宿州学院学报》2011 年第 12 期。

归[①]，把改革开放以来的30多年与中华人民共和国前30年的历史割裂和对立起来。

历史虚无主义者还试图以“新民主主义社会论”否定社会主义改造，认为社会主义初级阶段应该直接和新民主主义社会对接，社会主义改造是一个重大曲折，社会主义改造后建立的社会主义制度是所谓“早产儿”“畸形儿”。[②]由此他们得出结论：中国的当务之急是“补新民主主义的课”，强烈要求用21世纪的头20年来补“新民主主义”的课（实际上是资本主义的课），强调西方自由主义的经济制度才是最好的，鼓吹自由主义的意识形态，也就是资产阶级自由化。

### （四）否定中国共产党的领导

否定中国共产党的领导是历史虚无主义的最核心的一个观点。历史虚无主义者用攻其一点不及其余的方法，无限放大中国共产党在领导新民主主义革命、社会主义建设和改革开放中所犯的错误，全盘否定中国共产党在新民主主义革命和社会主义建设时期带领全国人民经过艰苦奋斗所取得的历史成就，掩盖甚至否定其本质与主流，歪曲中国共产党的历史，认为中国共产党的领导带给中国人民的是一系列的灾难。在他们看来，中华人民共和国成立后，在中国共产党领导下，运动频繁，经济落后，人民生活水平提高缓慢，从而将中国人民在中国共产党领导下几十年来的社会主义建设及其所取得的成就一笔抹杀，这就从根本上否定了中国共产党的领导。更有甚者，认为中国共产党领导的新民主主义革命、社会主义建设以及党在社会主义初级阶段的基本路线和基本纲领，都是中国共产党领导的一系列错误的延续，影响了中国现代化的历史进程。所以他们否定一切，最后都把矛头集中指向中国共产党的领导。[③]

---

① 张晓红、梅荣政：《历史虚无主义的实质和危害》，《思想理论教育》2009年第7期。
② 彭才栋：《剖析以“后30年”否定“前30年”的错误倾向》，《中华魂》2013第7期。
③ 张晓红、梅荣政：《历史虚无主义的实质和危害》，《思想理论教育》2009年第7期。

### （五）否定中华文明，美化西方文明

抹杀、否定中华文明，全面美化西方文明是历史虚无主义的“最高级”形式。历史虚无主义者从刻意渲染中国人的落后性，发展到否定五千年的中华文明史。其中比较有代表性的观点集中体现在20世纪80年代末的电视政论片《河殇》中，该片认为中华民族根本没有文明，污蔑中华民族几千年的历史只有“愚昧和落后”，没有创造力，而“蓝色文明”才是充满了生机、充满了活力，是世界上领先的文明，要现代化只有乞灵于西方的“蓝色文明”，主张“欧洲中心论”，鼓吹“全盘西化”。[①]

更有甚者，有些人不仅否定中华文明的历史，还公然篡改中华文明的起源，认为人类的文明只有西方地中海文明这一个共同的子宫，我国为数众多的古文化发现都不算数，都是来自地中海的，企图证明“中国文明西来说”，有人甚至说“对传统文化我全面否定，认为中国传统文化早该后继无人”，认为中国文化的危机“不仅是民族性的问题”，“甚至感到是与人种不无关系的”。这些人把我们中华民族的祖宗都出卖了，根本不承认中华文明是我们的祖先在中国这片土地上创造、发展起来的。

全盘否定中华文明必然导致否定中国的制度，有人认为：“西方与中国制度的区别就是人与非人的区别，换言之，要过人的生活就要选择全盘西化，没有和稀泥及调和的余地。我把西化叫作国家化、世界化，只有西化，人性才能充分发挥，这不是一个民族的选择，而是人类的选择，所以，我很讨厌民族化这个词。”其实，他们不是从一般意义上反对“民族化”，而是特指反对中华民族的“民族化”，反对中华文明。

可见，历史虚无主义者肆无忌惮地否定中华文明，美化西方文明已经到了什么程度，这正是邓小平一再批判过的半殖民地奴化思想的死灰复燃。若任其继续泛滥下去，必然坍塌中华民族的精神脊梁，诱使我国人民沦为“没有脊梁骨”的西方奴隶，中华复兴更是无从谈起。

---

① 张晓红、梅荣政：《历史虚无主义的实质和危害》，《思想理论教育》2009年第7期。

## 四、历史虚无主义思潮的主要特征

从历史虚无主义思潮的核心观点及其相关背景和蔓延的过程来看，该思潮的主要特征可从以下五个方面进行概括：一是思想内容上的层次性；二是表现形式上的迷惑性；三是研究方法上的主观性；四是思维方式上的形而上学性；五是根本目的上的现实指向性。

### （一）思想内容上的层次性

历史虚无主义思潮的种种思想观点形形色色，比较庞杂，虽然都在虚无历史，但对历史虚无的程度是有区别的，要具体问题具体分析，不能一概而论。我们根据这股思潮不同的思想观点对中国历史尤其是中国近现代史虚无的程度及对社会危害程度的大小，将该思潮初步划分为三个层次。

1. 浅层次的历史虚无主义

一般而言，这一层次的历史虚无主义思潮对革命与改良的关系认识不清，笼统地否定革命，夸大革命的破坏性，进而否定自以为“激进”的历史事件，对社会主义道路和中国共产党的领导及其领袖人物只是有所怀疑或者否定其某些时段、某些方面，并未到全盘否定的程度。受浅层次历史虚无主义思潮影响的历史虚无主义者虽然对该思潮有一定程度的认知，但对这股思潮的认同程度尚浅，往往受到从众心理的影响，并没有深厚的情感附着，更多时候是凭着感情倾向来作出判断和选择的。[①] 他们总体上不否定中华文明，坚持反对侵略，坚守爱国主义的底线，但迫切希望中国共产党更加重视广大人民群众关切的现实社会矛盾和社会问题，尽快改善党的领导，对现有社会主义体制的某些方面、某些环节进行更有成效的改革。由此可见，浅层次的历史虚无主义思潮只是否定中国近现代史的某些局部，并未直接威胁我国的立国之本——四项基本原则，对社会的危害程度相对较小。

---

① 江先锋：《高校学生受历史虚无主义思潮影响的主体性特征及其应对策略》，《山东青年政治学院学报》2011 年第 6 期。

2. 中层次的历史虚无主义

中层次的历史虚无主义思潮是在浅层次的历史虚无主义思潮基础上演变而来的，但其包含的思想观点比较复杂，大致可分为以下两种情况：

一种倾向于否定革命，否定社会主义，否定中国共产党在改革开放前30年的领导，但不否定中国共产党在改革开放后的领导，不否定中华文明，反对侵略，坚守爱国主义底线。其实质是反对四项基本原则中除“坚持中国共产党的领导”这一项之外的其他三项。持这类观点的历史虚无主义者企图推动中国共产党逐步改变改革开放的社会主义方向，实行他们所期望的“资本主义化的改革开放”，建立一个独立的、特殊的资本主义国家。

另一种是在上述基础上进而否定整个党史，认为中国共产党的成立本身就没有必要，中国共产党的领导不论在改革开放前还是改革开放后都只是“一系列错误的延续”[①]，完全否定四项基本原则，但不否定中华文明，仍然反对侵略，坚守爱国主义底线。持这类观点的历史虚无主义者认为单纯依靠中国共产党的领导根本不可能实施全面、彻底的“资本主义化的改革开放”，强烈要求改变中国共产党的领导地位和执政地位，实施多党制、三权分立和资本主义宪政，实行全盘西化，建立一个独立的“西式”资本主义国家。

中层次的历史虚无主义思潮在当今“社弱资强”的世界格局下具有很强的迷惑性，不易辨别，非常值得警惕。这一层次的历史虚无主义思潮直接挑战我国的立国之本——四项基本原则，其实质是改革方向的争夺，企图扭转我国改革开放的社会主义方向，把我国的现代化建设引向邪路，对社会的危害程度较大。

3. 深层次的历史虚无主义

深层次的历史虚无主义思潮由中层次的历史虚无主义思潮继续演变而来。这一层次的历史虚无主义思潮已经发展到否定整个中华文明、丑化中华民族、美化资本—帝国主义侵略的地步。受深层次的历史虚无主义思潮

---

① 马砚：《近年来关于历史虚无主义思潮的论争》，《领导文萃》2009年第5期。

影响的人往往刻意渲染中国人的落后性，甚至认为中华民族是劣等民族，同时热衷于为殖民侵略翻案，为殖民侵略者和汉奸卖国贼等各种反动势力“唱赞歌”[①]，甚至叫嚷要做西方“三百年殖民地”，到处散布卖国言论，已经远远超越了爱国主义的底线，这种历史虚无主义思潮达到了无以复加的地步。持这类观点的历史虚无主义者认为中华民族已不可能自救，必须靠西方才能拯救，甚至甘做今后西方侵略中国的“带路党”，甘当西方的“孙子”，已经彻底丧失了作为中国人的国格、人格，彻底丧失了最后一点民族自尊和自信。可见，深层次的历史虚无主义不仅否定四项基本原则，而且走到了否定中华文明、否定爱国主义、美化殖民侵略的极端，对社会的危害程度最大。

### （二）表现形式上的迷惑性

历史虚无主义思潮在其表现形式上具有很强的迷惑性，主要表现在：

一是善于打着“解放思想、大胆创新”的旗号，以“学术研究”的面目出现。虽然我国至今还没有一部公开出版的系统阐述历史虚无主义思想、观点的专著，但其各种观点包括对革命的否定、对革命领导人的丑化、对马克思主义和社会主义的攻讦、对中国近现代重大历史事件的“重新评价”等等却散见于各类学术论文、学术书籍和学术讲座中。这股思潮通过学术研究来表达核心观点，以“学术自由”的幌子来掩盖其背后的政治诉求[②]，声称自己的研究是“理性思考”的产物，这使其在历史辨别力不强的一些人中得到一些拥趸。

二是以通俗历史读物、文艺作品、历史评论等形式通过网络、影视、报刊等大众传媒在潜移默化中影响社会舆论。历史虚无主义者利用符合大众心理和娱乐习惯的渠道和方式如网络和影视向社会散播其思想观点。在网络上，他们往往用哗众取宠的观点吸引人们的眼球，用似是而非的论证

---

① 赵曜：《当代中国社会思潮透视》，《中国特色社会主义》2002 年第 1 期。

② 陈元明：《历史虚无主义对大学生思想政治教育的影响——以社会主义核心价值体系教育为例》，《学理论》2015 年第 3 期。

否定我国主流意识形态的观点和一些历史定论，往往给人“新奇”之感，也契合了一些人猎奇求新的心理；在影视作品中，他们往往站在“超然的客观主义”立场上，从抽象的人性出发，大肆渲染革命或战争的残酷性，而混淆导致残酷性的历史责任，离开复杂的历史环境来看待近现代中国重大历史事件和重要历史人物，引导观众得出“革命是不讲人性的”“革命本身导致了残酷性”“好人不好，坏人不坏；好事不好，坏事不坏”等错误结论；或以调侃的态度和戏说的方式“重新展现”近现代中国重大历史事件和重要历史人物的活动，把本来严肃的历史事实改编为搞笑的娱乐情节，这往往促使不同文化层次的人在不知不觉中接受其信息诱导。[①]

### （三）研究方法上的主观性

“‘历史’并不是把人当做达到自己目的的工具来利用的某种特殊的人格。历史不过是追求着自己目的的人的活动而已”。[②] 历史作为人的活动，是一种客观存在，因此，认识和研究历史必须以事实为出发点，全面、系统地掌握有关资料，把握历史事实的总和并阐明其内在联系，透过历史现象分析历史的本质和主流，揭示历史的发展规律。换言之，以史实为依据，从客观历史实际出发，实事求是，是研究历史的根本原则和方法。

然而，历史虚无主义在历史观上是唯心主义的，表现在研究方法上带有明显的主观性。许多历史虚无主义者超越了学术研究的底线，却在“学术研究”的幌子下，丧失了对基本历史事实的尊重，根据其主观愿望和政治诉求，主观地引用史料，随意地涂抹、剪裁历史事实，把历史当成一个“任人打扮的小姑娘”，轻率地改变马克思主义者通过严肃、认真的研究得出的历史结论。

历史虚无主义者大多坚信“史为我用”的信条，无视历史活动客观规律的决定性作用，以自己的主观价值尺度，尤其是政治价值尺度对零碎的

---

① 杨军：《历史虚无主义思潮影响高校师生的现状、原因和对策》，《思想理论教育导刊》2011 年第 11 期。

②《马克思恩格斯文集》第 1 卷，北京：人民出版社 2009 年版，第 295 页。

历史事实进行剪裁甚至重塑，把支流当主流，把现象当本质，企图通过否定某些历史人物、涂抹剪裁某一段历史来否定革命、否定社会主义、否定中国共产党的历史，想当然的解读、虚构中国历史，试图寻找所谓另类"历史规律"以及更适合中国社会发展的另类"发展道路"——资本主义道路，从而为"西化"中国服务。[①] 这种做法脱离了客观历史事实，背离了最起码的客观性标准，是典型的实用主义。[②]

比如，某些历史虚无主义者坚持用抽象的人性论描绘历史人物、编排历史情节，对历史进行随心所欲的涂抹、剪裁、虚构、解读，特别是热衷于对已有历史定论的叛徒、汉奸、反动统治人物评功摆好，妄图进行翻案；有人竟宣称动荡不已、民不聊生的民国时期是中国历史上的"黄金发展期"。这些显然是对历史的颠倒和虚构。[③]

由此可见，历史虚无主义者所用的"研究"方法不是从事实出发，没有全面、系统地掌握有关资料，透过历史的现象分析历史的本质和主流，从而揭示历史的发展规律，而是随心所欲地挑选零碎的历史事实加以涂抹或剪裁，凭借"新奇大胆"的想象肆意歪曲和否定历史。[④]

### （四）思维方式上的形而上学性

联系、发展、全面的原则是马克思主义唯物史观正确认识、分析和评判历史的基本方法论原则。然而，历史虚无主义试图以理论的"假设"取代历史的真实，往往采用孤立、静止、片面的方法看问题，违背了联系、发展、全面的基本方法论原则，在思维方式上呈现明显的形而上学性。在这种抽象性的"取代"中，历史虚无主义往往执着于历史的细枝末节，并

---

① 刘美玲：《历史虚无主义对"纲要"教学影响的成因探析》，《当代教育理论与实践》2011 年第 8 期。

② 梅荣政、杨军：《历史虚无主义重新泛起的透视》，《马克思主义研究》2005 年第 5 期。

③ 梅宁华：《旗帜鲜明地反对历史虚无主义——辛亥革命百年回眸》，《人民论坛》2011 年第 1 期。

④ 田居俭：《必须尊重中华民族的历史渊源——评历史虚无主义的一种表现》，《求是》2006 年第 3 期。

以此代替对历史整体的把握，从而脱离了历史的真实本质。①

历史是一个复杂的多面体，每个历史事件都发生在一定的历史环境中，重要的是要在把握历史活动的全貌中来确定它的主要方面，分清主流和支流，这样才能揭示历史真相。如果为了证明某种既定的观点而随意抽出一些实例，那么任何实例都有可能被找出来，任何观点都可能得到“证明”，任何历史都可能被改写。②因此，虽然历史虚无主义者一再声称要“还原历史真相”，但他们往往离开复杂的历史联系，仅以某些片面的、局部的历史材料来推断整体的历史，从而其所声称的“目标”仅仅是表面上的，其作出的历史判断也因此成为列宁所说的“儿戏”，甚至“连儿戏也不如”。

历史虚无主义者经常拿“反思历史”说事，其实对历史进行反思本无可厚非，但问题的关键不在于要不要对历史进行反思，而在于以哪种思维方式去反思，这正是历史唯物主义与历史虚无主义在对待历史问题上的重要分歧所在。历史虚无主义在方法上以历史选择论为指导，遵循“假定”原则，从假设出发论证问题，往往夸大历史发展过程中主体的行为选择性，并以此否定历史发展规律，在不全面了解历史事实的情况下，片面地只根据一些历史表象主观臆想、推断历史的发展和可能的结局，同时混淆现象与本质的关系，颠倒支流与主流的关系，或攻其一点不及其余，或无中生有，捕风捉影，是典型的形而上学的思维方式。③历史虚无主义者中的不少人在史学界和文学界对一切在马克思主义指导下得出的结论，在中国共产党领导下取得的成果统统发难，将中华人民共和国历史上的某些失误抽象化、绝对化，并片面地、孤立地加以放大、渲染，动辄全盘否定，要“断裂”，而对西方文化却顶礼膜拜，全面美化，非此即彼，这类形而上学

① 宋学勤：《唯物史观的现实生命力——以中共党史研究为中心的探讨》，《南京政治学院学报》2013 年第 7 期。

② 梅宁华：《旗帜鲜明地反对历史虚无主义——辛亥革命百年回眸》，《人民论坛》2011 年第 1 期。

③ 姜金林：《历史虚无主义思潮评析》，《南阳理工学院学报》2012 年第 7 期。

已经猖獗到无以复加的程度。[①]

### （五）根本目的上的现实指向性

社会思潮属于社会意识层面的问题，根源于社会存在。[②]在这一点上，历史虚无主义思潮也不例外，这股思潮的泛起和蔓延是我国现行经济制度、经济体制及现实社会阶级、阶层的复杂利益关系在历史观上的反映。因此，历史虚无主义思潮的种种观点表面上看是在谈历史问题[③]、谈学术问题，实际上却不只是就历史而谈历史，也不只是就学术而谈学术，而是“醉翁之意不在酒”，是在借历史问题谈现实问题、借学术问题谈政治问题，其在根本目的上有着明确的现实指向性。

历史虚无主义思潮极力否认革命是中国近现代史的主线，尤其是否定在中国共产党领导下的新民主主义革命、社会主义革命、社会主义建设和改革史，这里的关键是抽掉我国走社会主义道路的历史依据。这类做法极易导致“颠倒历史真相”、误导群众的严重后果。

历史虚无主义思潮否定五四运动以来中国社会发展的社会主义取向，将诱使广大群众对马克思主义的科学性、社会主义的必然性、中国共产党执政的合理性产生怀疑，动摇党的领导地位，危害社会主义国家政权的稳固。

历史虚无主义思潮否定20世纪50年代的社会主义改造，诱导人们相信所谓的“补课论”，其目的在于使人们逐渐丧失对现实社会主义建设的信心，盲目迷信资本主义制度，从而使我国的改革开放偏离社会主义的轨道。

历史虚无主义思潮以还原“历史真相”、书写“真实历史”为名，片面放大中国共产党在历史上所犯的错误，全面责难社会主义建设的成就，

---

① 张晓红、梅荣政：《历史虚无主义的实质和危害》，《思想理论教育》2009年第7期。

② 陈元明：《历史虚无主义对大学生思想政治教育的影响——以社会主义核心价值体系教育为例》，《学理论》2015年第3期。

③ 陈元明：《历史虚无主义对大学生思想政治教育的影响——以社会主义核心价值体系教育为例》，《学理论》2015年第3期。

就是希望在现实中使人民群众对党失去信任，从而削弱党的领导[①]，最终实现其从根本上否定中国共产党领导的合法性的企图。

历史虚无主义思潮抹杀中华民族的灿烂文化，解构辉煌的中华文明，竭力主张与西方“蓝色文明”全面接轨，消解文化认同，腐蚀民族精神，瓦解理想信念，使人们丧失民族自尊心、自信心和自豪感，削弱中华民族的凝聚力[②]，易导致现实生活中民族虚无主义和崇洋媚外倾向的滋长。

历史虚无主义思潮在社会生活中既是一种理论形态，又在很大程度上是一种实践形态。该思潮的这种现实指向性，使得它有一种内在的自我实现的冲动，企图以思想的影响为突破口来达到实践的改造，通过在实践中的不断渗透、蔓延，来达到影响和控制现实的实践力量，从而逐渐实现自己的政治主张。历史虚无主义思潮的鼓吹者往往“借历史谈现实，借学术谈政治”，从历史领域入手，通过否定、丑化历史达到否定现实的目的。他们集中攻击我国的立国之本——四项基本原则[③]，一步步抽掉我国坚持四项基本原则的历史依据，诱使我国在现实中放弃四项基本原则，改变改革开放的社会主义方向，否定我国的社会主义道路，企图改行资本主义道路，从而逐步走上改旗易帜的邪路。总之，历史虚无主义思潮说到底是对我国当代“举什么旗，走什么路”问题的一种回答，这也正是其真实“意图”之所在，其在根本目的上的现实指向性由此可见一斑。

## 五、历史虚无主义思潮的实质和危害

历史虚无主义思潮所反映的不仅仅是对待历史的态度问题，而且是对待现实的态度问题[④]，不仅仅是单纯的学术问题，而且是复杂的政治问题。

---

① 江先锋：《大学生受历史虚无主义思潮影响的原因探析》，《思想教育研究》2012 年第 4 期。

② 曹守亮：《历史是不能虚无的》，《高校理论战线》2007 年第 4 期。

③ 陈元明：《论新中国成立以来历史虚无主义的两种取向》，《毛泽东思想研究》2015 年第 3 期。

④ 张晓红、梅荣政：《历史虚无主义的实质和危害》，《思想理论教育》2009 年第 7 期。

我们不仅要弄清其泛起的背景、蔓延的历程及其核心观点和主要特征，还要透过现象挖掘其背后的实质和危害。

## （一）历史虚无主义思潮的实质

历史虚无主义思潮的实质隐藏于其形形色色的观点之中，下面我们从分析该思潮的五个核心观点入手，逐步揭示其实质。

否定革命是历史虚无主义思潮的一个核心观点，而中华人民共和国的诞生和社会主义制度的确立正是中国共产党领导人民进行新民主主义革命和社会主义革命的产物，如果革命这个前提被否定了，那么由此建立的人民民主专政的社会主义制度也就失掉了存在的根基。历史虚无主义思潮否定革命的历史真相，实质上是要釜底抽薪，从历史依据上抽掉中国走社会主义道路的客观必然性，使中国走资本主义道路。[①] 如此一来，也就从根源上否定了中国共产党成立的必要性及其领导人民进行革命的合理性、正义性，否定了中国共产党在近代中华民族崛起的过程中所起的重大历史作用，否定了中国共产党执政地位的历史合法性。

历史虚无主义者否定五四运动的主要原因是他们认为五四运动以来中国人逐渐改变了“向西方学习”的路线，脱离了以“英美为师”的近代文明的主流，转而选择了马克思主义、选择了社会主义道路，误入了“以俄为师”的歧途。由此可见，他们否定五四运动的根本目的就是借歪曲历史的本来面目来证明学习“西方的主流文化”是无法抗拒的历史必由之路，从而否定马列主义，否定社会主义道路。

历史虚无主义者通过否定社会主义改造，进而否定改革开放前社会主义建设的历史，以达到最终否定现行社会主义根本制度的目的。他们在诋毁中华人民共和国前三十年社会主义革命和建设的同时，表面上极力称赞中国改革开放以来的成就，其真实目的却是鼓吹“补课论”，诋毁和否定我国社会发展的社会主义取向，诱骗我国的改革开放沿着他们所设想的道

① 周玉：《社会主义道路：中国近现代革命的必然逻辑——对历史虚无主义几个观点的回应》，《西南民族大学学报（人文社会科学版）》2011 年第 8 期。

路进行，企图让我国步苏联解体之后尘。

至于丑化中华文明，美化西方文明，还是为了证明学习“西方的主流文化”是无法抗拒的历史潮流，其表面上是要用西方文明来改造或取代中华文明，根本目的仍是要抽掉中国走社会主义道路的历史依据，为推行“全盘西化”的资本主义道路鸣锣开道。这从近年来历史虚无主义者为迎合西方对中国进行干涉和颠覆的图谋，根本不顾及国家和民族的尊严，打着“普世价值”和西方民主的旗号，肆意歪曲和攻击中国的社会主义制度和改革开放的种种表现中可见一斑。

总之，历史虚无主义思潮从历史领域入手，企图通过虚无历史达到否定现实的目的，借以抽掉我国坚持四项基本原则的历史依据，否定我国社会主义的根本制度和发展道路，诱使我国走上改旗易帜的邪路[①]，这才是其实质之所在。

### （二）历史虚无主义思潮的危害

历史虚无主义思潮的泛起和蔓延对我国社会产生了较大的危害，主要体现在以下四个方面：

一是搞乱人们的思想，消解主流意识形态。历史虚无主义思潮往往从对具体的历史事件和历史人物的分析和评价入手，以偏概全，甚至虚构并不存在的所谓“历史真相”，以此混淆历史是非，颠覆人们对重大历史事件和历史人物的传统认识，降低人们的历史鉴别力。比如，该思潮一味丑化革命，美化改良，颠倒主流意识形态对革命和改良的评价，导致人们片面贬低为民族独立和人民解放抛头颅、洒热血的革命先烈，无限拔高进行某些改良措施的反动统治者。又如，该思潮的“侵略有功论”诱使人们美化侵略，美化妥协投降，甚至美化汉奸，而刻意贬低反侵略斗争，贬低爱国主义精神。这些是非、美丑标准的歪曲必定引发思想混乱，我国社会主义主流意识形态就会在无形中被消解。

---

① 陈元明：《历史虚无主义对高校思想政治理论课教学的影响及对策》，《广西青年干部学院学报》2014 年 12 月。

二是动摇四项基本原则，将改革开放引向邪路。由上文分析可知，历史虚无主义思潮的实质在于否定四项基本原则，而四项基本原则是我国的立国之本，是我国永葆社会主义本色的根本前提。正如邓小平所说，四项基本原则是“成套设备”，“如果动摇了这四项基本原则中的任何一项，那就动摇了整个社会主义事业，整个现代化建设事业”。[①] 而历史虚无主义思潮的鼓吹者千方百计妄图动摇四项基本原则，把五四运动以来中国人民选择的社会主义方向说成是“偏离近代文明的主流，误入‘以俄为师’的歧途”；把中华人民共和国前30年的社会主义建设描绘得“一团漆黑”，其替代方案就是“应该以英美为师，走资本主义道路，融入西方文明的主流”，“应该补上资本主义这一课”等等。[②] 显然，历史虚无主义思潮的现实目的昭然若揭，其动摇四项基本原则的后果就是使我国改变改革开放的社会主义方向，走上改旗易帜的邪路，从而被纳入西方资本主义体系中去，永远做西方资本主义国家的附庸。

三是策应西方反华势力对我国的“西化”“分化”，促使我国“和平演变”。早在20世纪50年代，美国中情局局长艾伦·杜勒斯就明确提出了针对社会主义国家的“和平演变”战略。他说：“人的脑子，人的意识是会变的。只要把脑子弄乱，我们就能不知不觉改变人们的价值观念，并迫使他们相信一种经过偷换的价值观念”；“我们将使用一切办法去支持和抬举一批所谓的艺术家，让他们向人的意识中灌输性崇拜、暴力崇拜、暴虐狂崇拜、背叛行为崇拜，总之是对一切不道德行为的崇拜”；“我们要把精神道德的基础庸俗化并加以清除。我们将以这种方法一代接一代地动摇和破坏列宁主义的狂热。我们要从青少年抓起，要把主要赌注压在少年身上，要让它变质、发霉、腐烂。我们要把他们变成无耻之徒、庸人和世界主义者。”此后，西方敌对势力从未放弃“西化”“分化”我国的战略图谋，他们通过思想文化渗透企图使社会主义国家从内部“和平演变”。历史虚无主义思潮是“西化”“分化”我国的重要工具，该思潮通过丑化我国的党

① 《邓小平文选》第2卷，北京：人民出版社1994年版，第173页。
② 李殿仁：《认清历史虚无主义的极大危害性》，《红旗文稿》2014年第20期。

史、国史、革命史和社会主义建设史，无限夸大我国的错误和弊端，逐步改变人们尤其是青年的思想，使人们淡漠革命历史，淡忘革命传统和社会主义理想信念，为培养人们对西方的盲目崇拜鸣锣开道，从而促使我国“和平演变”。

四是销蚀民族自尊和自信，加剧崇洋媚外。历史虚无主义思潮不仅歪曲中国近现代史，而且对中国古代史，对五千年源远流长的中华文明和爱国进取、自强不息的民族精神也极尽丑化、污蔑之能事。在不少历史虚无主义者的笔下，中华民族不只是“愚昧”“丑陋”，而且充满“奴性”、缺乏创造力、安于现状、逃避现实，如此这般缺点多多、优点寥寥。中华民族和中华文明的优点在这些人的笔下一笔抹杀了。这类荒唐、偏激的言论给人们造成“中国一切都坏，西方一切都好”的错误印象，不断销蚀着许多国人的民族自尊和自信，误导一些地方、一些干部在发生中外矛盾时不能勇于保护我国国民的正当权益，误导普通国民尤其是许多青年淡漠中华民族优良传统，盲目崇拜西方、日本、韩国等外国人的生活方式和价值观，一些人在“外国的月亮比中国圆”的扭曲心理驱使下甚至做出许多丧失国格、人格的事情。

# 第四章
# 历史虚无主义思潮对西南地区大学生思想的影响现状

历史虚无主义思潮影响我国社会的一个重点就是其鼓吹者与中国共产党争夺对青年群体的影响力。大学生作为青年群体中比较有知识、有活力的部分，对历史虚无主义思潮的感知也比较敏锐，他们受这股思潮影响的现状是一个迫切需要调查清楚的问题。为具体了解历史虚无主义思潮对西南地区大学生思想的影响现状，我们结合传播认知理论模式，专门设计了调查问卷，就西南地区大学生对历史虚无主义思潮的认知情况和认同情况进行了详细调查。据此，下文中的“大学生”，如不加特殊说明，均是指西南地区大学生。

## 一、实证调查基本情况

本研究的实证调查主要采用问卷调查，并辅之以个案访谈的方式进行。要做好问卷调查，既要选取合适的调查对象和调查范围，又要设计好调查问卷的具体内容，还要有恰当的调查实施方式和步骤，才能使调查的质量得到较好的保障。下面，我们就从调查范围和调查对象的选择、调查问卷的内容及设计思路、调查实施方式和步骤及问卷调查概况几个方面来具体介绍本次问卷调查的基本情况。

### （一）调查范围和调查对象的选择

为了深入细致地研究历史虚无主义思潮对大学生思想的影响现状，鉴于时间、精力和资金的限制，研究人员有必要把本次实证调查限定在一定的区域范围，并选择一些具有代表性的高校对大学生进行抽样调查。这个区域范围不宜太大，也不宜太小，必须能使研究人员容易接近调查对象，以便做比较详细的调查。由于本人长期在西南地区高校学习、工作和生活，因此就近选择西南地区作为实施调查的区域。选定调查区域之后，还必须从西南地区多个省区的众多高校中选取具有代表性的高校。

鉴于我国西南地区高校分布的现实情况，笔者决定选取广西、云南、贵州三省区为调查区域，选择桂林理工大学、广西师范大学、桂林医学院、广西民族大学、西南林学院、云南大学、云南师范大学、云南民族大学、贵州民族大学、安顺学院、六盘水师范学院等11所高校的大学生为调查对象。如此选取的原因如下：

一是广西、贵州、云南三省区所在的我国西南地区是典型的多民族地区，具有多元的民族文化和丰富的自然资源，但经济文化相对落后，其自身的特色比较明显。研究历史虚无主义思潮对这一地区大学生思想的影响对维护多民族地区的和谐稳定，促进其社会主义精神文明建设具有重要的意义。

二是这11所高校既有人文、社科、理、工、农、医等多种专业类别，又有师范、民族等不同性质的院校，其分布比较合理。

在调查区域和进行抽样的高校选定之后在具体抽样过程中采取什么样的抽样方法至关重要，因为如果抽样方法不科学，可能导致调查结果出现较大偏差，甚至毫无意义。本研究在抽样过程中根据实际情况的需要采取了多阶段抽样方法，综合采取了多种抽样方法。具体抽样步骤分四步进行：第一步，把学校里的男女生宿舍楼楼栋号分开，采取类型随机抽样的方法，分别在男生宿舍楼和女生宿舍楼随机抽取几栋宿舍楼（注意：抽取的男女生楼栋数、宿舍数与该校男女生总体比例大致相符）；第二步，采用分层抽样的方法在抽取的宿舍楼中只选择单数楼层或只选择双数楼层作为下一步抽样的目标；第三步，从选择的楼层开始，随机选择一个房号，按照隔二抽一等距抽样的方法（每间隔两个宿舍才访问下一个宿舍）继续选择宿舍房号进行抽样调查，直到问卷全部发放完毕（如遇宿舍无人、不愿配合等特殊困难也可适当调整）；第四步，采用整群抽样的方式进行调查，调查员每进入一个宿舍，宿舍在场的所有同学都是调查对象（个别极不配合的除外）。此外，一些调查员还采用了偶遇抽样的方法进行随机抽样。

### （二）调查问卷的内容及设计思路

鉴于历史虚无主义思潮这一概念具有较强的专业性和抽象性，普通大学生难以理解，加之直接用这一概念进行调查易引起调查对象的防范心理，从而导致填答失真的现象，因此本人进行问卷设计时采用了迂回战术，将问卷名称定为“大学生历史教育调查问卷”，以尽可能减少调查对象填答问卷的障碍。

本问卷分为两部分：第一部分是基本情况，包括被调查人的性别、生源地、专业类型、年级、政治面貌、宗教信仰、家庭人均年收入。设置本部分的目的是调查和分析不同背景的大学生受历史虚无主义思潮影响的差异，以便有针对性地采取可操作的思想政治教育策略。

第二部分是主体内容，主要围绕历史虚无主义思潮的五个核心观点——否定革命、否定五四运动、否定社会主义改造、否定中国共产党的领导、否定中华文明进行问卷设计，将其与历史唯物主义相应的正统观点进行对照，并专门为此设计了两个态度量表进行正反对照、相互印证，来测试大学生对这两类观点的态度及其强弱。此外，该问卷还调查了这股思潮影响大学生思想的途径、原因以及对四项基本原则、对社会主义核心价值体系的具体影响，从而与两个态度量表一起构建相应的测量指标体系。

之所以主要围绕历史虚无主义思潮的这五个核心观点进行问卷设计，是因为这股思潮的具体思想观点多种多样，非常繁杂，在调查问卷设计中不可能穷尽其所有的思想观点，而这五个核心观点是这股思潮的重点内容，至于其他的思想观点，基本上是围绕这五个核心观点展开的。

将其与历史唯物主义相应的正统观点进行对照能比较直观地反映出历史虚无主义思潮对大学生思想影响的真实状况，因为现在的许多大学生平时对自身利益关注较多，而对与自身利益不直接相关的政治、历史、文化等问题关注较少，社会责任感较弱，他们对有关社会思潮问题的选择往往是出于感性而不是出于理性，有时对问卷某些问题的填答是“激情为之”“偶然为之”，并不十分确信自己选择的答案，甚至有时会出现在同一份问卷上同时选择两个矛盾的答案的怪现象，所以将历史虚无主义思潮的思想观点与历史唯物主义相应的正统观点进行对照，能在一定程度上减少一些非理性的选择，从中发现当代大学生在这些问题上的真实思想轨迹。

调查历史虚无主义思潮影响大学生思想的途径、原因既能为后文分析论述“历史虚无主义思潮对大学生思想的影响过程与影响模式”奠定基础，也能为“化解历史虚无主义思潮影响的对策和建议”提供重要的参考。只有进行了这种调查，才能比较清晰地了解这股思潮究竟是通过哪些途径来影响大学生的思想的，以及究竟是哪些原因促成了这种影响。

调查历史虚无主义思潮对四项基本原则及对社会主义核心价值体系认同的具体影响，是因为否定四项基本原则是这股思潮的实质，而社会主义核心价值体系是当前我国思想政治教育的主要内容之一，也是这股思潮虚无的重点内容。进行这种调查便于我们考察大学生受历史虚无主义思潮的影响程度与大学生对四项基本原则、对社会主义核心价值体系的认同程度之间的关系，主要看这股思潮是否对其产生影响以及影响的程度如何。

### （三）调查实施方式和步骤

为保证较高的调查质量，笔者精心挑选了一批做事认真并有一定调查经验的调查员。在进行调查前，笔者对分赴各个被调查高校的调查员进行了认真的培训。其主要培训内容有：（1）阐明调查的目的、意义和对象；（2）讲清调查问卷的结构和内容，要求调查员必须熟悉，以便正确解答调查对象可能的疑问；（3）说明本次调查的具体操作过程、方法和步骤；（4）说明调查中可能遇到的问题及解决办法；（5）要求调查员恪守诚信原则，诚实无欺，对自己进行调查的每一份问卷负责。

在正式开展问卷调查之前，本人采用了空间抽样的方法在广西桂林进行了试调查，目的在于查找调查问卷初稿、填答时间及访问技术等方面存在的一些问题，以便为进一步修改完善调查问卷提供比较可靠的依据。为便于统计分析，本次调查问卷的设计主要采用结构性问卷的形式，只设计了一个非结构性开放型问题。在调查问卷设计过程中，将样本选择的指标操作化为：性别、生源地、专业类型、年级、政治面貌、宗教信仰、家庭人均年收入（见表 4-2）。在整个调查过程中，本人要求调查员选择的调查对象在性别、专业类型、年级、政治面貌等方面尽可能保持一定的分散性。

本次调查采用自填问卷的形式进行，调查员先发放问卷给各个调查对象，由调查对象本人独立填答，然后调查员对填好的问卷"当场查验，当场回收"，最后交由各调查区域的总负责人再次核查并回收问卷。通过全体调查人员的共同努力，本次调查总体上实现了预期目标。

### （四）问卷调查基本情况

2014 年 4—5 月，本人运用自行设计的"大学生历史教育调查问卷"对广西、贵州、云南三省区 11 所高校不同性别、专业、年级、政治面貌的大学生进行问卷调查。本次调查共发放问卷 1300 份，回收问卷 1256 份，回收率 96.62%，剔除因填写不完整、有逻辑错误等原因导致的无效问卷 7 份，最终获得有效问卷 1249 份，有效问卷回收率为 96.07%。这次调查样本所选取地区的问卷发放、回收及有效问卷情况见表 4-1，样本的基本构成见表 4-2。

表 4-1 “大学生历史教育调查问卷”发放和回收统计表

| 序号 | 地　区 | 发放份数 | 回收份数 | 有效份数 | 有效问卷回收率（%） |
|---|---|---|---|---|---|
| 1 | 广　西 | 539 | 523 | 520 | 96.47 |
| 2 | 贵　州 | 361 | 352 | 350 | 96.95 |
| 3 | 云　南 | 400 | 381 | 379 | 94.75 |
| 合　计 | | 1300 | 1256 | 1249 | 96.07 |

表 4-2 样本构成（N=1249）

| 变　量 | 变量取值 | 人　数 | 占比（%） |
|---|---|---|---|
| 性别（缺失 6 人） | 男 | 605 | 48.7 |
| | 女 | 638 | 51.3 |
| 生源地（缺失 34 人） | 农村 | 924 | 76.0 |
| | 城市 | 291 | 24.0 |
| 专业类型（缺失 40 人） | 文科 | 503 | 41.6 |
| | 理科 | 706 | 58.4 |
| 年级（缺失 3 人） | 大一 | 453 | 36.4 |
| | 大二 | 424 | 34.0 |
| | 大三 | 220 | 17.7 |
| | 大四 | 149 | 12.0 |
| 政治面貌（缺失 8 人） | 共青团员 | 989 | 79.7 |
| | 中共党员 | 163 | 13.1 |
| | 群众及其他 | 89 | 7.2 |
| 宗教信仰（缺失 32 人） | 无 | 1043 | 85.7 |
| | 有 | 174 | 14.3 |
| 家庭人均年收入（缺失 13 人）（单位：元） | ≤ 5000 | 677 | 54.8 |
| | 5001–10000 | 293 | 23.7 |
| | 10001–20000 | 130 | 10.5 |
| | 20001–40000 | 63 | 5.1 |
| | ≥ 40001 | 73 | 5.9 |

### （五）个案访谈情况

对于问卷调查中较少涉及或需要继续深入调查的重要问题，我们用个案访谈的方式进行补充和完善。首先，根据历史虚无主义思潮对大学生的思想可能造成的影响及问卷调查中未能呈现的重要问题设计出初步的访谈提纲；其次，选取 5—6 人进行小范围的试访谈，以便进一步修改完善访谈提纲；再次，用分层抽样的方法对广西、贵州、云南三省区 6 所高校的 50 名大学生进行个案访谈，访谈的具体方式依据便利原则分为实地访谈和网络访谈两种；最后，经过系列访谈，大部分访谈对象比较配合，访谈取得了预期效果，较好地弥补了问卷调查“见物不见人”的不足。

## 二、大学生对历史虚无主义思潮的认知情况

近年来，历史虚无主义思潮在多种媒体中迅速蔓延，在社会上造成了较大的影响。那么，大学生对这股思潮的认知情况究竟如何呢？下面，我们从知晓度和认知途径两个方面来具体分析大学生对历史虚无主义思潮的认知情况。

### （一）知晓度较高，但了解并不全面、深入

认知的程度亦称知晓度，就是指人对一个事物知道或了解的程度。无论是对该事物规范的学名还是对相关观点或行为的了解，都可以说对该事物有一定的知晓度。知道某一个事物，才有可能产生影响，[①] 知晓度是一个事物对人产生影响的前提条件。因此，在调查历史虚无主义思潮对大学生思想的影响现状时，知晓度往往是第一个要调查的问题。

我们在问卷中关于历史虚无主义思潮主要观点的态度量表后设计了“对于以上表中各项说法，你以前听说过多少？”的题目，以“听说过大部分”“听说过一些”“从未听说过”三个维度来测试大学生对这股思潮的知晓度。结果显示，绝大部分学生对历史虚无主义思潮有所了解。在 1249 份有效问卷中，选择“听说过大部分”的大学生 262 人，占 20.98%；选择“听说过一些”的大学生 820 人，占 65.65%；而选择“从未听说过”的大学生只有 167 人，仅占 13.37%。将前两项结果合并，即“听说过”历史虚

① 李琳：《当代中国文化保守主义思潮及其对大学生的影响研究》，武汉大学 2011 年博士论文，第 114 页。

无主义思潮主要观点的大学生比例高达 86.6%，而从未听说过这股思潮主要观点的大学生占比尚不到 15%。（如图 4–1 所示）

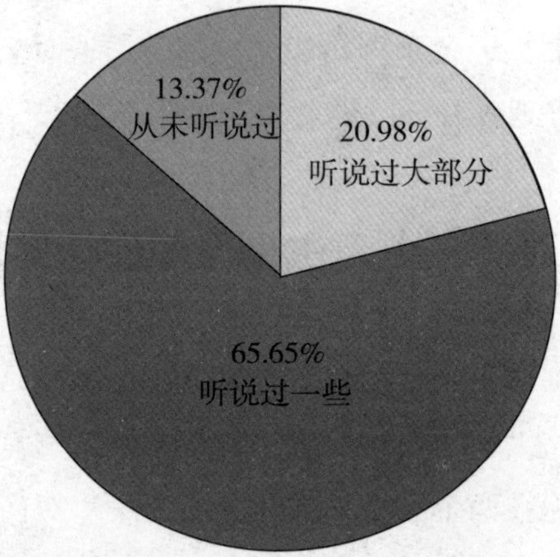


**图 4–1　大学生对历史虚无主义思潮的知晓情况**

可见，历史虚无主义思潮在大学生中具有较高的知晓度。我们从武汉大学佘双好教授在全国范围内所做的关于“当代社会思潮对高校学生思想影响及对策研究”的调查中，也可看到比较类似的结果，相当比例的大学生对历史虚无主义思潮有一定的了解。

然而，另一方面，虽然在调查中有较高比例的大学生了解历史虚无主义思潮的观点，但对这股思潮的核心观点“听说过大部分”的仅占 20.98%（如图 4–1）。由此可见，大部分大学生并未全面了解历史虚无主义思潮。在个案访谈中也发现，虽然多数学生了解一些历史虚无主义思潮的观点，但能明确无误地说出历史虚无主义思潮这个概念的大学生还不到 10%。受访的许多大学生对这一思潮比较陌生，之所以出现这种现象，可能与他们长期处于经济文化相对落后的西南地区有关。有些大学生虽然能比较明确地说出历史虚无主义思潮这个概念或历史虚无主义思潮的核心观点，但关于这些观点背后的真实内涵却并未真正理解。例如，部分大学生对抹黑英烈造成的社会影响未能深入思考，还有一些大学生对“反侵略是抗拒近代文明，我国应执行‘孙子策略’，向侵略者称臣，搭乘外国顺风船，就能很快富强”这种说法作正向理解，而没有意识到殖民侵略和近代文明的本质区别。这从一个侧面反映了当前许多大学生对历史虚无主义思潮的认识，还处于对其表象有所了解但并未深入到其本质的较浅层次。

大学生对历史虚无主义思潮的这种认知情况在一些具体的个人访谈中也能得到不少的佐证。

访谈号：01，时间：2014 年 11 月 7 日

我没有听说过历史虚无主义思潮，但听说过不少对英雄人物进行调侃的话，比如“红军过草地牺牲是因为缺乏野外生存常识；刘胡兰被铡刀铡死是因为太笨；黄继光堵枪眼不是被打死而是被吓死的；邱少云被火烧那么久而纹丝不动违背了生理常识”……听过之后，当时只是觉得幽默、好玩，现在许多人工作、生活比较紧张，用那些笑料调剂一下紧张的生活，没怎么当回事儿，也没多想会有什么影响。

访谈号：01，时间：2014 年 11 月 10 日

近代我国贫穷落后，西方列强富裕先进，武器根本不是一个重量级，既然明知道打不过，为什么还偏偏要去打？不是白白送死吗？我觉得还不如在列强面前装装孙子，敞开大门，对外开放，欢迎列强来投资，就像日本，现在不是很发达吗？所以还是日本的策略明智些。在国内，近代外交中我觉得就俩明白人：李鸿章和袁世凯，对外打不过就不打嘛！“不可衅自我开”，暂时委曲求全，签订屈辱条约，换得发展的时间，但很遗憾被一群莽撞的革命者破坏了……

（二）认知途径多样化，但以网络、书刊为主

在了解了大学生对历史虚无主义思潮认知的程度后，我们再来考察大学生对这股思潮认知的途径究竟有哪些？为此，我们在问卷中紧接第 18 题设计了第 19 题“如果听说过，那么听说的途径有哪些？”，并在选

项中列举了常见的 7 种途径来测试当代大学生对这股思潮的认知途径究竟如何。统计结果显示，剔除因在第 18 题中选择“从未听说过”而跳答第 19—21 题的 167 人后，共有 1082 人对第 19 题有关听说的途径进行了选择，所调查的大学生对历史虚无主义思潮的各种认知途径选择频率的有效百分比如图 4-2 所示。

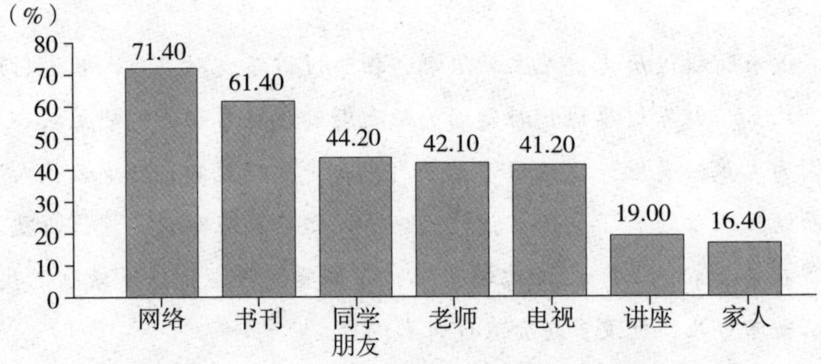


**图 4-2　大学生对历史虚无主义思潮的认知途径**

从图 4-2 中我们可以看到，在对第 19 题进行选择的 1082 人中有高达 71.4% 的大学生选择了“网络”，在各种途径中被选择的频率最高，说明网络这种现代媒体已成为大学生了解历史虚无主义思潮的最主要途径，应引起社会的高度重视；排在第二位和第五位的是“书刊”和“电视”，其选择频率所占有效百分比分别为 61.4% 和 41.2%，说明书籍、报刊、电视等传统媒体仍是大学生了解历史虚无主义思潮的几种主要途径，这些传统媒体的作用也不可忽视；选择“同学、朋友”和“老师”的人数所占有效百分比也都超过了 40%，说明人际传播也已成为大学生对历史虚无主义思潮获得认知的重要途径。综合来看，大学生了解历史虚无主义思潮的途径趋于多样化，但“网络”和“书刊”被选择的比例较高，且都超过了一半，这两种途径已成为主要途径。

我们在关于大学生对历史虚无主义思潮认知途径的个人访谈中也发现了类似的现象。

访谈号：05，时间：2014 年 11 月 9 日

我对历史问题比较感兴趣，主要是从网上看到（历史虚无主义思潮）类似观点的，有些新闻头条会引导人们去看历史问题。我经常上共识网、凤凰网，参加天涯论坛和一些贴吧有关历史问题的讨论，有时网易、腾讯的历史栏目也会看一些，其中涉及的历史问题很多，如对鸦片战争、太平天国运动的评价，对曾国藩、李鸿章、袁世凯、蒋介石等重要历史人物的评价，对庚款办学、国共抗战评价，对抗美援朝、反右派、“大跃进”、三年困难时期、“文化大革命”评价等等。在书籍、报刊上我也看过一些，《历史是个什么玩意儿》一书和一些刊物上有不少类似的文章。在同学、朋友之间有时也会偶尔谈及此类问题。总之，自我感觉那些跟正统历史教材上不一样的观点和史料给人耳目一新的感觉，觉得其中许多观点说得很有道理的。

通过上述分析可见，当前大多数大学生对历史虚无主义思潮或其主要观点有所认知，但这种认知多是片段性的、浅层次的，既不全面也不深入。当代大学生是通过多样化的途径来获得对历史虚无主义思潮的认知的，但网络和书刊是其主要途径，人际传播也占有较大比例，这启示我们在重视新媒体的同时也不能忽视传统媒体的重要作用。

## 三、大学生对历史虚无主义思潮的认同情况

考察了大学生对历史虚无主义思潮的认知情况之后，还需进一步考察大学生对这股思潮的认同情况。因为严格意义上讲，一个人仅仅知晓某一事物，还不足以说明这一事物就对其产生了实际影响，只有他真正认同了这一事物，才能证明这种影响的存在。下面，我们从大学生对历史虚无主义思潮的总体认同情况及对其核心观点的具体认同情况两方面来详细考察大学生对该思潮的认同情况。

### （一）总体认同度不高，但对应数量不小

认同度是表征认同情况的重要指标。对某种社会思潮的认同度是指人们对该思潮特别是其主要观点的赞同程度，它是考察一种社会思潮影响力大小的主要指标。在本次问卷调查中，我们主要通过围绕历史虚无主义思潮的五个核心观点和与之对应的历史唯物主义正统观点设计的两个态度量表进行正反对照，来综合测试大学生对历史虚无主义思潮的认同度。按照心理学上认同的五个维度（完全赞同、比较赞同、说不清、不太赞同、完全不赞同），我们调查了关于大学生对历史虚无主义思潮的认同情况。为便于对这种认同度进行统计分析，我们在第一个态度量表（围绕历史虚无主义思潮的五个核心观点设计的态度量表）中将完全赞同、比较赞同、说不清、不太赞同、完全不赞同依次赋值为 1、2、3、4、5，而在第二个态度量表（围绕历史唯物主义正统观点设计的态度量表）中将上述五个维度进行反向赋值，依次赋值为 5、4、3、2、1。[①] 在数据统计时，我们以“1”和“2”合并作为大学生对历史虚无主义思潮的认同度。

通过对正向赋值量表和反向赋值量表两个量表调查数据的统计分析，得出大学生对历史虚无主义思潮的认同度均值为 3.93，认同度平均百分比为 11.88%，接近于武汉大学佘双好教授所调查的大学生对历史虚无主义思潮的认同度 13.1%[②]，说明具有较高的一致性。通过上述数据分析得出的大学生对历史虚无主义思潮的认同度均值介于“3”（说不清）和“4”（不太赞同）之间，认同度平均百分比也不高。这说明总体而言，从正反两方面来看，大学生对历史虚无主义思潮的总体认同度都不太高。但作为一种错误思潮，近年来在接受了多年历史唯物主义教育的大学生中竟达到如此的认同度，再考虑到当代大学生群体数量庞大，认同历史虚无主义思潮的大

---

① 因对历史唯物主义正统观点的认同度与对历史虚无主义观点的认同度成反比，故反向赋值。

② 佘双好：《当代社会思潮对高校学生影响现状的调查分析》，《学校党建与思想教育》2010 年第 9 期。

学生数量也是不可小觑的，这个问题应该引起重视。

### （二）对历史虚无主义核心观点的认同度呈现差异性

在分析了大学生对历史虚无主义思潮的总体认同情况后，我们就大学生对历史虚无主义思潮核心观点的具体认同情况分别进行了分析。

#### 1.对“否定革命”的认同情况

革命是我国近现代史的主线，通过革命求得民族独立和人民解放是实现现代化的根本前提。而历史虚无主义思潮的鼓吹者蓄意制造革命与现代化的对立，提出“革命是制造动荡、破坏发展、阻碍现代化的消极力量”的观点，公开提出要“告别革命”，从而否定中国共产党和中华人民共和国成立的必要性。关于这个观点，统计分析表明，大学生中“完全赞同”“比较赞同”“说不清”“不太赞同”“完全不赞同”的比例分别为4.34%、8.12%、19.05%、37.78%、30.71%。如图 4-3 所示。

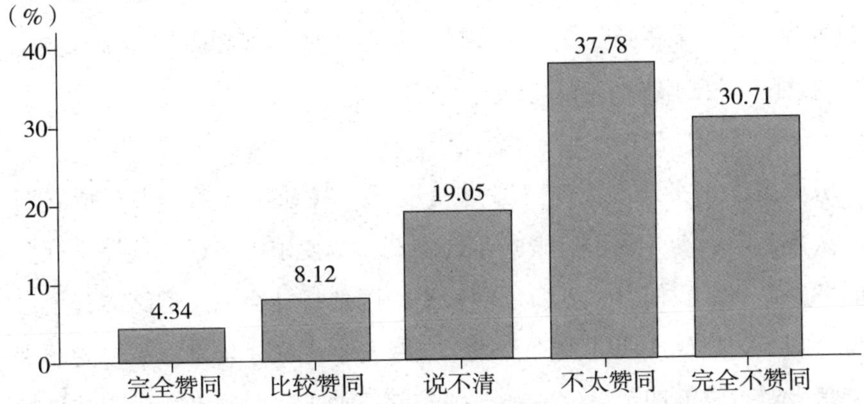


**图 4-3　大学生对“否定革命”的态度**

我们在第 22 题中也考察了大学生对与否定革命相对应的历史唯物主义正统观点“革命与现代化不矛盾”的认同态度，其统计分析结果如图 4-4。

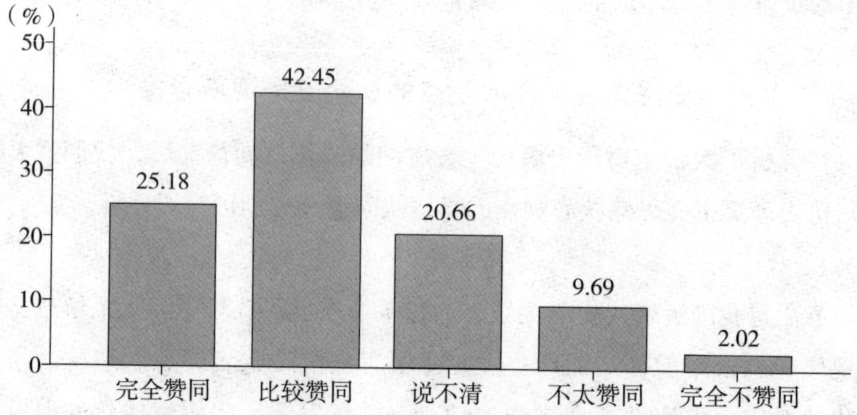


**图 4-4　大学生对“革命与现代化不矛盾”的态度**

在图 4-3 中，“完全赞同”和“比较赞同”两项合计仅为 12.46%，在图 4-4 中，“不太赞同”和“完全不赞同”两项合计也只有 11.71%，这说明当前只有少数学生认同“否定革命”从而把革命和现代化绝对对立起来的观点；但另一方面在图 4-3 中却有 19.05% 的大学生选择了“说不清”，如果把前三项合并统计，则为 31.51%。考虑到当代大学生的总人数，这一比例所对应的大学生数量是相当多的，这也说明当前相当一部分大学生对“革命”存在一些模糊认识。

2. 对“否定五四运动”的认同情况

历史虚无主义思潮反对“激进”，主张“稳健”，其矛头直指五四运动，认为五四运动导致了后来的激进主义，诱使中国错误地选择了社会主义的发展道路。我们以“五四运动以来中国选择社会主义道路离开了‘以英美为师’的近代文明的主流，如果选择资本主义，早富强了”为题来考察大学生对否定五四运动这一观点的态度。关于这一观点，调查结果如图 4-5 所示，选择“完全赞同”的大学生占 2.57%，“比较赞同”的占 8.18%，两项合计仅占 10.75%，这说明大学生对“否定五四运动”这一历史虚无主义思潮的核心观点并没有很高的认同度。但仍有 28.95% 的大学生选择了“说不清”，如果把前三项合计，则有接近 40% 的大学生对五四运动的正统评价产生了一定程度的怀疑和动摇。五四运动虽然有其全盘肯定或全盘否定的形而上学的缺陷，但它促进了中华民族的觉醒，为马克思主义在中国的进一步传播和中国共产党的诞生准备了条件，其积极作用远大于消极作用。历史虚无主义者否定五四运动的根本目的在于否定五四运动以来我国社会发展的社会主义取向。部分大学生受历史虚无主义思潮影响而对五四运动的正统评价产生怀疑，可能与他们对五四运动"激进"的模糊认识，以及没有认清历史虚无主义者否定五四运动的真实目的有关。

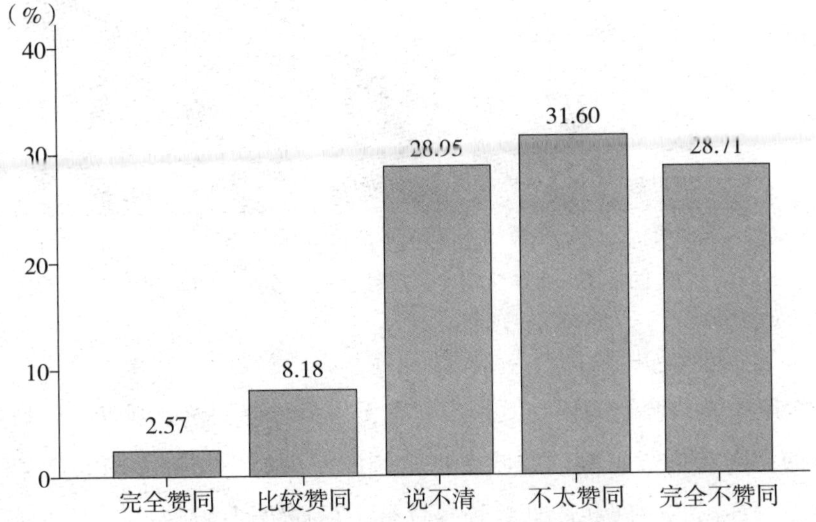


**图 4-5　大学生对"否定五四运动"的态度**

3. 对"否定社会主义改造"的认同情况

历史虚无主义者认为中华人民共和国成立之初经济文化落后，没资格搞社会主义，社会主义改造搞早了、搞糟了、搞错了，谎称改革开放是对社会主义的否定和对西方"近代文明主流"的回归，竭力主张"补资本主义的课"或"补新民主主义的课"。关于这一观点，统计分析如图 4-6 所示，选择"完全赞同"和"比较赞同"的大学生合计占 17.41%，这说明当前将近 1/5 的大学生对"否定社会主义改造"这一历史虚无主义思潮的核心观点产生了认同，鉴于当代大学生的总数，这一比例表明人数还是比较多的。此外，还有 17.24% 的大学生表示"说不清"，表明相当一部分大学生对否定社会主义改造的“补课论”产生了“暧昧”态度。总之，当前有相当多的大学生对历史虚无主义思潮以“否定社会主义改造”为名否定我国现行社会主义制度历史合法性的做法认识不清。

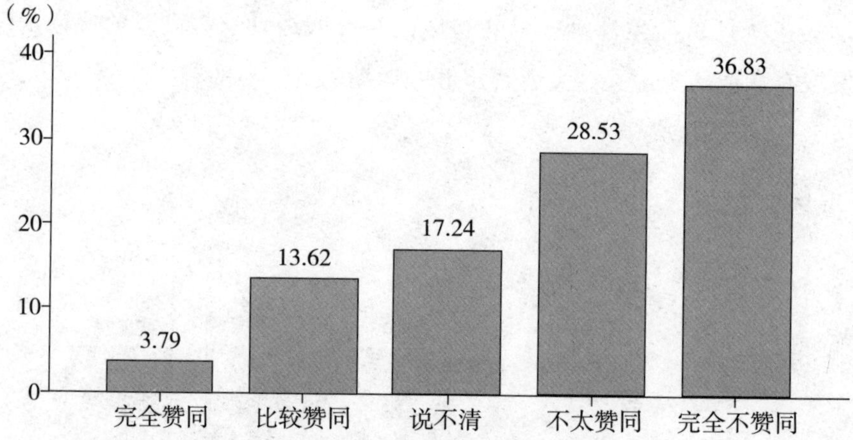


**图 4-6 大学生对“否定社会主义改造”的态度**

4. 对“否定中国共产党的领导”的认同情况

否定中国共产党的领导既是历史虚无主义思潮的核心观点，也是其重要目的，因此这股思潮的鼓吹者把批判的矛头集中指向中国共产党的领导，竭力宣扬“中国共产党的领导只是一系列错误的延续”，以图通过歪曲、丑化党的形象来否定党的领导。对于这一观点，调查结果如图 4-7 所示，持“完全赞同”和“比较赞同”态度的合并统计仅为 5.82%，选择“说不清”的也仅为 12.77%，这些情况说明当前绝大部分大学生是不否定中国共产党的领导的。

然而我们在问卷第 37 题“你现在如何看待中国共产党的领导？”的考察中，却有高达 39.15% 的大学生表示“对党的领导产生一定的怀疑”，有 5.44% 的大学生表示“完全不信任党的领导”，两项合计为 44.59%，这表明有相当多的大学生对党的领导产生一定的怀疑、动摇和不信任情绪；此外，还有 9.53% 的大学生选择了“还没想过，与我无关”，这三项合计为 54.12%（如图 4-8 所示）。

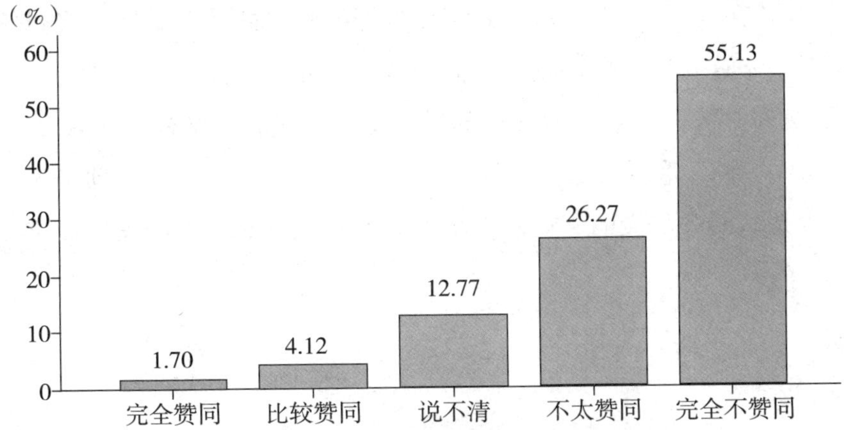


**图 4-7　大学生对"否定党的领导"的态度**

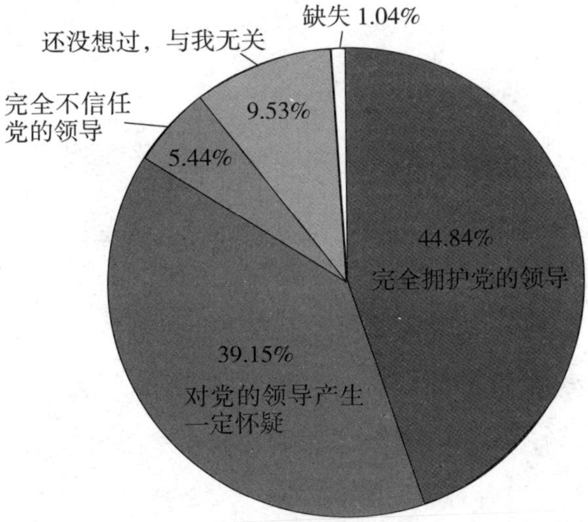


**图 4-8　大学生看待中国共产党领导的态度**

由此可见，虽然现在绝大部分大学生是不否定中国共产党的领导的，但也有超过一半的大学生在坚持中国共产党的领导这一问题上存在一些模糊认识，这种现象需要引起足够的重视。

5. 对"否定中华文明"的认同情况

历史虚无主义思潮的不少鼓吹者刻意渲染中国人的落后性，企图以此来否定光辉灿烂的中华文明。其中比较典型的观点是“中华民族不仅‘愚昧’、‘丑陋’，而且充满‘奴性’、安于现状、逃避现实”[①]。经过统计分析，关于这一观点的调查结果如图 4–9 所示，大学生“完全赞同”和“比较赞同”的合计不到 10%，选择“说不清”的也仅有 10.44%，而选择“不太赞同”和“完全不赞同”的高达 80.72%，这表明当前绝大部分大学生是认同中华文明、认同中华民族的，是具有较强的民族自尊心和自信心的。

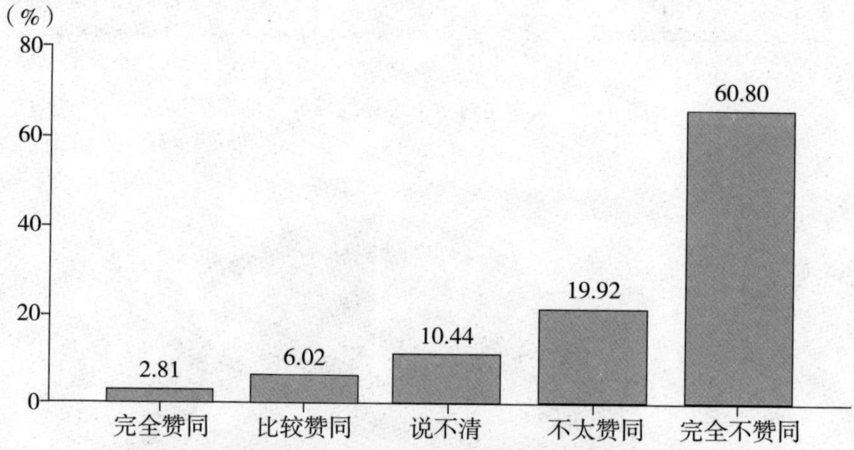


**图 4–9　大学生对“否定中华文明、中华民族”的态度**

这在本问卷第 27 题的调查中也可以得到佐证。在本题中，对“中华民族虽有缺点，但她创造了辉煌的文明，富于反抗精神、不屈不挠，总体上看是优秀民族”这种观点，明确表示“完全赞同”和“比较赞同”的合并为 83.73%，而选择“说不清”“不太赞同”和“完全不赞同”的大学生仅占 16.28%（如图 4–10 所示）。

在关于大学生对历史虚无主义思潮五个核心观点认同程度的个人访谈中，我们也基本上得到了类似的调查结果。下面是反映受访者比较典型的历史虚无主义观点的访谈记录。

---

① 梁柱:《历史虚无主义思潮评析》,《红旗文稿》2009 年第 9 期。

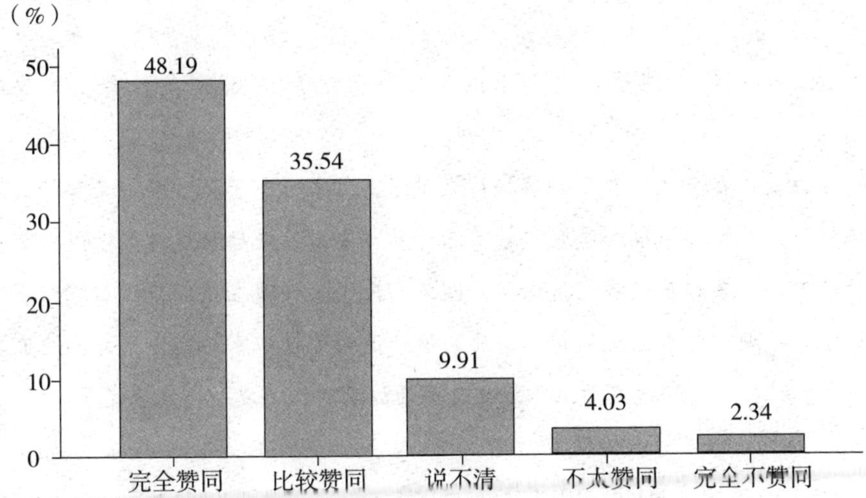


**图 4-10　大学生对“如何看待中华文明、中华民族”的态度**

访谈号：03，时间：2014 年 11 月 8 日

访谈者：请问你如何看待革命与改良？

受访者：我觉得革命太激进了，还是改良比较踏实、稳健；革命是一种能量的消耗，而改良是一种能量的积累。

访谈号：11，时间：2014 年 11 月 15 日

访谈者：请问你如何评价五四运动？

受访者：现在看来，五四运动中许多学生太激进了，竟然烧了人家的房子，发生了许多打砸抢烧行为，破坏了社会的和谐稳定，是很不应该的，好像官方现在也不怎么纪念五四运动了，五四青年节也不放假，现在许多青年人对这些早已淡忘了。

访谈号：16，时间：2014 年 11 月 23 日

访谈者：能否谈谈你对新中国在上个世纪 50 年代进行社会主义改造的看法?

受访者：社会主义改造确实搞得太早了，结果一下子把资本主义私营工商业搞掉了，就搞掉了经济发展中最有活力的部分，结果后来发展得很慢，改革开放后又得发展私营经济，折腾了一圈又回来了……现在政府应该心胸开阔一些，把当年没收资本主义私营工商业的财产退还给资本家的后代，并向他们真诚道歉。社会主义改造实际上已经被改革开放后的经济发展情况否定了……

访谈号：20，时间：2014 年 11 月 25 日

访谈者：你认为中国共产党的领导怎么样?

受访者：我认为总体上还可以，但也有不少怀疑。因为随着许多史料的解密，以前的很多历史事件现在都真相大白了。共产党在革命时期的成绩许多都是自我吹嘘，如以前经常说“中国共产党是抗日战争的中流砥柱”，现在就不怎么强调了，电视荧屏上表现国民党抗日的抗日剧已经占了多数；在新中国前 30 年，运动不断、错误不断，贫穷落后得很，没什么成绩可言；改革开放后，值得肯定的是人们的生活水平确实提高了不少，但两极分化严重、腐败丛生、道德堕落，黄赌毒愈演愈烈，住房、医疗、教育等又把许多普通劳动者压得喘不过气来，有些地方黑恶势力还很猖獗……对外也很软弱，让人感觉做中国人很没面子，现在富人、名人都纷纷移民了。

访谈号：27，时间：2014 年 11 月 30 日

访谈者：有人说“中华民族不仅‘愚昧’、‘丑陋’，而且充满‘奴性’、安于现状、逃避现实”，你怎么看?

受访者：我国有些人确实是那样，自己愚昧无知还不自知，一见到领导就点头哈腰，满身奴才气，有意见也不敢提，总是想安于现状，得过且过。

下面，我们再从总体上比较一下大学生对历史虚无主义思潮各个核心观点的认同情况。在本问卷正向赋值量表中，我们列出了历史虚无主义思潮的十个主要观点（围绕历史虚无主义思潮的五个核心观点设计的）。大学生对这些观点的态度是有较大差别的，图 4–11 列出了大学生对历史虚无主义观点的态度均值比较图。如图所示，大学生对“国民党才是抗日的中流砥柱”这一观点的态度均值最低，仅为 3.66；而对“反侵略是抗拒世界文明，我国应执行‘孙子策略’，向侵略者称臣，搭乘外国顺风船，就能很快富强”这一观点的态度均值最高，为 4.36。如前所述，在正向赋值量表中，我们以“1、2、3、4、5”的顺序依次赋值给“完全赞同、比较赞同、说不清、不太赞同、完全不赞同”的，因此在图 4–11 中，均值越小，表明大学生对这一观点的认同度越高；均值越大，认同度越低。由此可见，大学生对“国民党才是抗日的中流砥柱”这一观点在正向赋值量表所列各个观点中态度均值最低，所以认同度最高，这就意味着已有相当多的大学生不认同中国共产党是抗日的中流砥柱的正统观点。大学生对有关“否定五四运动”“否定社会主义改造”“否定革命”“资本主义就意味着发达、富裕、民主”等观点的态度均值也比较低，均在 4 以下，所以认同度也较高，这说明部分大学生对这些历史问题的认识受到了历史虚无主义思潮的一些影响。大学生对有关“否定中华人民共和国前三十年的建设成绩”“社会主义失败论”“中国共产党的领导只是一系列错误的延续”等观点的态度均值较高，介于 4（不太赞同）和 5（完全不赞同）之间，说明大部分学生对这些观点的认同度较低。大学生对“中华民族不仅‘愚昧’、‘丑陋’，而且充满‘奴性’、安于现状、逃避现实”和“反侵略是抗拒世界文明，我国应执行‘孙子策略’，向侵略者称臣，搭乘外国顺风船，就能很快富强”这两个观点的态度均值最高，所以认同度最低，这表明当前大部分学生还是具有民族自尊心和自信心的，不认同否定中华文明、美化侵略之类的历史虚无主义观点。

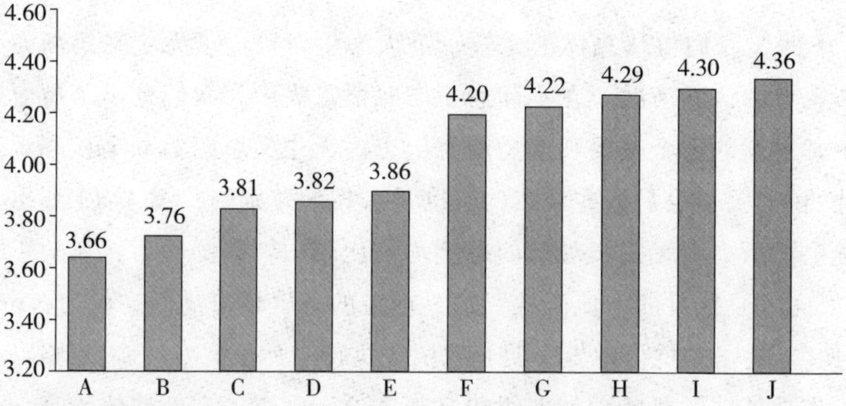


A 国民党才是抗日的中流砥柱　B 否定“五四”
C 否定社会主义改造，资本主义“补课论”　D 革命是阻碍现代化的消极力量
E 资本主义就意味着发达、富裕、民主
F 否定中华人民共和国前三十年的建设成绩
G 苏东剧变证明社会主义彻底失败了，马克思主义过时了，共产主义是空中楼阁
H 党的领导只是一系列错误的延续　I 丑化中华民族
J 反侵略是抗拒世界文明，我国应执行“孙子策略”，就能很快富强

**图 4-11　大学生对历史虚无主义观点的态度均值比较**

在反向赋值量表中，我们列出了与前述历史虚无主义观点对应的历史唯物主义的六个正统观点。图 4-12 列出了大学生对这六个观点的态度均值比较图。如前所述，因为我们进行了反向赋值，是以“1、2、3、4、5”的顺序依次赋值给“完全不赞同、不太赞同、说不清、比较赞同、完全赞同”的，所以在图 4-12 中，均值越小，表明大学生对这一观点的认同度越低；均值越大，认同度越高。在图 4-12 中，这六个正统观点中大学生对其中五个观点的态度均值都小于 4（比较赞同），表明大学生对这五个观点的认同度较低，尤其是对“只有社会主义才能发展中国”的观点认同度最低，这说明当前不少大学生对社会主义产生了怀疑；令人意外的是，竟有不少大学生不认同“殖民侵略和近代文明是两回事，帝国主义侵略中国不是为了让中国变成另一个资本主义强国”的观点，把殖民侵略和近代文

明混为一谈。在这六个观点中仅有“中华民族虽有缺点，但她创造了辉煌的文明，富于反抗精神、不屈不挠，总体上看是优秀民族”这个观点的态度均值大于 4（比较赞同），表明当代大学生对这个观点的认同度很高，这也进一步印证了当前大部分大学生的民族自尊心和自信心是比较强的。

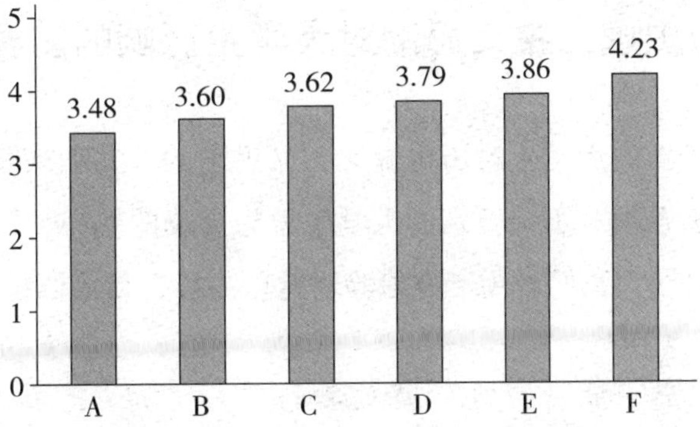


A 只有社会主义才能发展中国
B 殖民侵略和近代文明是两回事，帝国主义侵略中国不是为了让中国变成另一个资本主义强国
C 中共是抗日的中流砥柱　　D 革命与现代化不矛盾
E 中华人民共和国前三十年在一穷二白的起点上建立了比较完整的国民经济体系，为改革开放奠定了基础
F 中华民族虽有缺点但总体上看是优秀民族

**图 4–12　大学生对历史唯物主义正统观点的态度均值比较**

综合上述分析，虽然大学生总体上对历史虚无主义思潮的认同度不高，但该思潮的主要观点在大学生中都有不同程度的认同，其中对一些核心观点的认同度还比较高，如“否定五四运动”“否定社会主义改造”“否定革命”等观点，更危险的是，一些明显与四项基本原则和社会主义核心价值体系相悖的思想观点竟然得到不少大学生的认同。而且，在上述多数问题上，还有不少大学生选择“说不清”，这说明：一是一些大学生无形中受到了历史虚无主义思潮的或多或少的影响，但其自身对此缺乏明确的认识；二是历史虚无主义思潮对大学生群体的渗透，致使一些大学生接受该思潮的部分观点，由此对主流意识形态可能产生一定程度的怀疑；三是

当前许多大学生比较缺乏辨别、判断历史虚无主义思想观点的标尺，缺乏判断有关历史问题的理论是非的能力。[①]然而，也有不少大学生对历史虚无主义思潮的观点和对历史唯物主义的正统观点的态度在逻辑上存在自相矛盾之处，这表明不少大学生对历史虚无主义思潮的认同尚处于较低层次。

## 四、历史虚无主义思潮对大学生影响的差异性分析

在分析了当代大学生对历史虚无主义思潮的认知和认同情况后，为更深入地了解该思潮对不同类别的大学生思想影响的差异，以对大学生进行有针对性地引导，我们运用卡方检验对这些差异进行了假设检验。

### （一）学生中非党员比党员受影响大

#### 1. 非党员学生比党员学生知晓度高

政治面貌在一定程度上反映了大学生基本的思想政治素质。大学生的政治面貌与其对历史虚无主义思潮的认知情况可能具有相关性。那么，我们对“政治面貌”变量和问卷中第 18 题“对于以上表中各项说法（历史虚无主义思潮的观点），你听说过多少？”的相关性进行卡方检验。检验结果如表 4–3 所示。

**表 4–3 不同政治面貌大学生在知晓度上的差异**

| | | 对于以上表中各项说法，你听说过多少？ | | | |
|---|---|---|---|---|---|
| | | 听说过大部分 | 听说过一些 | 从未听说过 | 合计 |
| 政治面貌 | 中共党员（n=163） | 22.1% | 55.8% | 22.1% | 100.0% |
| | 共青团员（n=989） | 20.3% | 68.1% | 11.5% | 100.0% |
| | 群众及其他（n=89） | 25.8% | 58.4% | 15.7% | 100.0% |
| 总计（N=1241） | | 21.0% | 65.8% | 13.2% | 100.0% |
| $X^2$（4）=17.594，P=0.001 | | | | | |

① 杨军:《历史虚无主义思潮影响高校师生的现状、原因和对策》,《思想理论教育导刊》2011 年第 11 期。

如上表所示，本次检验结果显示 $X^2$（4）=17.594，P<0.01，表明其在0.01 水平上有显著的统计学差异。即不同政治面貌的大学生在对历史虚无主义思潮的认知情况上有显著差异。

因为“听说过大部分”和“听说过一些”两项合起来为听说过历史虚无主义思潮相关观点的大学生在各类政治面貌的大学生总数中所占的比例，所以将此两项合计更便于比较不同政治面貌的大学生在对这股思潮知晓度上的差异。据上表数据计算可知：在政治面貌为中共党员、共青团员、群众及其他的大学生中，“听说过大部分”和“听说过一些”的两项合计分别为 77.9%、88.4%、84.2%。从这两项合计所占比例上看，政治面貌为共青团员和群众及其他的学生显然高于中共党员学生，这说明非党员大学生对历史虚无主义思潮有更高的关注。反之，对选择“从未听说过”的大学生进行考察，政治面貌为共青团员或群众及其他的大学生占其总数的百分比也显然低于中共党员大学生占其总数的百分比。与上面的数据分析进行对照，这也从反面说明非党员大学生对历史虚无主义思潮具有更高的知晓度。另外，这种情况也与武汉大学佘双好老师在《当代社会思潮对高校师生的影响及对策研究》一书中关于“当代社会思潮对高校学生思想影响及对策研究”进行的全国大范围调查的分析结果相似，因此此处的调查分析结果具有较高的可靠性。之所以出现这种现象，可能是因为非党员学生比党员学生受到的马克思主义教育和引导较少，思维更加多元，更易于关注历史虚无主义思潮的一些新奇观点。

2. 非党员学生比党员学生认同度高

由以上分析可知，政治面貌与大学生对历史虚无主义思潮的认知情况之间具有相关性，那么政治面貌与大学生对这股思潮的认同程度是否也具有相关性呢？这就需要运用假设检验进行验证。我们运用卡方检验对政治面貌和“大学生对历史虚无主义思潮的认同度等级”两个变量进行列联表分析。

如表 4–4 所示，本次卡方检验结果显示 $X^2$（4）=29.011，P<0.01，表

明其在 0.01 水平上具有统计学意义上的显著差异。也即是说，政治面貌不同的大学生对历史虚无主义思潮的认同程度具有明显的区别。

**表 4-4　不同政治面貌大学生在认同度上的差异**

| | | 大学生对历史虚无主义思潮的认同度等级 | | | |
|---|---|---|---|---|---|
| | | 高 | 中 | 低 | 合计 |
| 政治面貌 | 中共党员（n=163） | 12.3% | 33.7% | 54.0% | 100.0% |
| | 共青团员（n=989） | 6.1% | 42.8% | 51.2% | 100.0% |
| | 群众及其他（n=89） | 14.6% | 56.2% | 29.2% | 100.0% |
| 总计（N=1241） | | 93 | 528 | 620 | 1241 |
| | | 7.5% | 42.5% | 50.0% | 100.0% |
| $X^2$（4）=29.011，P=0.000 | | | | | |

由于认同度等级为“高”的和为“中”的两项合起来意味着受历史虚无主义思潮影响较大的大学生在不同类别大学生中所占的比例，所以将此两项合计便于比较不同类别的大学生对这股思潮认同度的差异。根据上表数据计算可知：在政治面貌为中共党员、共青团员、群众及其他的大学生中，认同度等级为“高”的和为“中”的两项合计分别为 46.0%、48.9%、70.8%。从这两项合计所占比例看，政治面貌为群众及其他的大学生认同的比例最高，所占比例超过了 70%，共青团员次之，党员认同的比例最低。由此可见，学生中非党员比党员对历史虚无主义思潮的认同度更高，这种情况说明高校对中共党员学生进行较多的思想政治教育还是有一定效果的，使他们更倾向于认同主流意识形态，对历史虚无主义思潮的影响具有更强的免疫力。然而，也有近一半的中共党员学生或多或少都受到了历史虚无主义思潮的某些影响，而且有高达 12.3% 的中共党员大学生对这股思潮的认同度等级为“高”，表明当前针对大学生党员的思想政治教育的实效还不够理想，这种情况应当引起高校和相关部门的高度重视。

### （二）文科类学生比理科类学生知晓度高

一般而言，不同专业类型大学生的兴趣点及其所关注的问题都有较大差异。那么，专业类型与大学生对历史虚无主义思潮的知晓度之间是否具有相关性呢？我们对其进行了卡方检验，检验结果见表 4–5。

**表 4–5　不同专业大学生在知晓度上的差异**

| | | 对于上表各项说法，你听说过多少？ | | | |
|---|---|---|---|---|---|
| | | 听说过大部分 | 听说过一些 | 从未听说过 | 合计 |
| 专业类型 | 文科（n=503） | 23.3% | 66.0% | 10.7% | 100.0% |
| | 理科（n=706） | 19.5% | 65.2% | 15.3% | 100.0% |
| 合计（N=1209） | | 21.1% | 65.5% | 13.4% | 100.0% |
| $X^2$（2）=6.515，P=0.038 | | | | | |

根据表 4–5 的数据，检验结果显示 $X^2$（2）= 6.515，$P<0.05$，表明其在 0.05 水平上具有统计学意义上的显著差异。即专业类型不同的大学生在对历史虚无主义思潮的认知情况上是有显著差异的。

我们先进行单项比较，从上表中可以看出：无论是从“听说过大部分”的大学生所占百分比还是从“听说过一些”的大学生所占百分比来看，文科类学生均高于理科类学生；再把“听说过大部分”的和“听说过一些”的两项合计起来看，文科类学生两项合计所占百分比为 89.3%，理科类学生两项合计所占百分比为 84.7%，文科类学生也高于理科类学生。综合来看，文科类学生中听说过历史虚无主义思潮相关观点的比理科类学生更多，亦即文科类学生比理科类学生对这股思潮的知晓度更高。这可能与文科类专业所开设的课程比理科类专业所开设的课程更多涉及社会思潮有关，也可能与平时文理科专业学生不同的兴趣点和关注点有关。另一方面，在选择“从未听说过”的大学生中，文科类学生所占比例比理科类学生所占比例少了近 5 个百分点，这也从反面说明文科类学生对历史虚无主义思潮的知晓度要比理科类学生高。这些情况表明历史虚无主义思潮作为一种政治、文化思潮，在文科类学生中传播得更为广泛。

### （三）城市生源学生比农村生源学生认同度高

不同生源的大学生由于其所处地理、经济、政治、文化环境及成长经历的不同，往往对事物的看法和态度也各异。基于这种考虑，我们对生源地和“大学生对历史虚无主义思潮的认同度等级”两个变量进行了卡方检验，检验结果如表 4–6 所示。

**表 4–6　不同生源大学生在认同度上的差异**

| | | 大学生对历史虚无主义思潮的认同度等级 | | | |
|---|---|---|---|---|---|
| | | 高 | 中 | 低 | 合计 |
| 生源地 | 农村（n=924） | 6.4% | 42.1% | 51.5% | 100.0% |
| | 城市（n=291） | 10.7% | 44.3% | 45.0% | 100.0% |
| 总计（N=1215） | | 7.4% | 42.6% | 50.0% | 100.0% |
| $X^2$（2）=7.57，P=0.023 | | | | | |

由上表可知，本次检验的 $X^2$（2）=7.57，$P<0.05$，表明其在 0.05 水平上具有统计学意义上的显著差异。也就是说，不同生源的大学生对历史虚无主义思潮的认同情况具有比较明显的区别。

根据上表数据，我们先对不同生源的大学生对历史虚无主义思潮的认同情况进行单项比较，无论是认同度等级为“高”的，还是为“中”的，城市生源的大学生所占百分比都比农村生源的大学生高。由此可见，城市生源的大学生对历史虚无主义思潮的认同程度比农村生源的大学生更高。从反面来看，在认同度等级为“低”的大学生中，农村生源的大学生占 51.5%，而城市生源的大学生占 45.0%，这也表明城市生源的大学生更易受历史虚无主义思潮的影响，说明上述结论是比较可信的。出现这种情况可能是因为社会思潮等新出现的事物一般而言最先是从城市发起的，也主要是在城市传播的，加之城市的舆论导向往往倾向于接受社会思潮的某些新奇观点，而农村生源的大学生在大学之前所受的教育及生活经历一般比较传统，不易受到历史虚无主义思潮的某些观点的影响。

### （四）男生比女生认同度高

男女大学生在对该思潮的认同情况上是否存在显著差异呢？这就需要进一步的假设检验。运用卡方检验对性别和"大学生对历史虚无主义思潮的认同度等级"两个变量进行列联表相关分析，结果如表 4–7 所示。

**表 4–7 不同性别大学生在认同度上的差异**

| | | 大学生对历史虚无主义思潮的认同度等级 | | | |
|---|---|---|---|---|---|
| | | 高 | 中 | 低 | 合计 |
| 性　别 | 男（n=605） | 9.9% | 45.1% | 45.0% | 100.0% |
| | 女（n=638） | 5.3% | 39.8% | 54.9% | 100.0% |
| 总　计（N=1243） | | 7.6% | 42.4% | 50.0% | 100.0% |
| $X^2$（2）=16.794，P=0.000 | | | | | |

根据上表数据，本次检验的 $X^2$（2）=16.794，P<0.01，表明其在 0.01 水平上具有统计学意义上的显著差异。即大学男女生在对历史虚无主义思潮的认同度上有比较显著的区别。

我们先对不同性别的大学生对这股思潮的认同情况进行单项比较，由表 4–7 可知无论是认同度等级为"高"的，还是为"中"的，男生占其总数的百分比都比女生要高；再把认同度等级为"高"的和"中"的两项合起来进行比较，在男生中两项合计为 55.0%，在女生中两项合计为 45.1%，男生认同度较高的比例比女生认同度较高的比例高出近 10 个百分点。由此可见，男生对历史虚无主义思潮的认同程度比女生要高。从反面来看，在认同度等级为"低"的大学生中，男生占 45.0%，而女生占 54.9%，这也从反面说明男生比女生更易受历史虚无主义思潮的影响，说明上述结论是比较可靠的。

### （五）大二、大三学生比大一、大四学生认同度高

不同年级的大学生往往在知识、思想、心理等方面具有阶段性差异，

年级可能是影响大学生对历史虚无主义思潮认同的重要因素，那么不同年级的大学生对该思潮的认同度是否具有统计学意义上的差异呢？这就有待进一步的假设检验。为此，我们运用卡方检验来检测年级和“大学生对历史虚无主义思潮的认同度等级”两个变量的相关性。检验结果如表4–8所示。

**表4–8　不同年级大学生在认同度上的差异**

| | | 大学生对历史虚无主义思潮的认同度等级 | | | |
|---|---|---|---|---|---|
| | | 高 | 中 | 低 | 合计 |
| 年级 | 大一（n=453） | 4.2% | 43.7% | 52.1% | 100.0% |
| | 大二（n=424） | 7.3% | 42.7% | 50.0% | 100.0% |
| | 大三（n=220） | 10.9% | 44.1% | 45.0% | 100.0% |
| | 大四（n=149） | 13.4% | 35.6% | 51.0% | 100.0% |
| 总　计 | | 7.5% | 42.5% | 50.0% | 100.0% |
| $X^2$（6）=20.4，P=0.002 | | | | | |

根据上表数据，$X^2$（6）=20.4，P=0.002<0.01，表明其在0.01水平上有显著的统计学差异，即不同年级的大学生对历史虚无主义思潮的认同程度是有显著差异的。

我们先对各年级对这股思潮的认同情况进行单项比较，发现在认同度等级为“高”的大学生中，各年级大学生所占的百分比呈现随年级增高而递增的趋势；再把认同度等级为“高”的和“中”的两项合起来进行比较。通过上表数据计算得到：在大一至大四学生中，认同度等级为“高”的和为“中”的两项合计依次为47.9%、50.0%、55.0%、49.0%。综合来看，不同年级的大学生在对历史虚无主义思潮的认同度上呈现出复杂性。总体而言，大二、大三学生的认同度高于大一、大四学生，但大四学生中认同度等级为“高”的比例居多。之所以出现这些现象，可能的原因如下：大一学生刚入大学校门，对许多新鲜事物懵懵懂懂，虽然他们可能了解一些历史虚无主义思潮的观点，但一般而言还是浅层次的，真正理解和认同的并不多；大四学生经过了长期大学生活的历练，对包括历史虚无主义思潮在内的许多社会思潮的观点有了较多的理性认识，对其辨别力也有所增强，因此总体上受这股思潮的影响不太大，但大四学生一旦经过理性思考接受了这股思潮的一些思想观点，就容易在心理上形成比较稳定的影响，导致认同度等级为“高”的比例较高。

## 五、大学生受历史虚无主义思潮影响的特点

当代大学生随着时代的变迁、社会的转型和心理的变化出现了许多与以往大学生不同的特点。现在的历史虚无主义思潮也有许多与以往的历史虚无主义思潮不同的特点。这两个方面决定了当代大学生受历史虚无主义思潮的影响也具有自身的特点，主要表现在以下几个方面。

### （一）情绪性

我们从问卷调查、个案访谈和实际观察中发现，许多大学生对历史虚无主义思潮各种思想观点的认知和认同多是感性冲动为之，并未经过多少理性思考，往往带有强烈的情绪性。许多大学生在心理上喜欢标新立异以显示自我存在的价值，这就使得他们偏好一些新奇的思想观点，只要与自己以前了解的不太一样或之前从未听说过而且貌似合理，哪怕明显有些偏激的，也想了解，凡是迎合其心理喜好的，就容易被吸引和接受。因此就情绪而言，当代大学生一般倾向于认同那些批判社会现实、批判传统观念的社会思潮及其相关观点，[①] 而历史虚无主义思潮正是这样的一种思潮，它在很大程度上迎合了部分大学生对传统历史教育的逆反心理。可见，当代大学生是否认同历史虚无主义思潮，认同其中哪些观点，不认同哪些观点，其原因在很大程度上与其个人的情绪化判断有关。另外，我们在调查中发现西南地区不少大学生对历史虚无主义思潮相关观点的态度并不稳定，甚至有时对某些观点的看法前后不一，出现逻辑矛盾，比如有些学生在同一份问卷中既对“国民

① 江先锋：《高校学生受历史虚无主义思潮影响的主体性特征及其应对策略》，《山东青年政治学院学报》2011 年第 6 期。

党才是抗日的中流砥柱”的观点有较高的认同，又对“中国共产党是抗日的中流砥柱”的观点有较高的认同。

访谈号：06，时间：2014 年 11 月 9 日

本来历史课本上明确写有“中国共产党是抗日的中流砥柱”的说法，我觉得有道理；但网上和坊间流传“国民党才是抗日的中流砥柱”的新奇说法，觉得也有道理。毕竟国民党在我们西南地区打过几次硬仗，可能国共两党都是抗战的中流砥柱，抗战有两根柱子吧……

由此可见，不少大学生对历史虚无主义思潮的相关观点并没有深刻的理解和认同，他们的态度往往随着周围氛围的改变和自身情绪的波动而发生变化，甚至是“墙头草，随风倒”，其中的情绪性可见一斑。

（二）片面性

我们在调查中发现，大学生对历史虚无主义思潮的主要观点选择“听说过一些”的高达 65.5%，而选择“听说过大部分”的仅占 21.1%。这种现象说明多数大学生只知道历史虚无主义思潮的一些观点而非大部分观点，一般而言也没有将这些孤立的观点联系起来分析的意愿，他们对这股思潮思想观点的认识和理解，基本上停留在零散化的层次上，带有明显的片面性。其中一个重要原因是随着高校信息化设施的逐步完善，网络已成为大学生了解历史虚无主义思潮的最主要途径，但网络在给大学生的学习、生活带来方便的同时，也使得包括历史信息在内的许多知识、信息的传播呈现出碎片化的特征，这在很大程度上影响着大学生对这股思潮相关观点的全面认知；另一个原因是大学生对历史虚无主义思潮相关观点的认知和认同本身就带有很强的情绪性，因此他们没有全面了解这股思潮相关观点的主观愿望。通常情况下，受历史虚无主义思潮影响的大学生只是朦朦胧胧地感觉某些思想观点比较新颖，随机了解一下，往往一知半解，浅尝辄止。

我们在个人访谈中发现，在历史认知和认同方面，西南地区高校的大学生往往更熟悉本地区的历史，而对中华民族整体历史的认识有待提高。

访谈号：02，时间：2014 年 11 月 8 日

抗日战争时期，我们西南地区发生过几次大战，如昆仑关战役、滇缅战役、桂柳会战等，都是国民党军队在抗日，哪有共产党军队的影子？因此，国民党才是抗日战争真正的中流砥柱。至于其他地方的抗战情况，我不清楚。

（三）差异性

虽然大学生受历史虚无主义思潮的影响具有情绪性和片面性，但并非完全盲目地全盘接受其所鼓吹的所有思想观点，通常情况下他们对其思想观点的接受是具有差异性的。一般而言，他们是根据自己和周围人的生活经历及社会现实环境进行选择的。进一步来说，即使某些大学生在总体上认同了某一观点，也不意味着他们一定会全盘接受基于这一观点的所有论断和说辞，因为他们还要用自己的大脑对其进行初步的思维加工，作出判断哪些是可以接受的，哪些是值得怀疑或否定的，虽然这种加工往往是粗糙的、不成体系的。从本次问卷调查和个案访谈的情况来看，大学生受历史虚无主义思潮影响较大的方面主要是在与他们自身的生活感受和周围环境紧密相关的一些具体内容、具体观点上，而在一些具有整体性、抽象性的问题上受影响较小。前者比如说在“谁是抗日战争的中流砥柱？”的问题上，有不少大学生认为“国民党才是抗日的中流砥柱”，其重要原因是受近年来一些片面宣传国民党抗日的影视剧和学术讲座的影响。又比如许多大学生表示“对党的领导产生一定的怀疑”，甚至有少数学生选择“完全不信任党的领导，只相信负面消息”这种极端看法，主要是受现实社会党员干部队伍中严重的官僚主义、形式主义和贪污腐败现象的影响。比如在“你觉得我们现在应怎样看待近代屈辱的历史？”“你认为我国现行历

史教科书的观点如何？”“你认为社会历史发展是否有规律？”的问题上，大部分大学生尽管受到历史虚无主义思潮的一些影响，但还是选择了接近于唯物史观的观点，这与他们受到长期的历史教育，一般不轻易从整体上否定正统的历史观有关，当然也与这些问题本身具有的抽象性有关。

（四）参与性

从问卷调查和个案访谈中发现，当代大学生在受历史虚无主义思潮的影响中并不是单向的完全被动的接受者，他们精力充沛，具有强烈的自我表现欲，往往会参与传播其中感兴趣的一些思想观点。现代传媒和网络技术日新月异的发展为大学生参与传播历史虚无主义思潮提供了许多便捷条件。大学生通过网络、手机、微博、微信等快捷通信方式可随时参与有关历史虚无主义思潮相关观点和事件的讨论，发表自己的看法，表明自己的态度，其中一些肯定历史虚无主义观点的看法和态度可能成为该思潮新的传播源，影响到同辈群体中的其他学生。如此一来，一方面，大学生可以参与到历史虚无主义思潮的传播过程中来，这就使得这股思潮对大学生思想的影响范围更广、层次更深；另一方面，大学生对历史虚无主义思潮相关观点的反馈，便于这股思潮的主要鼓吹者及时制定有更强针对性的传播策略，使其一步步深化对大学生群体的影响。大学生在历史虚无主义思潮传播中的这种参与性特点是非常值得警惕的。

## 六、历史虚无主义思潮对大学生思想的危害情况

在分析了大学生对历史虚无主义思潮的认知和认同情况及其受影响的主要特点后，还需要进一步了解这股思潮对大学生思想的危害，才能看到该思潮影响大学生思想的全貌。

（一）总体危害

让我们先从总体上考察历史虚无主义思潮对大学生思想的影响情况。

我们对问题“你认为‘重新评价历史’的思潮对大学生思想的影响情况如何？”的选择情况进行了频率分析，结果如图 4-13 所示。

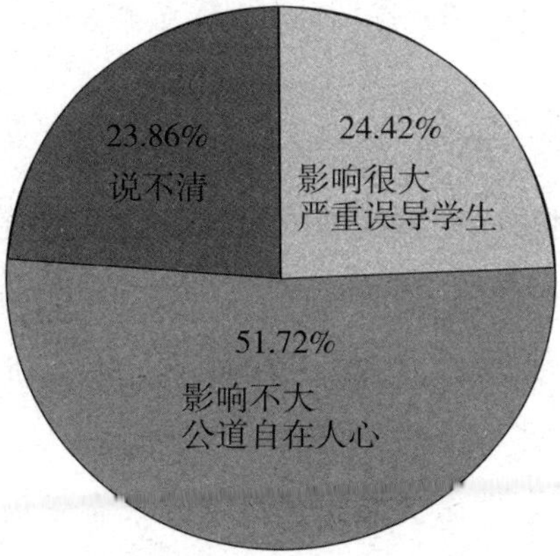


**图 4-13 历史虚无主义思潮对大学生思想的总体影响情况**

由 4-13 可见，当代大学生认为历史虚无主义思潮对大学生思想“影响很大，严重误导学生”的比例接近 1/4，还有 23.86% 的大学生选择了“说不清”。作为一种非主流社会思潮，历史虚无主义思潮对大学生的思想达到如此比例的影响，说明这股思潮已对大学生的思想形成较大的危害。如果从这个比例所对应的人数来看，其危害就更不可小视。另一方面，被调查的大学生中明确表示“影响不大，公道自在人心”的比例仅占一半左右，这从反面说明有将近一半的大学生不同程度地受到了历史虚无主义思潮的危害，这个比例也是相当大的。

下面，我们再从历史观、政治观、价值观三个方面来看历史虚无主义思潮对大学生思想的具体危害。为此，我们在问卷第三部分设计了有关评判历史是非能力以及对四项基本原则、社会主义核心价值体系认同情况的题目来考察这三个方面的具体影响。

这里为便于数据分析，我们先通过计算变量对前述两个态度量表的变量进行数据加工，得到一个新变量认同度均值，意即“大学生对历史虚无主义思潮的认同度均值”，再对这个新变量的数据进行可视离散化，生成新变量认同度等级，意即“大学生对历史虚无主义思潮的认同度等级”，这是一个由高到低的定序变量。而大学生对主流的历史观、政治观和价值观相关观点认同情况的变量也可转化成定序变量。这样就可用斯皮尔曼（Spearman）等级相关系数进行双变量相关分析，来探索历史虚无主义思潮对大学生思想的危害。

## （二）对历史观的危害

历史观是指人们对社会历史的根本观点、总的看法，是世界观的重要组成部分。历史观与人们评判历史是非的能力是密切相关的，树立正确的历史观是提高评判历史是非能力的主要条件。历史虚无主义思潮蓄意歪曲和颠倒历史是非，大肆攻击马克思主义唯物史观，通过攻其一点不及其余的方式大搞翻案史观，那么这股思潮对当代大学生历史观的具体危害究竟如何呢？下面就对“认同度等级”变量与有关大学生评判历史是非能力的几个变量分别进行相关分析。

### 1. 降低了历史评价能力

对“大学生对历史虚无主义思潮的认同度等级”与“你认为大陆对近代重要历史人物和事件的评价如何？”两个变量进行斯皮尔曼系数相关分析和显著性检验，结果如表 4–9 所示。

**表 4–9　认同度等级与评价历史人物和事件相关性分析表**

| | | | 大学生对历史虚无主义思潮的认同度等级 | 你认为中国大陆对近代重要历史人物和事件的评价如何 |
|---|---|---|---|---|
| Spearman 的 rho | 大学生对历史虚无主义思潮的认同度等级 | 相关系数 | 1.000 | –.279** |
| | | Sig.（双侧） | . | .000 |
| | | N | 1249 | 1241 |
| | 你认为中国大陆对近代重要历史人物和事件的评价如何 | 相关系数 | –.279** | 1.000 |
| | | Sig.（双侧） | .000 | . |
| | | N | 1241 | 1241 |
| **. 在置信度（双测）为 0.01 时，相关性是显著的 | | | | |

从表 4–9 中可看出，因为两变量的斯皮尔曼相关系数为 –0.279<0，双

尾检测的相伴概率值 Sig.=0.000<0.05，所以两变量不相关的原假设不成立，证明两变量有明显的负相关性。从表的脚注可看出双尾检测下两变量在 0.01 水平上具有显著的负相关性。这说明当代大学生对历史虚无主义思潮的认同度等级越高，就越不认同我国大陆对近代重要历史人物和历史事件的正统评价，倾向于非理性地全盘否定或全盘肯定，简单化地颠覆正统评价，从而降低了大学生对近代重大历史事件和历史人物的评价能力。

在个人访谈中，我们也发现受到历史虚无主义思潮影响的一些大学生对近代重大历史事件和历史人物的评价能力降低的问题。

访谈号：31，时间：2014 年 12 月 2 日

曾国藩、李鸿章、袁世凯、蒋介石其实都是有很大功劳的，都是近代化的功臣。曾国藩的个人修养很高，且爱兵如子，文韬武略，无所不能，几乎是一个完人；李鸿章办洋务，成绩很大，他签不平等条约都是替人“背黑锅”，责任在清政府而不在他；袁世凯时期工商业发展迅速，言论自由，李大钊、陈独秀、毛泽东等不都是那个时期培养出来的吗？并且他没有卖国，“二十一条”最后并未实行；蒋介石执政后到抗战前，民国经济进入了“黄金十年”，并且抗战是在他领导下进行的，他功劳最大。以前对他们的评价都是不公平的，现在的评价应该颠倒过来，还他们一个公道……

访谈号：37，时间：2014 年 12 月 7 日

抗美援朝耽误了统一台湾，只是帮助朝鲜建立了专制、邪恶的国家，又得罪了美国，牺牲的人数是美军的几十倍，得不偿失，没什么积极作用，何必呢？

可见，一些受访的大学生由于受历史虚无主义思潮的影响，以为对近代历史人物和历史事件的评价应该简单颠倒过来，所用的论证方法是形而上学的、直线式的，并且所列举的论据往往是片面的，甚至是被历史虚无

主义者歪曲的材料，其历史评价能力无形中降低了。

2. 减弱了对我国历史教科书的认同度

对“大学生对历史虚无主义思潮的认同度等级”与“对我国现行历史教科书的评价”两个变量进行斯皮尔曼系数相关分析和显著性检验，结果如表 4–10 所示。

**表 4–10　认同度等级与对我国现行历史教科书的评价相关性分析表**

| | | | 大学生对历史虚无主义思潮的认同度等级 | 你认为我国现行历史教科书的观点如何 |
|---|---|---|---|---|
| Spearman 的 rho | 大学生对历史虚无主义思潮的认同度等级 | 相关系数 | 1.000 | –.236** |
| | | Sig.（双侧） | . | .000 |
| | | N | 1249 | 1231 |
| | 你认为我国现行历史教科书的观点如何 | 相关系数 | –.236** | 1.000 |
| | | Sig.（双侧） | .000 | . |
| | | N | 1231 | 1231 |
| **. 在置信度（双测）为 0.01 时，相关性是显著的 | | | | |

从表 4–10 中可看出，因为两变量的斯皮尔曼相关系数为 –0.236<0，双尾检测的相伴概率值 Sig.=0.000<0.05，所以两变量不相关的原假设不成立，证明两变量有明显的负相关性。从表的脚注可看出双尾检测下两变量在 0.01 水平上具有显著的负相关性。这说明当代大学生对历史虚无主义思潮的认同度等级越高，就对我国现行历史教科书的评价越低，减弱了对我国现行历史教科书的认同。

在个人访谈中，我们也发现受历史虚无主义思潮影响的大学生对我国主流的历史教科书存在较强的逆反心理。

访谈号：36，时间：2014 年 12 月 11 日

我国大陆编写的历史教科书尤其是近现代史部分，其实就是中国共产党美化自己的宣传工具而已，历史教科书上写的大部分都是假的，现在人们通过历史教科书根本不可能了解历史的真相。所以我经常阅读一些与历史教科

书观点相反的历史书籍和文章，尤其是外国的、港台地区的、民国时期的，觉得很新鲜，比较客观、真实，很有道理。

3. 导致对历史题材影视剧的错误评价

对“大学生对历史虚无主义思潮的认同度等级”与“你对历史题材影视剧有什么看法？”两个变量进行斯皮尔曼系数相关分析和显著性检验结果如表 4–11 所示。

**表 4–11　认同度等级与对历史题材影视剧的看法相关性分析表**

| | | | 大学生对历史虚无主义思潮的认同度等级 | 你对历史题材影视剧的看法 |
|---|---|---|---|---|
| Spearman 的 rho | 大学生对历史虚无主义思潮的认同度等级 | 相关系数 | 1.000 | –.259** |
| | | Sig.（双侧） | . | .000 |
| | | N | 1249 | 1240 |
| | 你对历史题材影视剧的看法 | 相关系数 | –.259** | 1.000 |
| | | Sig.（双侧） | .000 | . |
| | | N | 1240 | 1240 |
| **. 在置信度（双测）为 0.01 时，相关性是显著的 | | | | |

从表 4–11 中可看出，因为两变量的斯皮尔曼相关系数为 –0.259<0，双尾检测的相伴概率值 Sig.=0.000<0.05，所以两变量不相关的原假设不成立，证明两变量有着明显的负相关性。从表的脚注可看出双尾检测下两变量在 0.01 水平上具有显著的负相关性。这说明当代大学生对历史虚无主义思潮的认同度等级越高，就对历史题材影视剧的看法越不正确。

在个人访谈中，我们也发现受历史虚无主义思潮影响的一些学生对历史题材影视剧的看法存在不少问题。

访谈号：39，时间：2014 年 12 月 14 日

现在社会节奏比较快，人们平时工作比较紧张，历史题材影视剧嘛，就应该让观众多娱乐一下、轻松一下，调剂一下生活嘛！否则太严肃了，

就没多少人看了，影响收视率，许多雷人的抗日神剧不也获得了很高的收视率吗?

访谈号：41，时间：2014 年 12 月 16 日

抗战时期，国军才是货真价实的正规军，抗日那么大规模的战争还得靠正规军。不可能靠土八路，以前抗日题材的影视剧《地道战》《地雷战》《平原游击队》等都是在刻意夸大共产党、游击队的抗战贡献。现在应该倒过来，还原历史真相，在抗战影视剧中应该重点突出国民党军队抗战，那才是历史真实。

4. 削弱了对唯物史观的认同

对“大学生对历史虚无主义思潮的认同度等级”与“对唯物史观的认同”两个变量进行斯皮尔曼系数相关分析和显著性检验，结果如表 4–12 所示。

**表 4–12　认同度等级与对唯物史观的认同相关性分析表**

| | | | 大学生对历史虚无主义思潮的认同度等级 | 对唯物史观的认同 |
|---|---|---|---|---|
| Spearman 的 rho | 大学生对历史虚无主义思潮的认同度等级 | 相关系数 | 1.000 | –.285** |
| | | Sig.（双侧） | . | .000 |
| | | N | 1249 | 1244 |
| | 对唯物史观的认同 | 相关系数 | –.285** | 1.000 |
| | | Sig.（双侧） | .000 | . |
| | | N | 1244 | 1244 |
| **. 在置信度（双测）为 0.01 时，相关性是显著的 | | | | |

从表 4–12 中可看出，因为两变量的斯皮尔曼相关系数为 –0.285<0，双尾检测的相伴概率值 Sig.=0.000<0.05，所以两变量不相关的原假设不成立，证明两变量有着明显的负相关性。从表的脚注可看出双尾检测下两变

量在 0.01 水平上具有显著的负相关性。这说明当代大学生对历史虚无主义思潮的认同度等级越高，就越是不认同唯物史观，越是盲目认同西方流行的历史研究标准。

在个人访谈中，我们也发现受历史虚无主义思潮影响的一些学生对马克思主义唯物史观存在严重的偏见，而盲目崇拜西方流行的历史研究标准。

访谈号：43，时间：2014 年 12 月 20 日

马克思主义早就过时了，它的唯物史观还有什么用？并且唯物史观的根本观点就错了，实践证明是英雄创造历史，不是群众创造历史，群众只是任人摆布的群氓；现在开放了，新时代了，接受西方流行的历史研究标准才能与世界接轨。这些比较深奥的哲学问题，我不太感兴趣，也不想浪费太多时间去思考，但我知道西方发达国家的许多东西是很先进的，所以按照他们的历史研究标准去思考问题，准没错儿……

总之，通过大学生对历史虚无主义思潮的认同度等级与上述有关大学生评判历史是非能力的四个变量的相关性分析，我们可以看到：受历史虚无主义思潮影响的大学生，其历史观受到很大的误导，其评判历史是非的能力降低了，在一定程度上丧失了历史是非感。如果任其泛滥，不少大学生就会对我国革命历史淡漠，对革命传统、理想信念淡忘，导致历史观的严重错位。

### （三）对政治观的危害

政治观是指社会成员对政治世界的看法，包括社会成员看待、评价某种政治系统及其政治活动的标准，以及由此形成的政治主体的价值观念和行为模式的选择标准。[①] 四项基本原则是我国的立国之本，邓小平在南方谈话中强调指出“在整个改革开放的过程中，必须始终注意坚持四项基本原则”[②]。而历史虚无主义思潮的实质就是企图抽掉我国坚持四项基本原则的

① 江传月、刘曼曼：《论当代青年价值观的现状》，《前沿》2010 年第 12 期。
②《邓小平文选》第 3 卷，北京：人民出版社 1993 年版，第 379 页。

历史依据，因此削弱大学生对四项基本原则的认同就成为这股思潮对大学生政治观的首要危害。下面就对认同度等级变量与有关大学生对四项基本原则认同情况的几个变量分别进行相关分析。

1. 降低对党的领导的信任

对“大学生对历史虚无主义思潮的认同度等级”与“你现在如何看待中国共产党的领导？”两个变量进行斯皮尔曼系数相关分析和显著性检验结果如表 4–13 所示。

**表 4–13　认同度等级与如何看待中国共产党的领导相关性分析表**

| | | | 大学生对历史虚无主义思潮的认同度等级 | 你现在如何看待中国共产党的领导 |
|---|---|---|---|---|
| Spearman 的 rho | 大学生对历史虚无主义思潮的认同度等级 | 相关系数 | 1.000 | –.308** |
| | | Sig.（双侧） | . | .000 |
| | | N | 1249 | 1236 |
| | 你现在如何看待中国共产党的领导 | 相关系数 | –.308** | 1.000 |
| | | Sig.（双侧） | .000 | . |
| | | N | 1236 | 1236 |
| **. 在置信度（双测）为 0.01 时，相关性是显著的 | | | | |

从表 4–13 中可看出，因为两变量的斯皮尔曼相关系数为 $-0.308<0$，双尾检测的相伴概率值 $Sig.=0.000<0.05$，所以两变量不相关的原假设不成立，证明两变量有着明显的负相关性。从表的脚注可看出双尾检测下两变量在 0.01 水平上具有显著的负相关性。这说明当代大学生对历史虚无主义思潮的认同度等级越高，就越不信任中国共产党的领导。

在个人访谈中，我们发现一些受历史虚无主义思潮影响较深的大学生对中国共产党的领导存在较多的负面看法。

访谈号：46，时间：2014 年 12 月 23 日

中国共产党在改革开放前，运动不断、错误不断，伤害了那么多人，普通人没有一点儿民主权利，导致经济长期停滞不前，百姓困苦不堪，阻碍了

国家的发展；在改革开放后，对内腐败严重，官商勾结，鱼肉百姓，长期一党专政，压制民主；对外长期软弱妥协，不敢捍卫同胞的正当权益，伤害了民族自尊和自信，怪不得那么多人崇洋媚外。

2. 加剧了对马列主义、毛泽东思想的负面评价

对“大学生对历史虚无主义思潮的认同度等级”与“你认为是否应该继续坚持马列主义、毛泽东思想？”两个变量进行斯皮尔曼系数相关分析和显著性检验，结果如表 4–14 所示。

**表 4–14　认同度等级与如何看待马列主义、毛泽东思想相关性分析表**

| | | | 大学生对历史虚无主义思潮的认同度等级 | 你认为是否应继续坚持马列主义、毛泽东思想 |
|---|---|---|---|---|
| Spearman 的 rho | 大学生对历史虚无主义思潮的认同度等级 | 相关系数 | 1.000 | –.295** |
| | | Sig.（双侧） | . | .000 |
| | | N | 1249 | 1242 |
| | 你认为是否应继续坚持马列主义、毛泽东思想 | 相关系数 | –.295** | 1.000 |
| | | Sig.（双侧） | .000 | . |
| | | N | 1242 | 1242 |
| **. 在置信度（双测）为 0.01 时，相关性是显著的 | | | | |

从表 4–14 中可看出，因为两变量的斯皮尔曼相关系数为 –0.295<0，双尾检测的相伴概率值 Sig.=0.000<0.05，所以两变量不相关的原假设不成立，证明两变量有着显著的负相关性。从表的脚注可看出双尾检测下两变量在 0.01 水平上具有显著的负相关性。这说明当代大学生对历史虚无主义思潮的认同度等级越高，就越对马列主义、毛泽东思想持负面评价。

在个人访谈中，我们也发现一些大学生对历史虚无主义思潮的认同越高，就越反感马列主义、毛泽东思想。

访谈号：49，时间：2014 年 12 月 2 日

马列主义、毛泽东思想早已是过时的东西，是骗人的思想、整人的工

具，过去整了那么多人，犯了那么多错误；现在是市场经济，人人都钻进钱眼儿里了，都在讲享受，谁还讲什么主义、思想？就连哪些当干部的不还是把那些理论仅仅挂在嘴边儿，实际上讲的不都还是钱！

由此可见，历史虚无主义思潮的影响已成为一些人反感马列主义、毛泽东思想的一个重要因素。

3. 导致对人民民主专政的怀疑

对“大学生对历史虚无主义思潮的认同度等级”与“你认为我国是否应该继续实行人民民主专政？”两个变量进行斯皮尔曼系数相关分析和显著性检验结果如表 4-15 所示。

**表 4-15 认同度等级与如何看待人民民主专政相关性分析表**

| | | | 大学生对历史虚无主义思潮的认同度等级 | 你认为我国是否应继续实行人民民主专政 |
|---|---|---|---|---|
| Spearman 的 rho | 大学生对历史虚无主义思潮的认同度等级 | 相关系数 | 1.000 | -.202** |
| | | Sig.（双侧） | . | .000 |
| | | N | 1249 | 1235 |
| | 你认为我国是否应继续实行人民民主专政 | 相关系数 | -.202** | 1.000 |
| | | Sig.（双侧） | .000 | . |
| | | N | 1235 | 1235 |
| **. 在置信度（双测）为 0.01 时，相关性是显著的 | | | | |

从表 4-15 中可看出，因为两变量的斯皮尔曼相关系数为 $-0.202<0$，双尾检测的相伴概率值 Sig.=0.000<0.05，所以两变量不相关的原假设不成立，证明两变量有着显著的负相关性。从表的脚注可看出双尾检测下两变量在 0.01 水平上具有显著的负相关性。这说明当代大学生对历史虚无主义思潮的认同度等级越高，就越是怀疑我国坚持人民民主专政的必要性。

在个人访谈中，我们也发现受历史虚无主义思潮影响较深的大学生对人民民主专政产生了较多的怀疑和误解，易于把“专政”和“民主”割裂开来，绝对对立起来，同时又容易将“专政”和“专制”相混淆。

访谈号：48，时间：2014 年 12 月 29 日

现在是改革开放时代，大家都属于人民群众，没有敌人了，就不需要专政了……你看，西方国家有公开说过“专政”的吗？“专政”必然导致“专制”，所以要与世界接轨，就不应该再提专政了。

4. 动摇了坚持社会主义道路的信念

在问卷中，我们是以“对中国特色社会主义共同理想的看法”来调查大学生对坚持社会主义道路的看法的。下面关于“大学生对历史虚无主义思潮的认同度等级”与“大学生对坚持社会主义道路的态度”两个变量进行斯皮尔曼系数相关分析和显著性检验，结果如表 4–16 所示。

**表 4–16　认同度等级与大学生对坚持社会主义道路的态度相关性分析表**

| | | | 大学生对历史虚无主义思潮的认同度等级 | 大学生对坚持社会主义道路的态度 |
|---|---|---|---|---|
| Spearman 的 rho | 大学生对历史虚无主义思潮的认同度等级 | 相关系数 | 1.000 | –.292** |
| | | Sig.（双侧） | . | .000 |
| | | N | 1249 | 1230 |
| | 大学生对坚持社会主义道路的态度 | 相关系数 | –.292** | 1.000 |
| | | Sig.（双侧） | .000 | . |
| | | N | 1230 | 1230 |
| **. 在置信度（双测）为 0.01 时，相关性是显著的 | | | | |

从表 4–16 中可看出，因为两变量的斯皮尔曼相关系数为 –0.292<0，双尾检测的相伴概率值 Sig.=0.000<0.05，所以两变量不相关的原假设不成立，证明两变量有着显著的负相关性。从表的脚注可看出双尾检测下两变量在 0.01 水平上具有显著的负相关性。这说明当代大学生对历史虚无主义思潮的认同度等级越高，就越是怀疑中国特色社会主义共同理想，从而动摇他们对坚持社会主义道路的信念。

在个人访谈中，我们也发现受历史虚无主义思潮影响的大学生对坚持社会主义道路的信念有所动摇，对中国特色社会主义有一些模糊认识。

访谈号：44，时间：2014 年 12 月 22 日

社会主义？现在还有几个真正的社会主义国家？中国、越南表面上还声称是社会主义国家，但经济主体已经私有化了；剩下的恐怕只有古巴、朝鲜了，它们的经济又那么差。我看社会主义道路没什么前途。中国特色社会主义实际上不过是变相的资本主义罢了。

通过“大学生对历史虚无主义思潮的认同度等级”与关于四项基本原则的四个变量的相关性分析，我们可以看出：历史虚无主义思潮在大学生群体中的蔓延，在很大程度上已经动摇了他们对四项基本原则的认同。可以想见，如果听任这股思潮在大学生群体中继续滋生、蔓延，就会影响大学生对马克思主义的指导地位、社会主义道路和中国共产党领导的认同，亦即对“四个选择”[①] 中的前“三个选择”的认同，严重者将导致开历史倒车和社会主义根基的坍塌。[②]

另外，历史虚无主义思潮对大学生政治观的危害也表现在对大学生树立和巩固“四个自信”的影响上。党的十八大报告提出：“中国特色社会主义道路，中国特色社会主义理论体系，中国特色社会主义制度，是党和人民九十多年奋斗、创造、积累的根本成就，必须倍加珍惜、始终坚持、不断发展……中国特色社会主义道路是实现途径，中国特色社会主义理论体系是行动指南，中国特色社会主义制度是根本保障，三者统一于中国特色社会主义伟大实践……全党要坚定这样的道路自信、理论自信、制度自信！”习近平总书记在庆祝中国共产党成立 95 周年大会上又强调指出：中国共产党人“坚持不忘初心、继续前进，就要坚持中国特色社会主义道路自信、理论自

① 即历史和人民选择了马克思主义，选择了中国共产党，选择了社会主义道路，选择了改革开放。

② 龚云：《谁是真正的历史虚无主义者》，《马克思主义研究》2014 年第 9 期。

信、制度自信、文化自信”[①]。至此，我们党完整提出了“四个自信”。

然而，我们通过访谈发现，当前部分大学生显然缺乏这样的“四个自信”或者曲解了“四个自信”的本义。

访谈号：48，时间：2015 年 4 月 15 日

中国特色社会主义道路实际上就是资本主义道路，那是对社会主义的否定，还有什么自信？社会主义被历史证明不行了，加个“中国特色”而已，实践证明只有资本主义才是走得通的路；中国特色社会主义理论实际上与马列主义毛泽东思想是根本不同的两个体系，也难怪这几年，不怎么强调马列主义毛泽东思想了；中国特色社会主义制度中的许多制度都是说一套、做一套，形式主义的东西太多；至于文化自信，现在崇洋媚外这么泛滥，不少人连民族自信都没有，哪有什么文化自信？

历史虚无主义思潮对大学生政治观的危害还表现在削弱大学生对中国梦的理解和认同上。中国梦是习近平总书记提出的重要执政理念。中国梦的目标是“实现中华民族伟大复兴”，具体表现是“国家富强、民族振兴、人民幸福”，实现途径是“走中国道路，弘扬中国精神，凝聚中国力量”。要实现中国梦，必须对中国梦有正确的理解和认同。但我们在访谈中发现，一些大学生离这种要求还有不小的差距。

访谈号：47，时间：2015 年 4 月 17 日

“中国梦”？“梦”一般都是无法实现的空想和幻想，历史上凡是搞社会主义、共产主义的，梦都破灭了……还是找个好工作，赚钱、享受来得实在，不管用什么方式赚了钱都是对国家的贡献，所以啊，个人不要考虑得那么远，“发财梦”才是关键，其他都是空谈，空谈误国嘛！

---

① 习近平：《在庆祝中国共产党成立 95 周年大会上的讲话》，《人民日报》2016 年 7 月 2 日。

### （四）历史虚无主义思潮对大学生价值观的危害

价值观是基于人的一定的思维之上而作出的认知、理解、判断或抉择，也就是人认定事物、辨别是非的一种思维或取向①，从而体现出一定的价值或作用。社会主义核心价值体系是兴国之魂，是我国社会主义意识形态的核心，把社会主义核心价值体系融入思想政治教育全过程，是增强社会主义意识形态吸引力和凝聚力的必然要求。②大学生社会主义核心价值体系教育是我国当前高校思想政治教育的重点内容。削弱大学生对我国社会主义核心价值体系的认同是当前历史虚无主义思潮对大学生价值观的主要危害。下面我们重点对认同度等级与社会主义核心价值体系中的民族精神、时代精神和社会主义荣辱观进行相关分析。

#### 1. 淡化了民族精神

在调查问卷中，我们是以"如何认识美化汉奸的言论？"这个问题从反面来考察当代大学生对以爱国主义为核心的民族精神的态度的。现在对"大学生对历史虚无主义思潮的认同度等级"与"大学生如何看待民族精神"两个变量进行斯皮尔曼系数相关分析和显著性检验，结果如表 4–17 所示。

从表 4–17 中可看出，两变量的斯皮尔曼相关系数是 –0.187<0，另外双尾检测的相伴概率值 Sig.=0.000<0.05，所以两变量不相关的原假设不能成立，这表明两变量存在一定的负相关性。从表的脚注也可看出双尾检测下两变量在 0.01 水平上具有负相关性。这说明当代大学生对历史虚无主义思潮的认同度等级越高，就越不认同以爱国主义为核心的民族精神，民族自尊心、自信心、自豪感也就越弱，反之亦然。

---

① 高秋彤：《浅析全球化背景下企业管理中的跨文化沟通》，《现代商业》2015 年第 4 期。

② 程祥国、周婷：《论社会主义核心价值体系融入思想政治教育全过程》，《求实》2009 年第 5 期。

表 4-17　认同度等级与如何看待民族精神相关性分析表

| | | | 大学生对历史虚无主义思潮的认同度等级 | 大学生如何看待民族精神 |
|---|---|---|---|---|
| Spearman 的 rho | 大学生对历史虚无主义思潮的认同度等级 | 相关系数 | 1.000 | -.187** |
| | | Sig.（双侧） | . | .000 |
| | | N | 1249 | 1242 |
| | 大学生如何看待民族精神 | 相关系数 | -.187** | 1.000 |
| | | Sig.（双侧） | .000 | . |
| | | N | 1242 | 1242 |
| **. 在置信度（双测）为 0.01 时，相关性是显著的 | | | | |

在个案访谈中，我们发现对历史虚无主义思潮认同度较高的大学生，在很大程度上存在着淡化以爱国主义为核心的民族精神的现象。

访谈号：46，时间：2014 年 12 月 26 日

以前历史教材上经常强调的反侵略爱国运动如三元里抗英、太平天国运动、义和团运动等，现在被不少人称为“爱国贼”；而以前历史教材上经常提起的反面人物，如慈禧、曾国藩、李鸿章、袁世凯、蒋介石甚至汪精卫现在都有不少人为他们翻案，看来以前是冤枉他们了，因实力不济在西方列强面前屈辱妥协也无可厚非，是务实的表现，近代史上没有几个货真价实的卖国贼，爱国与卖国没有明显的界线……

在个案访谈中，我们还发现部分少数民族大学生因某些汉族人散布历史虚无主义思潮的影响，其所理解和认同的民族精神不是以爱国主义为核心的民族精神，而是明显带有地方民族主义色彩的民族精神，他们还担心强调爱国主义可能影响到本民族的民族精神的继承和发扬。

访谈号：45，时间：2014 年 12 月 24 日

我是一个少数民族的大学生，我所认同的民族精神是我们本民族的民

族精神，我认为那才是最优秀的。至于爱国主义，现在连汉族自己的人都在否定他们历史上的爱国主义。我觉得过于强调爱国主义会影响我们本民族的民族精神。

2. 导致对时代精神的庸俗化

在调查问卷中，我们是以“你是如何认识改革、创新的？”这个问题来考察当代大学生对以改革、创新为核心的时代精神的态度的。现在对“大学生对历史虚无主义思潮的认同度等级”与“大学生如何看待时代精神”两个变量进行斯皮尔曼系数相关分析和显著性检验，结果如表 4-18 所示。

**表 4-18　认同度等级与如何看待时代精神相关性分析表**

| | | | 大学生对历史虚无主义思潮的认同度等级 | 大学生如何看待时代精神 |
|---|---|---|---|---|
| Spearman 的 rho | 大学生对历史虚无主义思潮的认同度等级 | 相关系数 | 1.000 | -.182** |
| | | Sig.（双侧） | . | .000 |
| | | N | 1249 | 1242 |
| | 大学生如何看待时代精神 | 相关系数 | -.182** | 1.000 |
| | | Sig.（双侧） | .000 | . |
| | | N | 1242 | 1242 |
| **. 在置信度（双测）为 0.01 时，相关性是显著的 | | | | |

从表 4-18 中可看出，两变量的斯皮尔曼相关系数是 -0.182<0，另外双尾检测的相伴概率值 Sig.=0.000<0.05，所以两变量不相关的原假设不成立，这表明两变量存在负相关性。从表的脚注也可看出双尾检测下两变量在 0.01 水平上具有负相关性。这说明当代大学生对历史虚无主义思潮的认同度等级越高，就越不能正确理解改革、创新的科学内涵。但从这个相关系数可看出，这种相关也是弱相关，对历史虚无主义思潮的认同度等级较低的大学生也不一定能正确理解改革、创新的科学

内涵。

在个案访谈中，我们也发现相当一部分大学生包括一些对历史虚无主义思潮的认同度较低的大学生中也存在对改革、创新庸俗化理解的现象，误认为“只要是改革就是好的”，“随便变个花样儿”哗众取宠也是创新，很少具体问题具体分析。

3. 阻碍社会主义荣辱观的践行

对“大学生对历史虚无主义思潮的认同度等级”与“如何看待某些人对待历史问题上背离‘八荣八耻’的言行”两个变量进行斯皮尔曼系数相关分析和显著性检验，结果如表 4–19 所示。

**表 4-19　认同度等级与如何看待社会主义荣辱观相关性分析表**

| | | | 大学生对历史虚无主义思潮的认同度等级 | 你如何看待某些人在历史问题上背离“八荣八耻”的言行 |
|---|---|---|---|---|
| Spearman 的 rho | 大学生对历史虚无主义思潮的认同度等级 | 相关系数 | 1.000 | -.192** |
| | | Sig.（双侧） | . | .000 |
| | | N | 1249 | 1238 |
| | 你如何看待某些人在历史问题上背离“八荣八耻”的言行 | 相关系数 | -.192** | 1.000 |
| | | Sig.（双侧） | .000 | . |
| | | N | 1238 | 1238 |
| **. 在置信度（双测）为 0.01 时，相关性是显著的 | | | | |

从表 4–19 中可看出，两变量的斯皮尔曼相关系数为 –0.192<0，另外双尾检测的相伴概率值 Sig.=0.000<0.05，所以两变量不相关的原假设是不能成立的，这表明两变量存在负相关性。从表的脚注也可看出双尾检测下两变量在 0.01 水平上具有显著的负相关性。这说明当代大学生对历史虚无主义思潮的认同度等级越高，就越对社会主义荣辱观缺乏认同。

在个案访谈中，我们也发现不少大学生因受到历史虚无主义思潮的影响，在社会主义荣辱观方面存在言行不一甚至荣耻倒挂的现象。

访谈号：47，时间：2014 年 12 月 27 日

现在社会上尤其是网上，许多人都在为过去认定的反面人物翻案，甚至为过去所说的侵略者和汉奸翻案，他们并没有受到什么处理啊？有些反而因此名声大噪，获得不少媒体的支持，可见即使违反“八荣八耻”的第一条，也未必得到不好的评价，所以是否遵循社会主义荣辱观完全是个人的私事儿，无所谓的……

从这些访谈中足见历史虚无主义思潮已成为大学生践行社会主义荣辱观的严重障碍。

通过上述“大学生对历史虚无主义思潮的认同度等级”与关于社会主义核心价值体系的几个变量的相关性分析，我们可以看出：历史虚无主义思潮对我国社会主义核心价值体系主要内容的四个方面进行了全方位的诘难和攻击，其对大学生的社会主义核心价值体系认同有一定影响，从一定程度上说已对大学生社会主义核心价值体系教育形成了整体性挑战，削弱了大学生对社会主义核心价值体系的认同。

总之，我们必须正视历史虚无主义思潮对大学生思想的严重危害，尤其是对其历史观、政治观和价值观三方面的危害，进而寻求系统、全面的应对之策，来认真化解这些危害。

根据以上调查结果和数据分析，可得出以下三个基本结论：

第一，历史虚无主义思潮在大学生中迅速蔓延，已形成较大影响。虽然历史虚无主义思潮并没有在大学生中产生其鼓吹者所希望的那么大的影响，但历史虚无主义思潮已导致相当一部分大学生在历史观、政治观和价值观上的思想混乱，许多大学生对正统历史唯物主义观点产生了一定的怀疑和逆反心理，甚至一些大学生还故意与正统历史教育“唱反调”，这些也是难以否认的事实。大学生中这些新的思想动态应当引起承担思想政治教育任务的组织和个人以至全社会的高度警惕。20 世纪 80 年代末 90 年代初的苏东剧变中，许多原社会主义国家的政局动荡都是以历史虚无主义思潮的泛滥为先兆的。前车之鉴后事之师，因此对历史虚无主义思潮必须防患于未然，当前亟待加强四项基本原则和社会主义核心价值体系的宣传教育以对大学生的思想进行正确的引导。

第二，大学生历史教育及宣传相关领域争夺意识形态领导权的斗争尖锐而复杂，应当引起高度警惕。历史虚无主义思潮泛起和蔓延的背后所反映的不仅仅是重要的历史问题，而且是重要的现实问题，它不仅对大学生的历史观具有显性的危害，其对大学生世界观、人生观和价值观的隐性的危害更是需要重视的。历史虚无主义思潮的泛滥对部分大学生的思想渗透，不仅使其身心的健康发展受到影响，同时长此以往会严重弱化大学生的民族自尊心、自信心和自豪感，为国际反华势力奠定“西化”“分化”的思想基础。颠覆一个国家的主导意识形态，几乎都是从细微处着手由小到大、由浅入深地进行的，历史虚无主义思潮实质上具有强烈的意识形态性，其否定四项基本原则、否定社会主义核心价值体系、丑化英烈、美化“三座大山”的种种思想观点，也是从细微处开始一步步侵蚀大学生思想的，逐渐形成对整个社会主义意识形态的严峻挑战。大学生是时代的弄潮儿，他们一旦接受历史虚无主义思潮的影响，将不仅导致社会主义主流意识形态在高校被逐渐边缘化，而且对全社会的影响也是难以估量的。大学生是未来社会建设的生力军，是祖国的未来，是民族的希望。因此，我们必须积极应对历史虚无主义思潮的挑战，深入研究历史虚无主义思潮对大学生思想影响的特点、过程和模式等，探索有效的应对之策，争取早日化解这股思潮对大学生的消极影响。

第三，大学生对历史虚无主义思潮的认知和认同情况在政治面貌、专业类型、性别、年级等方面都存在或多或少的差异，而在宗教信仰和家庭收入状况两个方面则未发现显著差异。深入挖掘这些潜藏的差异，并结合实际分析其背后的原因，为我们发现历史虚无主义思潮在大学生群体中的影响特点奠定基础。在寻求解决的对策时应充分考虑这些差异和特点，以便对症下药。

# 第五章
# 历史虚无主义思潮影响大学生思想的原因、过程和模式

我们在前文通过问卷调查、个案访谈和数据分析，已经较为清晰地看到历史虚无主义思潮对大学生思想的影响现状。本章我们将进一步挖掘历史虚无主义思潮影响大学生思想的原因，具体分析其影响过程，探索其影响模式，为更好地制定针对性和可操作性强的应对策略奠定基础。

## 一、历史虚无主义思潮影响大学生思想的原因

历史虚无主义思潮的泛起和迅速蔓延并对大学生的思想形成较大影响和冲击，是多种影响因素综合作用的结果，其中既有社会和高校等方面的客观因素，也有大学生自身方面的主观因素。

### （一）客观原因

客观原因是指独立存在于人的意识之外，不以人的意志为转移的自身以外的其他因素。历史虚无主义思潮对当代大学生的思想之所以能够产生影响，是与大学生自身之外的社会、高校、地域及该思潮本身层面的客观原因分不开的。

1. 社会矛盾和社会现实问题的存在

新世纪新阶段，我国正处于社会加速转型期，同时也是一个社会矛盾凸显期。在经济快速发展的同时，城乡矛盾、地区矛盾、干群矛盾、劳资矛盾、民族矛盾等各种社会矛盾不断涌现，积累了大量的社会现实问题，如腐败问题、道德问题、医疗问题、教育问题、住房问题、就业问题等等。这些社会矛盾和现实问题十分复杂，有的还比较尖锐，如果迟迟得不到有效解决，就可能形成比较厚重的社会积怨。社会存在决定社会意识，在这些严重的社会矛盾和现实问题面前，个人往往有一种无助感，这就使不少人对中国特色社会主义所绘就的理想蓝图与社会现实之间的反差比较困惑。许多社会矛盾和现实问题与大学生的生活密切相关，给他们带来了广泛而深刻的影响。当代大学生大多具有较强的社会参与意识，比较关注社会矛盾和社会问题，尤其是那些利益受损人群出身的大学生对解决这些矛盾和问题抱有较高期望，有些还积极提出自己的解决方案[①]，但又一时难以得到足够的重视。这就使部分大学生产生了一些认识上的困惑和矛盾，对党的一些政策颇有怨言，在这种情绪的支配下往往会以现实去推断历史，由质疑现实走向质疑历史，不相信中国共产党在长期的革命和建设历史上的廉洁、无私，否定中国共产党的历史地位和历史功绩。他们的心理不平衡感和被剥夺感易诱导其认同历史虚无主义思潮的某些观点从而误解历史。因此，不少大学生逐渐产生了解和认同历史虚无主义思潮的思想倾向，从而自觉不自觉地受到各种虚无历史的言辞和行为的熏染。可见，转型期大量社会矛盾和社会现实问题的存在，为历史虚无主义思潮影响大学生的思想提供了重要的社会土壤，在客观上助长了这股思潮的影响力。

2. 西方对我国的“西化”“分化”

西方反华势力推行“西化”“分化”我国的战略是蓄谋已久、一以贯之的。早在中华人民共和国成立之初，他们就妄图通过军事干涉把新生的

---

① 杨军：《历史虚无主义思潮影响高校师生的现状、原因和对策》，《思想理论教育导刊》2011 年第 11 期。

人民政权扼杀在摇篮里；冷战时期又以军事围堵、经济封锁和文化渗透为主要形式，企图使我国从内部“和平演变”，从而达到颠覆社会主义制度，使我国重新沦为他们的半殖民地的目的。苏东剧变后，西方反华势力通过不断发动经济、政治、文化等“组合拳”攻势，大肆鼓吹“马克思主义过时论”“社会主义失败论”“共产主义渺茫论”[①]，对我国高校意识形态进行“西化”“分化”的影响，同我国主流意识形态争夺青年，不遗余力地从思想上对大学生进行反复渗透，逐步强化影响，使他们盲目崇拜西方的社会制度和文化，在潜移默化中接受西方的“普世价值”。这与以前“和平演变”的老调虽然有所区别，但其实质并未发生根本改变。其中培植我国内部的历史虚无主义者与他们里应外合，共同对我国历史尤其是近现代史进行不断的丑化与污名化，正是他们刻意经营、乐此不疲的重点所在。在“西化”“分化”的影响下，不少大学生误以为认同正统历史唯物主义观点是“僵化保守”的表现，而认同历史虚无主义思潮的种种观点就是与国际接轨。这种思想氛围在客观上为历史虚无主义思潮对大学生进行思想渗透提供了诸多便利。

3. 社会主义核心价值体系引领的不足

社会主义核心价值体系对各种社会思潮引导的不足为大学生接受历史虚无主义思潮提供了一定的外部环境。这也是历史虚无主义思潮影响大学生思想的一个重要的客观原因。自中共十六届六中全会提出“社会主义核心价值体系”以来，我国的社会主义核心价值体系建设取得了较大成绩，但在实践中仍然存在不少问题。由于长期以来经济标准成为衡量地方工作的基本标准甚至是唯一标准，虽然近年来有较大改观，但仍有一些地方对社会主义核心价值体系建设的认识不到位，误以为只要经济搞上去了，就可以“一俊遮百丑”，甚至想当然地将社会主义核心价值体系误当作“左”的东西加以拒斥。一些地方和部门虽然也进行一些社会主义核心价值体系的宣传教育，但往往存在形式主义倾向，引起群众的反感，这不仅没有达

① 权秀贤：《用社会主义核心价值体系引领多样化社会思潮的研究》，南京师范大学2012年硕士学位论文。

到应有的效果，反而败坏了社会主义核心价值体系的形象。一些学术管理部门为谋取一时的经济利益或其他目的把“尊重差异、包容多样”误解或曲解成放任自流、放弃主导，在事实上奉行一种无原则的“庸俗宽容论”，对一些明显违背社会主义核心价值体系的错误思想不仅不进行必要的批判、引导，反而包庇、纵容，放弃对错误思想的斗争，使之在一些媒体上畅通无阻。这些现象的存在对大学生产生了很大的负面影响。高校往往是各种社会思潮的集散地，尤其是在信息网络技术迅速发展的今天，大学生面临着空前的多元文化环境。在这种复杂背景下，如果社会主义核心价值体系发挥不出应有的引领作用，而被湮没在多元文化里，各种社会思潮就会乘虚而入。历史虚无主义思潮的鼓吹者所提出的“反思历史”“重评历史”的口号，以及“人性论”“客观主义”的历史研究方法，对一些在多元文化中陷入迷茫的大学生容易产生一定的吸引力，让他们产生一种主动评判历史、消费历史的新奇感和满足感，从而潜移默化地受到这股思潮的影响。

4. 高校思想政治理论课教学效果不理想

高校思想政治理论课是对大学生进行思想政治教育的主渠道，担负着对大学生进行社会主义意识形态教育的重任。国家为培养大学生科学的历史观，还专门在高校开设了“中国近现代史纲要”课程，但近年来高校思想政治理论课总体上教学效果不理想，对大学生的思想引导不够，导致高校思想政治理论课的主渠道作用未得到充分发挥。之所以出现这种现象，是因为高校思想政治理论课教学确实存在一些问题。

一是课程设置有待完善。这里一方面是高校思想政治理论课教学配套和衔接不当。比较突出的是高校“中国近现代史纲要”课与中学历史课衔接不当，对中学新课改的动向关注不够，因而存在不少重复；高校思想政治理论课内部“毛泽东思想与中国特色社会主义理论体系”与“中国近现代史纲要”两门课程的内容也存在不少重复。当然适度的重复是可以的，但不能超过一定的度，在教学内容的重复上必须坚持适度原则，如果重复过多，就易引起学生的逆反心理，不利于增强课程的吸引力。这种现象不完全符合教育发展规律，也难以凸显高等教育的价值旨归。另一方面是没有全面、系统地正面回应大学生迫切需要回答的社会热点、疑点问题。不少教师因怕炒热某些敏感问题而难于正面回应，使不少学生所关注的问题在课堂上得不到满意的回答。一名大学生在给高校思想政治理论课老师的来信中反映："在我近十年上政治课的感受中，我没有从政治课或政治老师那里得到能鼓舞自己、激励自己的东西。课堂理论对现实问题也不能提供深入、信服的分析。"① 如果大学生在思想政治理论课教学中得不到其认为满意的答案，就有可能对原先所接受的教育内容和思想观念产生怀疑，并对现行的制度与道路不满②，历史虚无主义思潮的一些观点就可能乘虚而入。

二是教师队伍的素质和能力有待提高。近年来，高校思想政治理论课教师队伍建设虽然获得了不少成绩，但这支队伍目前还存在一些问题：部分教师的专业素质有待提高、教学能力有待增强以及受学生欢迎的骨干教师较少等。就"中国近现代史纲要"课程而言，该课程的设置本来是化解历史虚无主义思潮对大学生思想影响的一个重要契机，但由于一些高校在选拔"中国近现代史纲要"课教师时只强调思想政治标准，相对降低了对历史专业能力的要求，导致一些教师在教学中对一些重要的历史知识把握不够精确，难以融会贯通。作为"中国近现代史纲要"课教师，如果对相关历史缺乏比较细致、深入地分析和研究，未能深入理解中国人民在近代一百多年艰苦奋斗的历程，就难以生动地再现这段历史，难以对大学生的疑问做出令人满意的回答，那么学生对教学的认可度就不高，从而否定教师，进而可能否定"中国近现代史纲要"课的教学，无法有效抵御历史虚无主义对大学生思想的侵蚀。③ 可见，部分教师

① 孙荣飞、陈少远：《内地启动高校公共政治课再改革：关注现实性与中国性》，《凤凰周刊》2010 年第 26 期。

② 江先锋：《大学生受历史虚无主义思潮影响的原因探析》，《思想教育研究》2012 年第 4 期。

③ 刘美玲：《历史虚无主义对"纲要"教学影响的成因探析》，《当代教育理论与实践》2011 年第 8 期。

的素质和能力问题影响了思想政治理论课在大学生中的吸引力和感染力，导致教学效果不甚理想。

三是教学方式方法不够丰富。近年来，高校思想政治理论课教学虽然经过多次教学改革，但不少高校的思想政治理论课教学仍然存在一些形式主义倾向，师生的互动仍然不足。一些教师在教学中过分依靠讲授，忽视与学生的互动交流，忽视参观、调研、走访等实践教学环节，忽视隐性思想政治教育方法，导致教学效果不理想。这种比较单调的教学方式方法与当代大学生的性格特点和心理特征等现实情况不适应，非但难以激起他们的学习兴趣，反而使他们易出现情感逆反倾向，对思想政治理论课教学之外的各种社会思潮宣扬的某些思想观点产生兴趣。

总之，高校思想政治理论课教学效果的不理想间接为历史虚无主义思潮对当代大学生思想的渗透给予了一定的便利。第一，大学生的思想是社会的晴雨表，虽然这种思想认识并不成熟、并不完善，但它往往能触及一些深层次的社会矛盾与问题，而当前的思想政治理论课教学未能有效地解决大学生的这些思想认识问题，易导致大学生对思想政治理论课产生抵触和反感情绪。第二，一旦大学生对历史虚无主义思潮提出的某些问题产生了一定的兴致，而又在高校思想政治理论课教学中未获得其认为比较中肯的回答，他们对以前所受到的思想政治教育的信任就可能发生动摇，并对我国现行社会主义制度的历史愈发不满。如此一来，大学生就易于接受历史虚无主义思潮的思想观点了。

5. 大学生日常思想政治教育体制不完善

日常思想政治教育是高校对大学生进行思想政治教育的主阵地，担负着在思想政治理论课教学之外的日常教育和管理活动中对大学生进行思想政治教育的重任，其成效如何直接关系到整个大学生思想政治教育的成败。进入 21 世纪以来，国家越来越重视大学生日常思想政治教育的重要作用，并为此在 2004 年下发了党中央、国务院的“16 号文件”和教育部的“24 号令”等重要文件，在全国高校恢复和发展了高校辅导员制度。然而，至今大学生日常思想政治教育的体制仍然不够完善，主阵地作用未得到充分发挥，主要表现在以下几个方面：

一是辅导员和班主任职责不清，责任不明。现在我国高校的大学生日常思想政治教育工作主要是以辅导员和班主任为主导来开展的，但国家和部分高校未对辅导员和班主任的工作职责进行明确划分，二者的工作职责实际上存在不少交叉重叠的地方，这就导致在实际工作中易出现推诿扯皮的现象。二是辅导员事务性工作多，思想政治工作少。虽然在日常思想政治教育实践中事务性工作和思想政治工作不能截然分开，但自从国家在高校恢复并全面推行辅导员制度以来，不少高校的班主任形同虚设，大量的学生事务性工作落在辅导员的肩上，导致辅导员在这方面花费精力和时间过多，而难以对大学生进行耐心细致的思想政治教育来认真履行作为政治辅导员的职责，在一定程度上背离了国家在高校设置辅导员制度的初衷——加强大学生日常思想政治教育。三是工作中存在形式主义的问题。一些高校现有的日常思想政治教育中存在比较严重的形式主义，往往只重量化、重宣传而轻实效，考核仅限于举办了多少活动、写了多少材料、进行了多少宣传等等，至于实效如何，却没多少人真正关注。本来日常思想政治教育的许多活动如党支部活动、团日活动、班会、报告等都是对大学生加强历史观教育的重要途径，但上述问题的存在严重影响了大学生日常思想政治教育实效的发挥，使其对各种社会思潮的挑战应对乏力，也给历史虚无主义思潮的传播提供了可乘之机。

6. 西南地区大学生的中华民族共同体意识相对较弱

西南地区是典型的多民族、多宗教地区，其中不少地方处于边疆地带，长期远离我国统治中心，受中原文化影响较少，形成较为独特的文化、生产生活方式、社会习俗等，且西南各民族地区之间也有较大差异，西南地区经济、社会、文化、教育的发展总体上又长期滞后，这些客观情况的存在不能不对西南地区大学生的思想意识尤其是民族认同产生较大影响。在我国，民族认同是国内各民族个体对本民族、中华民族的身份角色的认可和接受的双重统一。但近几年的调研发现，相对于对中华民族共同体的认同而言，西南地区大学生尤其是少数民族大学生往往更认同本民族、本地区的价值观、传统文化、社会习俗等，对本民族的归属感明显高于对中华民族的归属感。[①] 这一现象表明，相当部分西南地区大学生的中华民族共同体意识相对较弱，对中华民族共同体的向心力不强。这就间接为某些势力利用西南地区民族、宗教、文化等问题散布历史虚无主义谬论，鼓吹地方民族主义和地方保护主义，削弱中华民族共同体意识提供了可乘之机。

7. 历史虚无主义思潮对大学生传播的特点

历史虚无主义思潮对大学生的思想形成较大影响，与其对大学生传播的隐蔽性、迷惑性、煽动性、渗透性特点密切相关。近年来的历史虚无主义思潮通常采取比较隐蔽的方式进行传播，具有较强的隐蔽性。其主要观点经常在“解放思想”的口号掩盖下，以学术研究的面目，通过各种形式的学术包装表现出来，以文艺作品特别是历史题材的影视作品的形式对大学生进行隐蔽渗透与影响。值得注意的是，历史虚无主义思潮的传播一般不是仅仅呈现该思潮的思想观点，而是与一些正统历史观点夹杂在一起进行传播。这种传播方式对许多历史辨别力不强的大学生而言，颇具迷惑性，往往使其潜移默化地受到影响。历史虚无主义思潮的鼓吹者还善于利用热点事件、名人效应进行造势以扩大其影响，比如 2004 年的《走向共和》之争、2006 年的冰点事件、2013 年的污蔑“狼牙山五壮士”事件以及 2015 年的毕福剑事件、网络大 V“作业本”和加多宝侮辱邱少云事件及近年频发的“精日”现象等等，从而使其具有较强的煽动性。最后，历史虚无主义思潮还非常注重网络媒体的渗透，具有较强的渗透性。本次调查发现，高达 71.4% 的大学生是通过网络来了解历史虚无主义思潮的思想观点的，网络成为当代大学生了解该思潮的最主要途径。目前随着信息化的推进，网络已在大学生中逐渐普及，由于其具有交互性、隐秘性、开放性、即时性等特点，赢得了大学生的喜爱。历史虚无主义思潮网络传播的

① 张超：《西南地区少数民族大学生民族认同心理研究》，《贵州民族研究》2016 年第 10 期，第 52—55 页。

具体方式也多种多样。比如在许多贴吧、论坛、博客以及天涯、凤凰、雅虎、网易、腾讯、搜狐等一些网站的链接中夹杂着一些历史虚无主义的信息，许多对历史了解不多或历史辨别能力不强的大学生在这类信息长期的耳濡目染之下极易受其影响，往往对那些所谓的“解密”“真相”“鲜为人知的历史”不能辩证分析，误认为其中与正统历史观不一样的解读都是真实的历史。总之，历史虚无主义思潮对大学生渗透、蔓延的这些特点使相关管理部门、高校和许多大学生防不胜防，也是这股思潮影响大学生思想的重要的客观因素。

### （二）主观原因

历史虚无主义思潮对大学生之所以产生较大的影响，除上述客观因素外，还与大学生自身相关的主观因素密切相关。当代大学生受历史虚无主义思潮的影响离不开这些主观因素的作用，因为客观因素最终还是通过主观因素才发挥作用的。

#### 1. 大学生对主流意识形态的淡漠

改革开放以来，随着物质主义的盛行，社会主义主流意识形态教育总体上呈弱化趋势，对社会舆论的引导乏力，加之现行思想政治教育的一些缺陷，导致大学生自身的主流意识形态淡漠，这为其接受历史虚无主义思潮的影响打开了闸门。20 世纪 90 年代中期以来，“告别革命，躲避崇高，拒绝壮烈”的论调泛起并迅速蔓延，与此同时，一股以否定雷锋、赖宁发端进而一味批判奉献精神、批判见义勇为，鼓吹自私自利、鼓吹贪生怕死的“反思”潮盛行，加之当时的教育、文化、宣传部门对之又缺乏有效的引导，这股“反思”潮一直持续至今，对“90 后”“00 后”大学生的主流意识形态起了相当大的腐蚀作用。在知识、信息爆炸且传播途径日新月异的当今时代，我国社会主义主流意识形态教育的创新却非常不够，显得缺乏新意，甚至因种种原因遭到部分大学生心理上的反感和排斥，导致教育效果不佳。不少大学生越来越关注个人私利、个人感受，功利主义和个人主义盛行，对理想、信念、信仰等态度冷漠，出现了很大程度的“信仰危机”，甚至一些大学生政治信仰迷茫，价值取向扭曲，社会责任感缺乏。这就便利了历史虚无主义思潮对大学生的渗透。可见，主流意识形态的淡化使许多大学生缺乏思想辨别力，从而为其接受历史虚无主义等错误思潮提供了空间。

2. 大学生自身的特点

当代大学生处于社会迅速发展和大变革、大转型的时代，在他们身上存在着许多与以往的大学生和当代其他社会群体不同的特点。其中的某些特点成为当代大学生接受历史虚无主义思潮的重要的主观因素。

（1）自主性强，社会责任感弱

当代大学生在物质相对宽裕的开放环境下成长，思维活跃，个性张扬，对社会生活中的新思想、新观点反应迅速，且富有批判精神和创新意识，这就促使他们的思想行为表现出较强的自主性特点。[①]但同时，受后现代主义、个人主义等思想观念的影响，许多大学生具有较强的反传统意识，对国家、民族、社会、集体等传统的宏大叙事缺乏兴趣，而专注于个人私事，相应地，其社会责任感呈现一定程度的弱化。大学生的这一特点使其对正统历史观的观点存在较强的逆反心理，而对历史虚无主义思潮散播的所谓“新观点”反应敏捷，逐渐接受其符合自身心理的部分观点，尤其是解构宏大叙事的一些观点，往往追随这股思潮从个人或小集团的私利和抽象的人性出发去解释历史人物和历史事件。

（2）理性思维相对不足，易偏执一端

大学生年轻、有朝气、有活力、求知欲强且比一般社会群体拥有较多的知识和文化，但涉世未深，人生阅历浅，“三观”尚未定型，理性思维能力相对不足，思考问题往往带有较强的情感性，容易钻“牛角尖”。[②]另一方面，当代大学生身处改革开放的时代，一般而言，“凡是在发生改革

---

① 骆郁廷：《当代大学生思想政治教育》，北京：中国人民大学出版社 2010 年版，第 66 页。

② 江先锋：《大学生受历史虚无主义思潮影响的原因探析》，《思想教育研究》2012 年第 4 期。

的年代里，知识分子特别是年轻知识分子，都是最先走向激进的人"[①]。当代大学生的这一特点使其难以运用较强的理性思维仔细分辨形形色色的历史虚无主义思想观点，因为他们本身就缺乏这种能力。一旦部分大学生在情感上接受了历史虚无主义的某些观点，如果未得到及时、有效的引导和校正，就容易偏执一端，逐渐形成对正统历史观的偏见，而偏见一旦形成，就难以在短时间内改变了。

（3）喜欢标新立异，爱赶时髦

一般来说，大学生正处于精力旺盛的青春期或青年期，具有很强的好奇心，对社会、对未来、对新鲜事物充满好奇，在个体行为上喜欢标新立异以显得与众不同，加之当代大学生生活的开放环境促使他们以开放的态度接受新事物和新思想。[②]相对于正统历史观而言，历史虚无主义思潮因其往往不遵守历史研究规则而显得善于"创新"——制造许多新奇点以哗众取宠，所以能迎合相当一部分大学生的逆反心理。他们对许多历史事件或历史人物有着强烈的兴趣，而自身具有的强烈的反传统意识和批判社会现实的意识往往容易使他们对许多经过系统研究早已成定论的历史结论持怀疑态度。同时，历史虚无主义思潮的主要传播者是挂着各种头衔的网络名人、媒体精英、大学教授、海外名家等具有一定身份和地位的所谓"精英人士"，再加上各种媒体的包装、宣传、鼓噪，该思潮的种种思想观点往往被装扮成某种"时尚"的符号。大学生喜欢标新立异、爱赶时髦的特点使其比较容易接受异于正统历史观的观点，如此一来，许多大学生就倾向于接受历史虚无主义思潮的种种思想观点。

（4）对网络依赖度高

当今时代是一个知识爆炸、信息爆炸的信息时代，随着网络技术、

---

①［美］大卫·科兹、弗雷德·威尔：《来自上层的革命——苏联体制的终结》，曹荣湘等译，北京：中国人民大学出版社 2008 年版，第 73 页。

② 赵迎欢、吴峰、刘莉等：《"当代大学生特点及环境影响"研究报告》，《思想理论教育导刊》2010 年第 1 期。

数字技术的发展，世界已经被连成了一个地球村。网络上提供的信息种类繁多且日新月异，迎合了当代大学生求新求变的心理，因而网络这种传播工具受到他们的欢迎。当代大学生属于新媒体一代，他们学习、交友、娱乐及参与讨论热点话题通过手机、电脑、微博、微信、交互电视等新媒体随时随地上网即可实现，多数大学生形成“网络依赖症”，部分大学生在不知不觉中发展成严重的“网瘾”，甚至在课堂上、讲座中“低头族”随处可见。而网络是历史虚无主义思潮传播的主阵地，大学生严重依赖网络的这种特点使其处在包含各种错误思潮的网络信息的轮番轰炸中，其中就有不少历史虚无主义思潮方面的信息。另外，当前网络上仍然存在不少监管的盲区，较之其他媒体，历史虚无主义者和大学生利用新媒体交互性强、即时性强、隐蔽性强的特点更能“畅所欲言”，互动较多，不少对该思潮的思想观点分辨能力不强的大学生无形中被其观点所俘获。

3. 大学生历史认知的碎片化特征

虽然不少大学生对历史有着浓厚的兴趣，但由于其在大学之前的学习阶段接受的历史知识更多的是“考试训练”，导致许多人进入大学时所掌握的历史知识仍然不够全面、系统，大学生对历史的认识往往呈现出单一的、孤立的碎片化特征，容易出现片面理解历史人物或历史事件的错误。[①]此外，由于缺乏认识历史的科学方法，大学生更多的是带有明显的感情色彩来对历史人物或历史事件进行选择性接受或否定的，更易于认可历史虚无主义所宣传的历史观点或主张。总之，一方面，大学生在他们长期的历史知识积累过程中，许多知识只是只鳞片爪，系统性的历史知识比较缺乏，科学的历史思维训练不够；另一方面，许多大学生心理上的不成熟和情绪上的敏感、易冲动的特性使历史虚无主义的某些新奇观点往往可以轻易地激发其兴趣，对其产生影响。

综上所述，在以上诸多主客观因素的共同作用下，历史虚无主义思潮

---

① 江先锋：《大学生受历史虚无主义思潮影响的原因探析》，《思想教育研究》2012年第4期。

对大学生的思想产生了较大的影响。

## 二、历史虚无主义思潮影响大学生思想的过程

在考察了历史虚无主义思潮对影响当代大学生思想的现状和原因之后，我们来进一步考察该思潮究竟是如何一步步影响大学生的思想的，这就关系到影响过程的问题。历史虚无主义思潮对大学生思想的影响从外部来看，表现为上述影响现状，从内部来看，具有特定的影响过程。准确把握历史虚无主义思潮对大学生思想的影响过程是正确认识该思潮，进而化解其影响的重要条件。历史虚无主义思潮对大学生思想的影响过程是指该思潮对大学生的思想逐步实现影响的整个过程。根据传播学的相关知识和历史虚无主义思潮的特点，可以把该思潮对大学生思想的影响过程视为历史虚无主义思潮向大学生的传播过程、大学生对历史虚无主义思潮的接受过程和大学生对历史虚无主义思潮的反馈过程的三个子过程的统一。

### （一）历史虚无主义思潮向大学生的传播过程

历史虚无主义思潮在大学生中的信息传播过程大体上是按照图 5–1 所示的路径进行的。在这个传播过程中，信息发出者是主体，历史虚无主义思潮的信息发出者一般是具有较高社会身份和地位的“有机知识分子”，他们中既有大学教授、科研院所研究员，也有网络名人、民间学者及其他社会名流等。因此，在各色各样的名人效应推动下的历史虚无主义各类思想观点的传播易于获得大学生群体的认可。历史虚无主义思潮在向大学生传播过程中，非常注重运用大众传媒，并且包装得更加生活化、时尚化，往往通过网络、影视、讲座、访谈、书籍、报刊等多样化的方式把该思潮的信息传播给大学生群体。历史虚无主义者极为重视大众传媒的“把关人”作用，千方百计地以他们的思想观点影响大众传媒的从业人员特别是其领导者和组织者，使其制定有利于他们的媒体规范和议程

设置，突出强调历史虚无主义的相关信息，而有意对大众屏蔽一些批驳历史虚无主义的信息，力图把大众的注意力转移到历史虚无主义的相关话题中去，以促使历史虚无主义思想观点得到最大化的传播。部分对历史问题感兴趣的大学生首先从这些传播中获取信息，成为直接接收者。这里值得注意的是，历史虚无主义思潮的信息发出者也可以不通过大众传媒而通过人际传播将该思潮的信息直接传播给部分大学生，从而使他们也成为直接接收者。

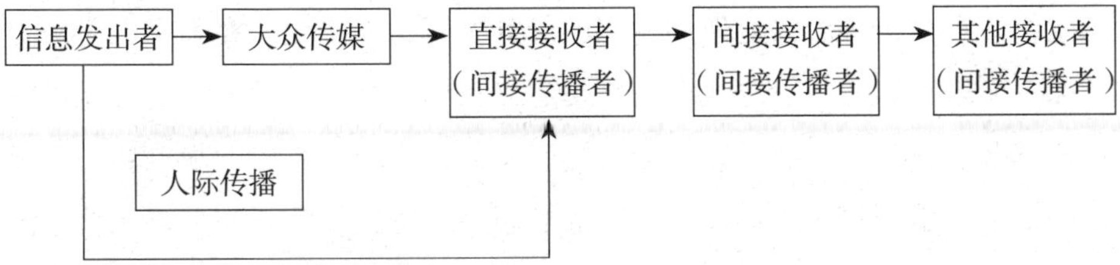


**图 5–1　历史虚无主义思潮向大学生的传达过程**

直接接收者在有意无意间作为间接传播者将该思潮的信息传给另一些大学生，如此一来，那些大学生就成为间接接收者。这些间接接收者在接收这些信息后，也可能作为间接传播者又通过多种方式传给其他大学生。这些大学生又可能成为该思潮的间接传播者把信息传给更多的大学生，从而实现多级传播。如此循环往复，历史虚无主义思潮的各类思想观点得以不断地向大学生群体传播。其间，要特别重视教师、社团干部、党团干部、班级干部或其他学生骨干等意见领袖的作用。因为一般而言，普通大学生的历史知识不是很丰富，历史辨别力也不是很强，而意见领袖的人生阅历和经验更丰富，视野更开阔，所以需要借助一些意见领袖作为中介给普通大学生以解释和引导。此时，意见领袖的作用就非常关键，如果意见领袖本身认同了历史虚无主义思潮，那么将加速该思潮对普通大学生的传播，反之将延缓或阻碍这种传播。

### （二）大学生对历史虚无主义思潮的接受过程

大学生对历史虚无主义思潮的接受过程其实就是大学生接受历史虚无主义思潮的传播并内化为自我价值观的过程。大学生接受历史虚无主义思潮经历了从“兴趣→感性接受→理性认同→自我价值观”的步步深入的多级发展过程。首先是兴趣。有了兴趣才有进一步了解、接受的欲望，大学生接受历史虚无主义思潮也是从兴趣开始的。历史虚无主义思潮的主要传播者善于针对大学生群体制造一些热点事件并推出一些新奇观点以吸引大学生的注意力，从而引起他们的兴趣。其次，感性接受。在大学生对历史虚无主义思潮的某些思想观点产生初步兴趣后，这股思潮的传播者就进一步通过一些现实社会矛盾和社会问题引发某种质疑官方史学观点和历史评价的情绪性心理倾向，形成一些零散的想法，以此加深与初步接受该思潮的大学生群体的联系。在这一阶段，大学生接受的往往是一些情绪感染，还只是一种感性的接受。再次，理性认同。这是感性接受进一步升华的产物。部分大学生把前一阶段通过感性接受获得的有关历史虚无主义思潮的某些心理倾向和零散的想法逐步凝聚成逻辑化、系统化的知识和理论。此时，大学生对历史虚无主义思潮的某些思想观点已经有了一定的理性认同。最后，形成自我价值观。这一阶段，大学生在理性认同的基础上将其已经接受的历史虚无主义思潮的某些思想观点逐渐内化为个体的自我价值观。在这一阶段，大学生对历史虚无主义思潮的接受是各个阶段中最稳定、最深入的。

其中，值得注意的是，并非受历史虚无主义思潮影响的每个大学生都能达到这个接受过程的最后阶段——形成自我价值观。实际上，在多种主客观因素的综合影响下，有些大学生可能对历史虚无主义思潮的某些思想观点只是达到理性认同的阶段，有些只是达到感性接受的阶段，有些甚至仅仅止步于兴趣的阶段。在这种接受过程中，意见领袖发挥着非常重要的作用，调查和访谈显示受历史虚无主义思潮影响的大学生中，多数处于感性接受的阶段，至于能否达到理性认同和形成自我价值观的阶段，重要的一点就要看大学生群体中的意见领袖如何引导。如果倾向于历史虚无主义思潮的意见领袖善于运用“沉默的螺旋”等理论，使认同历史虚无主义观点的意见趋于强势，给反对历史虚无主义观点的大学生形成足够的压力，使其趋于沉默，这样一来，认同历史虚无主义观点的意见就愈发强势，促使更多受该思潮影响的大学生从感性接受阶段升级到理性认同阶段乃至形成自我价值观的阶段。反之，对历史虚无主义思想观点达到理性认同和形成自我价值观阶段的大学生就较少。但总体而言，大学生对历史虚无主义思潮的接受过程的这四个阶段是紧密联系、逐级递进的，如图 5-2 所示。

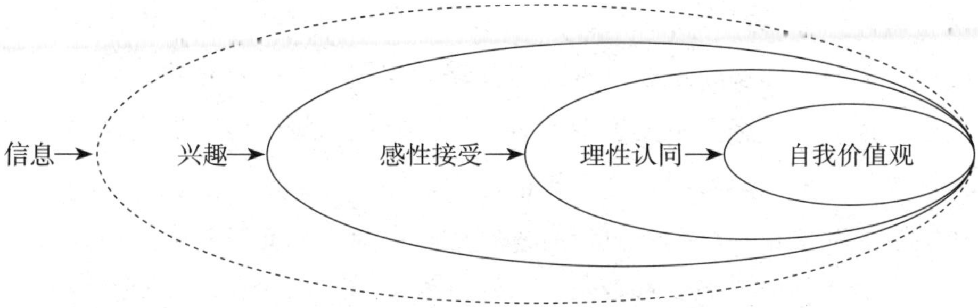


**图 5-2　大学生对历史虚无主义思潮的接受过程**

## （三）大学生对历史虚无主义思潮的反馈过程

现代信息传播是由信息的传达、接受与反馈构成的一个完整的传播过程，是信息双向传达的过程。信息的反馈过程是其中的一个重要环节，是不可或缺的。历史虚无主义思潮传播过程中的反馈，是指传播者将有关该思潮的信息传播出去后，该思潮的信息作用的效果或反应返回其自身的过程。经过反馈的历史虚无主义思潮的信息会影响该思潮的再传播过程：接受历史虚无主义思潮信息的大学生通过反馈把该思潮的信息传播所产生的影响效果等信息输送回来，历史虚无主义思潮的传播者对这些反馈回来的信息进行分析，找出优缺点，总结经验教训，并根据分析做出一些必要的调整，然后带着调整后的历史虚无主义思潮的信息传播内容或形式进入到新一轮的传播过程中去。

值得注意的是，受历史虚无主义思潮影响产生的反馈并非仅仅在传播过程的最后阶段才会出现，而是在其传播过程中的每一个阶段都可能发生，亦即在历史虚无主义思潮对大学生思想的影响过程中的每一个阶段，反馈过程都可能发生。因此，反馈在历史虚无主义思潮传播过程中起着极为重要的作用，是社会思潮传播的双向性和互动性的必然要求。

从理论上说，历史虚无主义思潮的信息的传达、接受、反馈这三个子过程构成一个前后相继、递进发展的比较完整的传播过程。而事实上，一个子过程可能与其他子过程同时发生，也可能某一个子过程单独发生。[①] 如果部分大学生接受历史虚无主义思潮的信息的原有基础比较厚实，那么这些大学生在接受该思潮信息的同时就可能立即对该信息进行反馈，这样接受过程就可能与反馈过程同时发生。另外，如果部分大学生接受历史虚无主义思潮信息的原有基础比较薄弱，那么这些大学生接收到该思潮信息后可能对该信息的认知仅限于浅层了解，止步于传达阶段，并未真正接受，也没有进行信息反馈，从而没有完成历史虚无主义思潮信息传播的完整过程。其间，意见领袖的信息反馈起着比较特殊的作用。意见领袖因在受众群体中具有较高的地位和较强的能力，往往比普通大学生更清楚历史虚无主义思潮在大学生群体中进行信息传播的实际情况。如果意见领袖能及时、有效地将这些情况反馈给历史虚无主义思潮的主要传播者，那么就有利于这些传播者及时改进该思潮的传播内容和传播方式等，从而促进该思潮的传播，反之将延缓或阻碍该思潮的传播。

## 三、历史虚无主义思潮影响大学生思想的模式

分析了历史虚无主义思潮影响大学生思想的原因和过程之后，那么能否对这些复杂的现象、过程和环节进行总结、凝练和抽象并进行图示化处

① 白星：《当代社会思潮对大学生思想政治教育影响研究》，河北工业大学 2011 年硕士学位论文。

理，从而比较直观地再现该思潮对大学生思想的影响呢？这就关涉影响模式的问题。历史虚无主义思潮影响大学生思想的模式是指该思潮对大学生的思想逐步实现影响的方式。

（一）简单影响模式

根据以上关于该思潮对大学生思想的影响原因和过程的分析，借鉴拉斯韦尔的5W模式，并引入控制论的反馈机制，可初步总结出该思潮对大学生思想的简单影响模式（如图5-3所示）。

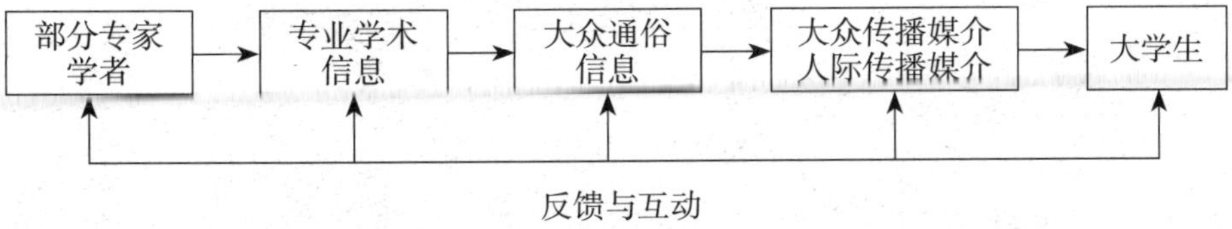


**图5-3　历史虚无主义思潮对大学生思想的简单影响模式**

由上述简单影响模式可看出，历史虚无主义思潮首先通过部分专家学者制造专业学术信息的形式表现出来，其次是把这些专业学术信息转化为普通大学生能够理解的大众通俗信息，再次是把大众通俗信息通过大众传播媒介和人际传播媒介传达给大学生，最后部分大学生接受一些历史虚无主义思潮的信息后，把自身对这些信息的态度、感受等反馈给大众传播媒介和人际传播媒介，直至制造该信息的专家、学者。值得注意的是，这里各环节的信息和动向都可以反馈回来，相应的环节根据反馈回来的信息进行改进后，进入下一轮的传播。

（二）复杂影响模式

在上述简单影响模式的基础上，借鉴拉斯韦尔的5W模式、韦斯特利—麦克莱恩的大众传播模式和我国学者邵培仁的“整体互动模式”，考虑到历史虚无主义思潮对大学生思想影响的各个环节的复杂性，我们设计出其复杂影响模式（详见图5-4）。

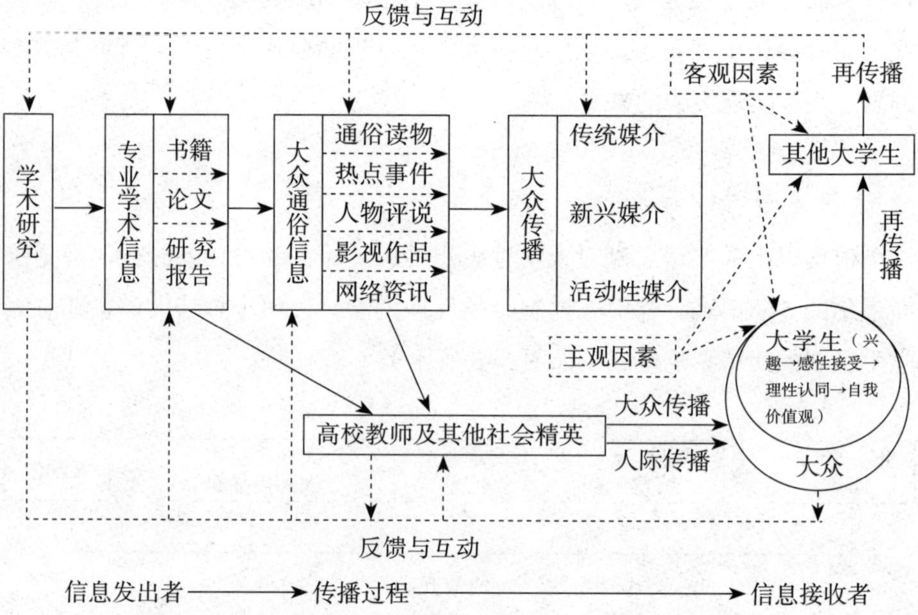


**图 5-4　历史虚无主义思潮对大学生思想的复杂影响模式**

该影响模式是包含信息传播（传达、接受、反馈）、信息内化（兴趣、感性接受、理性认同、形成比较稳定的价值观）及信息再传播（接受者主动将历史虚无主义的信息再传播给其他大学生）三个环节的作用过程。

在信息传播环节，首先由信息发出者即历史虚无主义者，通过适合大众解读的方式制造出相应的信息源；然后，历史虚无主义思潮的这些信息源通过大众传播和人际传播等多样化的方式和渠道传达给大学生，接收到信息的大学生在各种主、客观因素的共同作用下决定是否接受这些信息和在多大程度上接受这些信息；最后，接受这些信息的大学生再把加工处理后的信息通过多种途径反馈给信息发出者。

信息传播环节是一个开放的、多层次的系统，历史虚无主义思潮向大学生的传播过程可分为两个层次。其第一个层次由专业学术信息、大众通俗信息、大众传播三个步骤组成，其中专业学术信息是指专家、学者以专著、论文、研究报告等“研究成果”的形式在知识界形成的具有较强专业性的比较系统的信息，这些信息所用的语言比较学术化，主要在学术界进行传播，往往不易被大众所理解，此类信息的传播对象主要是知识精英；大众通俗信息是指专业学术信息借助通俗读物、热点事件、人物评说、影视作品和网络资讯等多样化的形式转化为通俗易懂的大众传播信息，这类信息直接面向包括大学生在内的社会大众，往往易为大学生群体理解和接受。

在当今信息社会，大众传播的媒介可分为传统媒介、新兴媒介和活动性媒介三种：传统媒介如书籍、报刊、广播、电视等在现代社会仍具有广泛的社会影响面，如《河殇》《告别革命》《走向共和》《历史是个什么玩意儿》等都在社会上有较大的影响，但传统媒介的传播比较显性，历史虚无主义思潮又是一种非主流甚至反主流的社会思潮，其传播成本和风险都比较高，因此传统媒介难以成为历史虚无主义思潮传播的主要载体；新兴媒介主要是指在网络和数字化等新技术支撑体系下出现的媒介形式，包括网络、手机短信、微信、微博、数字报刊、数字广播、数字影视等，这类媒介隐蔽性强、互动性好且方便、快捷，能通过电脑、手机、iPad 等各种电子产品快速传播，因此受到历史虚无主义者的青睐，成为历史虚无主义思潮传播的主要载体；活动性媒介主要包括讲座、报告、会议、论坛及其他群体性活动等，这类媒介虽然受活动场所的限制而参与人数有限，但因其针对性强往往能收到“一传十，十传百”的发散性效果。值得关注的是，随着我国社会信息化的快速推进，近年来传统媒介、新兴媒介和活动性媒介出现了合流的趋势，便利了包括历史虚无主义思潮在内的各种社会思潮的传播。关于历史虚无主义思潮的大众通俗信息就是通过上述三类媒介传播给大学生的。

其第二个层次是历史虚无主义思潮的信息以高校教师及其他社会精英为中介传播给大学生，因为高校教师及其他社会精英一般具有较高的文化水平和社会影响力，所以他们能够同时吸收专业学术信息和大众通俗信息这两类信息，而后这些高校教师及其他社会精英再把自己加工处理过的信息通过大众传播和人际传播等方式传播给大学生。该影响模式中信息传播环节的开放性体现在信息的制造者和发送者可以借助这些渠道和方式连续不断地多次传播信息，而各环节载体的信息和动向又可以由目标信息接收者通过多种方式和渠道反馈回来。

在信息内化环节，一般而言，大学生对历史虚无主义相关信息的接受遵循着“兴趣→感性接受→理性认同→自我价值观”的内化过程。该思潮一般是先由历史虚无主义思潮的鼓吹者发出相关信息，再通过某些有关历史的热点、疑点问题引起大学生群体的关注和兴趣；然后以对具体历史问题重新解读的方式进行情绪感染，从而在多种主客观因素的作用下赢得部分大学生的心理共鸣，实现这些大学生对历史虚无主义思潮的感性接受；接着放大促使大学生接受历史虚无主义思潮的多种主客观因素的作用，进一步施加影响，使这些大学生对该思潮进行一定的知识积累和所谓的“理性分析”，逐渐使这些大学生实现对历史虚无主义思潮的理性认同；最后促使其通过自身知识结构的整合形成关于历史虚无主义思潮的比较稳定的自我价值观。

这里的信息内化环节具体分为如下五个步骤：第一，历史虚无主义的主要传播者通过书籍、论文、研究报告形成相对稳定的专业学术信息。第二，专业学术信息借助某些通俗读物、热点事件、人物评说、影视作品和网络资讯转化为易为普通大学生理解的大众通俗信息。第三，借助多样化的人际传播和大众传播方式对不同的大学生群体进行有针对性的传播，激发大学生的兴趣，在多种主客观因素的作用下，使部分大学生感性接受。第四，借助对有关历史的某些热点、疑点问题的解读，并进一步利用那些主客观因素，使已经感性接受历史虚无主义思潮的部分大学生加深对历史虚无主义思想观点的认可度，使之实现理性认同。第五，通过多种媒介轮番进行“信息轰炸”，步步深入，将历史虚无主义的某些思想观点经过同化或顺应过程巩固或改变大学生原有的认知图式，从而在大学生头脑中逐渐形成比较稳定的自我价值观。历史虚无主义思潮在其真实目的受到正式媒体的某些限制而难以完全公开宣传的情况下，以其“学术创新”“解放思想”的伪装较为准确地把握住了当代大学生群体的媒介接触习惯及其心理特征，常常采取“逐级价值引导”的隐性传播模式。

在信息再传播环节，历史虚无主义思潮的目标信息接收者（包括大学生在内的社会大众）根据自身原有的知识体系对所接收到的该思潮信息进行一定的加工和完善，并在这一过程中与该思潮的核心群体及其代表人物进行一定的反馈和互动；然后将这些经过修改和完善后的信息再传播给大学生群体中的次级接收者（其他大学生），这些次级接收者在多种主客观因素的作用下接受或部分接受这些信息，再把进一步加工后的信息再传播给以下多级接收者，从而将历史虚无主义思潮的信息在越来越多的大学生中进行滚雪球似的逐级扩散，使该思潮在更大范围内的大学生群体中实现广泛的影响，被其中的部分大学生所接受，逐渐形成更具普遍意义的大学生接收群体。在这一环节，历史虚无主义思潮对大学生的影响在传播中易呈现蝴蝶效应。历史虚无主义思潮的某些观点可能最先由少数大学生的推崇演变为受多数大学生的推崇，后来又受到其他社会群体的推崇，从而对社会产生复杂影响。

从历史虚无主义思潮对当代大学生思想的影响模式及其在社会上的影响效果看，其实现有效传播的主要原因在于：一是一些专家、学者、公知、网络大 V 等社会名流的“哗众取宠”的个性化语言风格在大学生群体中产生了某种程度的心理共鸣；二是在具体传播方式上，历史虚无主义者善于对大众传播和人际传播的多种方式进行综合运用；三是专家、学者的专业学术信息在正式出版前已经对该思潮观点进行了理论化和系统化的整理，在向普通大学生传播时，又根据大学生的特点进行了通俗化和生动化的改造；四是从路径、手段方面来看，其明确的策略性——现实化（用现实熔铸历史，借历史谈现实）、名人化（借助名人身份引领思想观念）、精英化（主要通过文化精英来影响社会）；五是阶段性反馈和再传播。历史虚无主义思潮通过连续不断的阶段性反馈和再传播使其不断有新内容、新观点、新视角、新目标，这样使这股思潮得以延续其较长时期的生命力。

# 第六章
# 化解历史虚无主义思潮对大学生思想影响的对策

从前述调查分析的情况来看，历史虚无主义思潮对大学生的思想已经产生了相当大的影响。虽然许多大学生还不知道“历史虚无主义思潮”这个概念或不清楚这个概念的确切含义，但历史虚无主义思潮的许多具体思想观点已引起相当一部分大学生的关注，其核心观点在大学生群体中都有不同程度的反映，总体而言对大学生的思想已形成较大的影响。该思潮导致不少大学生降低了评判历史是非的能力，在对四项基本原则和社会主义核心价值体系的认同问题上产生了较大的思想混乱。因为历史虚无主义思潮是一种具有深刻历史渊源和复杂现实背景的社会思潮，又契合了当代大学生的某些社会心理，所以对这股思潮一味采取单纯的简单化的批判，难以为多数大学生真正理解和接受，为此必须从多个层面、多个角度综合采用多样化的策略，才能有效应对历史虚无主义思潮对大学生思想的影响。

## 一、切实解决大学生关注的社会矛盾和问题，端正社会风气

历史虚无主义作为一种社会思潮属于社会意识范畴，而社会意识最终取决于社会存在，是一定时期社会存在的反映。我国现阶段正处于深化改

革的关键时期，也是社会矛盾凸显期，社会问题多发期。大学生正处于风华正茂的年轻时期，往往非常关注社会矛盾和社会问题。这些矛盾和问题如果迟迟得不到有效解决，部分大学生就可能由怀疑现实转而怀疑历史，引发他们对主流历史观的怀疑和否定，从而倾向于历史虚无主义思潮。所以说，社会矛盾和社会问题的存在为历史虚无主义思潮在大学生群体中的滋生和蔓延提供了深厚的社会土壤。同时，某些地方、某些领域还存在一些不良社会风气，这些不良风气的存在对大学生的思想产生了严重的消极影响，也加剧了历史虚无主义思潮在大学生群体中的传播。因此，要从根本上化解这股思潮对大学生思想的影响，必须遵循解决思想问题和解决实际问题相结合的思想政治教育原则，把引领社会思潮与解决现实问题结合起来，切实有效地解决大学生比较关注的社会矛盾和社会问题，端正社会风气，对历史虚无主义思潮进行釜底抽薪，铲除其赖以存在的社会土壤。

我们在访谈中发现，不少大学生相信历史虚无主义思潮，在很大程度上是由对现实社会矛盾、社会问题及不良社会风气的强烈不满引发的。

访谈号：45，时间：2014 年 12 月 24 日

历史教材上和各级宣传部门整天在说共产党员和干部是全心全意为人民服务的人民公仆，总体上是廉洁的，腐败是少数，但我的家人和朋友接触的党员、干部没有几个是真正为老百姓做实事的，多是做做样子而已。现在社会上有那么多的矛盾和问题，收入差距那么大，房价、医疗费那么高，色情泛滥，相关部门就是不认真解决。我很难相信党在历史上是清正廉洁的，是真正代表人民利益的。

### （一）切实化解大学生关注的社会矛盾

当代大学生思维活跃，一般比较关注与其自身及其亲友的利益相关的社会矛盾。相对而言，当前大学生关注的社会矛盾主要有城乡矛盾、地区矛盾、干群矛盾和劳资矛盾等。我国鉴于 20 世纪 60—70 年代平均主义导

致的深刻教训，改革开放以来，长期实施了“允许一部分人、一部分地区先富起来，逐步实现共同富裕”和“效率优先，兼顾公平”的政策。这些政策在一定时期内激发了经济活力，提高了生产效率，促进了经济发展。然而，在长期的经济发展过程中，由于一些地方“片面强调先富，忽视共富”“片面强调效率，忽视公平”，导致城乡之间、地区之间、干群之间、劳资之间产生了很大差距，积累了许多深刻的社会矛盾。这些社会矛盾的存在和深化挫伤了不少群众的积极性，来自利益受损群体的家庭的大学生减弱了对中国特色社会主义的信心，客观上为历史虚无主义等错误思潮在大学生群体中的传播提供了便利。

改革开放以来，城乡差距在经历20世纪80年代短暂的缩小后迅速拉大，城乡二元结构加深了城乡之间在社会公共资源分配和社会保障、社会福利方面的不平等。这些现象使许多农村生源的大学生颇为不满，为历史虚无主义等错误思潮向其传播提供了可乘之机。近年来的新农村建设和城乡一体化建设虽然取得一定成效，但城乡二元结构并未根本改变，城乡矛盾尚未根本解决。经过三十多年“片面支持城市”的发展，我国已经到了“城市支持农村、工业反哺农业”的新阶段。为进一步解决城乡矛盾，应该从我国的实际国情出发，尽快改变把大部分资金和公共资源都集中在大中城市的“片面城市化”发展之路，把部分用于大中城市的宝贵的资金、资源投向农村和小城市，大力支持农村发展和小城镇建设，完善那里的公共基础设施和社会保障、社会福利，进一步解决城乡二元结构问题。如此一来，广大农村和农民就能分享到更多的改革红利，从而减轻甚至消除农村生源大学生对城乡差距的不满，使其进一步坚定对中国特色社会主义的信心，客观上有利于抵制历史虚无主义思潮对大学生思想的影响。

改革开放初期，我国对东部地区实行了多方面的政策优惠和大量的资金支持，促使东部地区很快“先富起来”，而广大中西部地区的发展则长期滞后。进入21世纪以来，随着国家对中西部地区的重视，这些地区的经济社会发展有了很大起色，但由于地理、交通、文化、人才资源等因素的制约，这些地区的发展与东部地区相比，仍然存在较大的差距。这种状况的长期存在使来自中西部地区的不少大学生心理上产生很大的不平衡感。当前应该进一步调整地区发展的战略方向，把经济社会发展的重点转移到中西部地区，给予中西部地区更多的政策支持和资金支援，鼓励和要求东部地区更多地参与和支持中西部地区的经济发展和社会建设，为中西部地区的发展创造良好的环境，逐步实现不同地区之间的协调发展。这样，来自中西部地区的大学生就能在很大程度上消除心理不平衡感，在思想上进一步筑牢抵制历史虚无主义思潮的防线。

干群矛盾即干部和群众之间的矛盾。近年来的干群矛盾突出地表现在某些党政干部的官僚主义、形式主义、享乐主义和奢靡之风等“四风”问题上。一些干部在市场经济的负面影响下背离了全心全意为人民服务的宗旨，只知道为个人及其亲友谋取私利，不关心群众的安危冷暖，在工作和生活中大搞“四风”，严重脱离群众，广大人民群众早已对此深恶痛绝，也严重影响大学生对党和政府的认同。自开展群众路线教育实践活动以来，“四风”问题收敛了许多，但尚未根本好转，某些地方的“四风”问题还改头换面，以新的形式继续存在。要根本解决干群矛盾，除了自上而下地对干部进行教育和监督外，还应当大刀阔斧地改革选人用人制度，自下而上地让广大人民群众起来监督各级干部，改变一些地方、一些部门“少数几个人说了算”的不正常局面，各级干部才不敢懈怠，才能更好地为人民服务。干群矛盾缓和了、减少了，党和政府才能进一步巩固在大学生群体中的良好形象，大学生就会进一步信任党和政府，历史虚无主义思潮就难以对大学生的思想形成较大影响。

劳资矛盾即私营企业和外资企业中劳方和资方的矛盾。改革开放以来，许多地方在“GDP 政绩”驱使下片面强调“先富”和“效率”，给予资方种种优惠，而对资方侵害劳方正当权益的现象不够重视。这种矛盾如果处理不好，就容易导致大学生尤其是农民工子弟的大学生逐渐减弱对改革开放、对中国共产党的信任，从而不相信我党历史上是真正捍卫劳动群众利益的，转而投入历史虚无主义思潮的怀抱，后果极其严重。各级干部应严格以宪法和法律为依据妥善处理劳资矛盾，捍卫劳动者的正当权益，这是社会主义国家性质的体现，也是依法治国的应有之义，没有任何输理的地方。否则，如果任凭资方随意侵害劳方的正当权益，长此以往，必将严重挫伤广大劳动群众的积极性，影响经济的长远发展和社会的稳定和谐，加深农民工子弟大学生的被剥夺感，从而不利于抵制历史虚无主义思潮对大学生思想的影响。

### （二）认真解决大学生关注的社会问题

改革开放四十多年来，在经济迅速发展、人民生活水平不断提高的同时，我国也积累了大量的社会问题，其中比较突出的是腐败问题、收入分配问题和教育问题等。这些社会问题是与大学生及其亲友的利益息息相关的。如果大学生及其亲友长期受到这些社会问题的困扰，大学生面对社会现实和所受学校教育的巨大反差，就容易产生较大的思想困惑和心理逆反，就会滋生对中国特色社会主义制度的不满情绪，产生对中国共产党历史的怀疑以及对主流意识形态的反感，从而为历史虚无主义思潮一些蛊惑性观点的乘虚而入提供了机会。

腐败问题是大学生非常关注的问题，在访谈中发现受历史虚无主义思潮影响的许多大学生就是因腐败问题而丧失对党的信任，怀疑党的历史的。腐败是附着在党的健康肌体上的一大毒瘤，古今中外因腐败而导致亡党亡国的前车之鉴比比皆是。改革开放以来，由于多方面的原因，腐败逐渐渗入经济、政治、文化、社会生活等多个领域，对我国的发展造成了极大的危害，严重影响了包括大学生在内的广大群众的正当权益。党的十八大以来，中央重拳反腐，取得了不少成效，但“冰冻三尺非一日之寒”，反对腐败永远在路上。要根本解决腐败问题，必须大力改革人事制度，完善监督机制，把严惩受贿者和严惩行贿者及其他因腐败而不当得利者有机结合起来，尽快形成党政干部“不想腐、不能腐、不敢腐”的有效机制，让权力在阳光下运行，真正对腐败问题做到零容忍。这样尽快重塑党和政府清正廉洁的良好形象，才能不断巩固大学生对党和政府的信任，从而使大学生相信党和政府历史上的清正廉洁，相信我国主流历史观，有力抵御历史虚无主义对大学生思想的侵蚀。

收入分配问题是关系到千家万户切身利益的重要问题，也是大学生比较关注的问题。改革开放以来，虽然一直强调坚持“以按劳分配为主体，多种分配方式并存”的分配制度，但不少地方在实际执行过程中并未真正“以按劳分配为主体”，广大普通劳动者的劳动所得在收入分配中的比例迅速下降，贫富两极分化程度日益严重。据多种权威资料统计，我国近年来的基尼系数在0.5左右，无论哪种统计方法，均已超过0.4的国际警戒线。这种情况反映了我国贫富两极分化的程度是非常严重的。国家发展改革委员会、财政部、人力资源社会保障部《关于深化收入分配制度改革若干意见的通知》中也指出“收入分配领域仍存在一些亟待解决的突出问题，居民收入分配差距依然较大，收入分配秩序不规范，隐性收入、非法收入问题比较突出，部分群众生活比较困难”[①]。收入分配差距过大严重影响大学生对实现共同富裕的信心，这就难免使其对党和政府的某些政策产生怀疑，进而怀疑党的历史。因此必须认真贯彻落实党的十八大提出的“实现发展成果由人民共享，必须深化收入分配制度改革”的政策，认真缩小收入分配差距，着力提高民生支出占财政支出的比重，规范收入分配秩序，增加低收入者收入，调节过高收入，规范隐性收入，保护合法收入，取缔非法收入[②]，使收入分配合理化。这样，就会增强大学生对实现共同富裕的信心，从而增强对中国特色社会主义的自信，为更好地化解历史虚无主义思潮对大学生思想的影响奠定基础。

教育问题是当前民生建设领域的一个热点问题，也是与大学生的切身利益密切相关的重大问题。近年来，不少高校假借教育产业化改革之名，实际上把教育当成了一种“生意”，一种赚钱的工具，致使学杂费一涨再涨，一些学校俨然变成“贵族学校”，教育支出成为广大中低收入群众肩上的沉重负担。不少大学生的家庭不得不为此节衣缩食，甚至贷款上学，

---

① 发展改革委、财政部、人力资源社会保障部：《关于深化收入分配制度改革的若干意见》，《新华每日电讯》2013年2月7日。

② 倪跃达：《当前中国主流意识形态建设探析》，江西师范大学2011年硕士学位论文。

这些大学生一入学就背负较大的债务压力，从而对教育高收费政策颇有微词。这种对现实政策的不满也易引发对党的历史的不满，从而促使部分大学生倾向于历史虚无主义思潮宣扬的某些观点。可见，教育过度产业化给广大大学生的家庭带来了沉重负担，正严重侵蚀着教育的本质，危害教育公平。当前解决教育问题必须把教育产业化严格限制在一定范围内，大力发展公办教育，并规范各类学校的收费行为，使广大中低收入阶层的子女也能接受良好的教育。“百年大计，教育为本”，解决教育问题是利国利民的大事。解决好教育问题就解除了许多大学生家庭的后顾之忧，使大学生更加信任党的领导，更加坚定走中国特色社会主义道路的信心，从而也增强了大学生抵御历史虚无主义思潮侵蚀的能力。

### （三）努力端正社会风气

社会风气是思想政治教育的社会环境中一个非常重要的因素，社会风气的优劣直接影响着大学生思想政治教育效果的高低，关系到历史虚无主义思潮对大学生思想影响的大小。社会风气良好，风清气正，有益于大学生身心健康的成长，有利于培养大学生良好的思想政治品德，形成有效抵御包括历史虚无主义思潮在内的各种错误思潮侵袭的屏障；反之，社会风气恶化，道德败坏，则阻碍大学生身心健康的成长，阻碍大学生良好思想政治品德的形成，给包括历史虚无主义思潮在内的各种错误思潮对大学生思想的侵蚀提供了温床。

当前社会风气中存在许多积极、先进、向善的因素，但其中消极、落后、腐朽的因素也不可忽视。近些年来，不少地方“四风”“三俗”现象严重且屡禁不止，在某些领域仍有愈演愈烈之势。这些不良社会风气的存在侵害了社会主义精神文明的健康发展，阻碍了良好社会风尚和大学生个体健全人格的形成[①]，同时也严重败坏了党和政府在大学生心目中的形象，降低了大学生对党和政府的信任度，削弱了大学生对中国特色

① 陈燕如：《让高尚成为自然——爱国主义教育效果研究》，厦门：厦门大学出版社2005年版。

社会主义的信念。社会存在决定社会意识，有什么样的社会存在就有什么样的社会意识与之相适应，有这些不良社会风气的存在，就会导致大学生产生种种错误的思想意识，就难以抵御历史虚无主义思潮对大学生思想的侵蚀，因此这些不良社会风气的存在已成为大学生思想政治教育有效性的重大障碍。

由于这些不良社会风气本身的复杂性，要铲除它们，必须多管齐下，加强社会综合治理，才能有效地端正社会风气。为此，需做到以下几点：一是加强党风廉政建设，以党风带社风。在我国，中国共产党是长期执政的党，党风的好转是整个社会风气好转的关键。搞好党风廉政建设必须坚决纠正“四风”，克服组织涣散、纪律松弛问题，及时教育和处理沾染不正之风的党员。唯有如此，才能以优良的党风带动整个社会风气的好转。二是加强民主法治建设，以政风促社风。政风对整个社会风气具有重要影响，当前必须切实加强社会主义民主法治建设。一方面要健全基层民主制度，依靠和发动群众来整治社会不正之风，在高校要让普通大学生真正享有民主权利，积极参与学校的民主决策；另一方面要严格依法治国，充分发挥其规范、约束和激励人们行为的功能，在高校要依法治校，按章办事，促使良好风气的形成。三是加强思想道德建设，以道德转社风。当前要用马克思主义理论武装人们的头脑，用社会主义核心价值体系、核心价值观教育党员、干部和群众，着力抓好社会公德和职业道德建设，并在各行各业不断推出贴近群众、贴近实际、贴近生活的先进集体和个人，向大学生群体大力宣传其先进事迹和高尚的道德品质，进行榜样教育，以良好的思想道德转变不正之风。总体而言，只有综合采用多种手段，把“惩恶”与“扬善”密切结合起来，才能有效端正社会风气。

总之，党和政府相关部门只有善于理论联系实际，着力解决当代大学生所密切关注的主要社会矛盾和重大现实问题，同时大力加强社会综合治理，端正影响大学生思想健康的不良社会风气，才能在实践中不断彰显中国特色社会主义的优越性，才能铲除历史虚无主义思潮滋生和蔓延的社会土壤，[1] 从而逐步消解这股思潮对大学生思想的影响。

## 二、加强高校历史教育，培养大学生科学的历史观

历史观是人们对社会历史的总的看法和根本观点，是世界观的重要组成部分。“有什么样的历史观，就会有什么样的价值观。对历史人物、历史现象、历史事件的褒贬，直接影响到对当今所发生的相关人物、现象和事件的价值判断。” [2] 历史观正确与否，很大程度上决定了人们对国家发展的过去、现在甚至是未来的态度。历史虚无主义思潮之所以能在大学生中产生较大影响，与部分大学生没有树立科学的历史观有密切关系。缺乏科学的历史观，大学生就难以辨别复杂的历史现象和历史问题，就易于被历史虚无主义思潮所误导。因此，“打铁还需自身硬”，从马克思主义灌输论出发，当前必须加强高校历史教育，着力培养大学生科学的历史观，增强自身对历史虚无主义思潮的免疫力。这是消解历史虚无主义思潮对大学生思想影响的最直接的途径。

在本研究的调查和访谈中发现，部分大学生的历史观存在问题，历史知识相对贫乏。一位受访者的说法比较典型地反映了这个问题。

访谈号：33，时间：2014 年 11 月 26 日

历史和公共政治课教材总说人民群众决定历史的发展，其实并非如此，统治者、精英人物才是历史的主角。像曾国藩、李鸿章被冤枉了几十年，现在社会上不是对他们评价很高嘛，他们搞的洋务运动才真正推动了历史发展，太平天国、义和团都是历史的大倒退……我不了解曾国藩、李鸿章镇压农民起义中的破坏和屠杀行为，也没听过太平天国的反侵略故事。

---

① 唐莉：《当代中国历史虚无主义的政治诉求与双重应对》，《思想政治工作研究》2013 第 7 期。

② 李捷：《我们需要什么样的历史观》，《高校理论战线》2008 年第 10 期。

### （一）加强唯物史观教育，掌握理论武器

唯物史观是关于社会历史发展的一般规律的科学，是科学的历史观和认识、改造社会的一般方法论。它是识别和应对历史虚无主义思潮的最锐利的思想武器。唯物史观的主要原理包括：人类历史的发展有其自身固有的客观规律，这种发展是历史客观规律的决定性和人的主体选择性的统一；在阶级社会中要用阶级分析法分析社会历史问题；人民群众是历史的主要创造者等。但正如社会主义不可能从工人的头脑中自发产生一样，唯物史观也不可能从大学生的头脑中自发产生。在访谈中发现，多数大学生虽然能说出唯物史观的一些观点，但并未真正理解其本质内涵，遑论灵活运用。因此，欲使大学生掌握科学的历史观，必须对其加强唯物史观教育。

当前加强唯物史观教育，应从以下几个方面着手。一是要让大学生明确唯物史观的重要性，思想政治理论课教师在授课过程中应有意识地把历史观问题贯彻始终，对当前存在的有关历史观问题的模糊的、错误的观点予以评析，弥补大学生对中国近现代史把握方面的不足，增强高校历史教育的实效[①]；二是要引导大学生自觉学习和运用唯物史观的相关观点来分析历史过程、历史事件和历史人物，分清历史的本质和现象、主流和支流，把历史事件和历史人物放在具体的历史环境中去评判，从整体上、从联系中分析历史事件的是非，评价历史人物的功过，把握本质、表现主流，不能离开具体的历史环境孤立地、主观随意地评判；三是要针对历史虚无主义思潮的现实指向性特征，在对历史事实和历史规律进行阐述和论证之外，还要用唯物史观对与之相关的一些现实问题进行深入的分析，“因为历史作为过去了的事实，其必然与现在的一些问题相关。如果我们只讲过

---

① 李波：《专业学位教育中“双导师制”缺位与对策》，《重庆科技学院学报（社会科学版）》2011 年第 5 期。

去，缺乏现实的关照性，则往往影响它的接受度与信任度”[①]；四是要注重身教与言教相结合，善于以身作则、以理服人、以诚待人、以情感人，不能强灌硬输，真心实意地教给学生运用唯物史观的具体方法；五是要改变片面的“以教育者为中心”的逻辑，重视大学生的主体性和个性及不同大学生群体的差异性；六是要善于运用反面教育，及时把关于历史虚无主义思潮的研究成果通过一定的渠道向大学生传播，“把历史虚无主义者惯常采用的虚假史料、瞒天过海的断章取义和歪曲历史的错误方法一一列举出来”[②]，进行有针对性的分析批判，以使大学生对历史虚无主义思潮的错误和危害有个基本认识，对这股思潮保持批判和拒绝的态度。[③]

历史观在人们的历史认知和评价中具有指导意义，帮助大学生树立唯物史观，就是交给他们一个可以应对历史虚无主义思潮的长久武器，使大学生把对中国近现代历史的认识建立在对人类社会发展规律的理解和对中国国情的具体的历史的分析之上，能够独立地、正确地辨析现在已经出现、将来可能出现的关于中国近现代历史的种种言说。[④]

### （二）突出革命史、党史和国史教育，巩固知识基础

加强唯物史观教育对培养大学生科学的历史观是至关重要的，但仅仅依靠这一点仍不足以使大学生树立起科学的历史观。因为科学的历史观是建立在丰富的历史知识基础之上的，如果没有丰富的历史知识做依托，那科学历史观的树立就成了无源之水无本之木，所以要加强对大学生的历史知识教育，从知识上切断历史虚无主义思潮的影响。当前，亟须引起关注的是历史虚无主义思潮正在向中国革命史、中共党史和中华人民共和国史

---

① 江先锋：《当前历史虚无主义思潮对大学生思想影响的现状调查——基于上海某高校的实证分析》，《西南科技大学高教研究》2011 年第 4 期。

② 葛玉良、张晓娜：《历史虚无主义对大学生思想政治教育的影响和对策》，《思想理论教育导刊》2014 年第 6 期。

③ 杨军：《历史虚无主义思潮影响高校师生的现状、原因和对策》，《思想理论教育导刊》2011 年第 11 期。

④ 杨军：《历史虚无主义思潮影响高校师生的现状、原因和对策》，《思想理论教育导刊》2011 年第 11 期。

研究领域肆意蔓延，并通过网络、数字报刊、影视作品等多种途径腐蚀大学生的思想。2010 年，习近平在全国党史工作会议上强调要“坚持实事求是研究和宣传党的历史”，“坚决反对任何歪曲和丑化党的历史的错误倾向”。[①] 鉴于上述这三方面的历史已成为历史虚无主义思潮虚无的重点，也是对大学生的思想造成消极影响的“重灾区”，因此当前应该突出中国革命史、中共党史和中华人民共和国史的教育。

在中国革命史教育中，一要向大学生阐明中国革命的必然性、正义性，尤其是近代中国反帝反封建斗争的必然性、正义性，驳斥历史虚无主义者散布的“革命是革命者蓄意制造出来的”和“侵略有功”“压迫有理”的谬论；二要引导大学生完整、准确地理解革命本身的含义，理清革命与建设、革命与现代化的辩证关系；三要正视中国革命过程中的某些缺陷，向大学生讲清这些缺陷不能成为全盘否定革命的借口；四要引导大学生全面评价近代农民运动，分清其积极作用和消极作用，回击丑化农民运动的论调；五要通过对中国革命历史进程的分析及其经验教训的总结，使大学生认识到历史和人民怎样选择了马克思主义。

“中国共产党的历史是一部丰富生动的教科书。用党的历史教育党员、教育干部、教育群众尤其是教育青少年，是党史工作服务党和国家大局的重要内容。”[②] 在中共党史教育中，一要分清中国共产党历史上的成绩和错误、主流和支流，引导大学生正确看待党史上的曲折和错误，抵制把这些曲折和错误无限夸大以致“把中国共产党的历史说成是一系列错误的延续”的谬论；二要从中国共产党领导人民进行新民主主义革命、社会主义建设和改革开放的历程中引导大学生正确认识历史和人民怎样选择了中国共产党，进一步增强拥护党的领导的自觉性；三要反对“问题意识”的异化，反对为反思历史而反思历史，以反思历史进行自我标榜和哗众取宠而放弃求真目的的肤浅行为；四要驳斥“非毛化”论调，客观、全面地评价毛泽东的功过是非，反对全盘否定毛泽东思想的错误言行；五要“结合大

---

①《全国党史工作会议在京举行》，《人民日报》2010 年 7 月 22 日。

②《全国党史工作会议在京举行》，《人民日报》2010 年 7 月 22 日。

学生群体的特点，以大学生喜闻乐见的言语和实践方式增强教育效果”[①]；六要提高教育的艺术性和感染力，强调以情感人。

大学生作为社会栋梁和国家未来的建设者，他们对中华人民共和国史的了解、认识和评价这段历史的态度，直接关系到党和国家的前途与命运。在中华人民共和国史教育中，一要向大学生讲清中华人民共和国成立初期的国内国际形势，了解我国人民选择社会主义道路的历史合法性和历史必然性；二要厘清改革开放前后两个30年的辩证关系，引导大学生正确认识和评价两个30年，使之认识到两个30年不能相互否定，并且都应当一分为二、辩证地看待，在认真总结改革开放前经验教训的同时，也要认真总结改革开放后30年的经验教训，勇于正视改革开放中的某些失误和缺陷，这不仅无损于改革开放的形象，而且有利于我们更好地继续前进；三要结合我国社会主义现代化建设的巨大成就，使大学生加深理解“四个选择”的正确性，进一步树立“只有社会主义才能救中国，只有中国特色社会主义才能发展中国”的信念。

此外，在对大学生进行中国革命史、中共党史和中华人民共和国史的教育中还要注意加强重要历史细节的教育。历史虚无主义者常常把历史当成任人打扮的小姑娘，用蓄意挑选的历史细节对其进行装扮，通过历史的个别现象否认历史的本质和规律。[②]而在当今信息时代，快餐文化在大学生中迅速流行，大学生往往不是从整体上把握历史，而是碎片化地了解历史，即得到的历史知识是片段的而非全局的，他们常常根据某些历史细节片面、感性地理解历史，对历史知识的理解具有很大的随意性。由此可见，历史虚无主义者的这种手法在一定程度上契合了当代大学生历史认知的某些特征，容易引起大学生的共鸣。因此，在高校历史教育中，只有加强重要历史细节的教育，拨去笼罩在重要历史细节上的谎言和迷雾，才能让大学生对历史虚无主义者所提出的有关历史事件和历史问题获得科学的

① 侯西安：《警惕历史虚无主义对大学生的侵蚀》,《中国社会科学报》2013年6月5日。

② 周玉：《社会主义道路：中国近现代革命的必然逻辑——对历史虚无主义几个观点的回应》,《西南民族大学学报（人文社会科学版）》2011第8期。

解答，从而增强大学生对这股思潮的辨别力和免疫力。

在重要历史细节的教育中，首先要善于抓重点，积极回应历史虚无主义思潮挑战正统历史观的热点、焦点、易混点问题，切不可回避遮掩。尤其是与这些热点、焦点、易混点问题相关的重要历史细节，例如殖民侵略与近代文明的关系、民族英雄与人民英雄的关系、国共抗战的作用、抗美援朝评价、“大跃进”、三年困难时期、“文革”、反对精神污染、“疆独”、“藏独”等问题，都是应当予以重点关注的。如果我们回避、遮掩这些重要历史细节，实际上就等于把一个个解释历史的机会拱手相让，给历史虚无主义思潮以攻击的话柄和空间，更无力阻止这股思潮与西方的“和平演变”交相作用、相互裹挟。其次，要善于“以材料对材料”，加强史料分析、文本考证和实证研究，仔细辨析历史虚无主义者所用史料和文本的真伪，以此用驳论据的方法来驳斥历史虚无主义思潮。最后，要善于引导大学生用联系的、发展的观点综合地看待历史细节问题，对历史虚无主义思潮在重要历史细节问题上常常采用的孤证方法进行有力驳斥，引导大学生重视历史细节之间的逻辑关系，做到以点带面，触类旁通，同时不过分纠缠于某个时期的某些单一的历史细节。

### （三）适当强化民族史和地方史教育，增进人民团结

针对在调查和访谈中相当一部分大学生反映的我国现有历史教材中民族史、地方史教育相对缺乏的现象，在高校历史教育中应当适度强化民族史、地方史的教育，以增进民族团结。具体而言，一是要在高校历史教育中适当加入民族文化和民族关系的教育，使各民族大学生认识到包括汉族和 55 个少数民族在内的各兄弟民族都为中华民族的形成和发展做出了重要的历史贡献；在中华民族发展的历史长河中，无论是汉族和少数民族之间还是各少数民族之间，民族团结、民族融合都是主流，而民族歧视、民族压迫只是支流，并突出在历次反侵略战争中各民族团结奋斗、共御外侮的艰辛历程；最后强调只有在社会主义条件下，在中国共产党领导下，各民族才实现了真正的平等和繁荣，各民族都应倍加珍惜这个来之不易的历

史机遇。二是要鼓励各个地方组织编写具有地方特色的历史教材和历史普及读物，突出作出重要历史贡献的地方历史事件和历史人物以及富有特色的地方文化，在高校历史教育中适当选用，以此增进大学生对地方史的了解和认识，增强其爱国爱乡的意识。但要注意，无论是强化民族史教育，还是地方史教育，都要着重强化一个主题，那就是中华民族大家庭的团结和全国各地的团结，任何历史教育都不能与这个主题相违背。总之，通过适当强化民族史和地方史教育，逐渐消除部分大学生尤其是少数民族大学生和边远地区大学生“被边缘化”的感觉，提高其对历史教育的兴趣，增进各族人民、各地人民的大团结，提升中华民族凝聚力，进一步压缩历史虚无主义思潮滋生和蔓延的空间。

### （四）适度增加世界近现代史教育，开阔历史视野

自资本主义生产方式产生以来，人类社会的历史逐渐打破以前彼此分割的界限，世界各国的联系迅速增多，各个国家的历史日益成为世界历史。虽然历史虚无主义思潮虚无的重点领域是中国近现代史，但中国近现代史上的许多问题与世界近现代史是相连相通的，如果缺乏世界近现代史的宏观视野，没有认清世界近现代史发展的历史规律，那么就难以理解与之相关的中国近现代史上的许多重要问题。如世界近现代史上资本—帝国主义发动殖民侵略的背景、殖民侵略与近代文明的关系、不同历史时期的国际关系概况等等。如果大学生没有厘清这些重要问题，就难以正确理解中国近现代史上中国人民进行反侵略、反封建斗争的伟大意义，难以理清革命与现代化的关系以及中国革命的重要作用，从而易于被历史虚无主义思潮所宣扬的“侵略有功论”“告别革命”等论调所迷惑。因此，应该在高校增加世界近现代史教育，开阔大学生的历史视野。

在对大学生增加世界近现代史教育时，要注意把握好适度原则，因为现有的高校公共政治课已经比较多，如果再增加过多的世界近现代史教育，导致大学生学习任务量的大幅增加，就易引起大学生的某些逆反心理，反而过犹不及。比较可行的做法是，仅仅增加世界近现代史上与历

史虚无主义思潮相关的重要问题的教育，增加的世界近现代史知识不要超过这个度，并尽可能将增加的这部分知识融入已有公共政治课的教育教学之中。

### （五）在思想政治理论课教学中融入历史教育

高校思想政治理论课教学是大学生思想政治教育的主渠道。当代大学生受到历史虚无主义思潮的种种影响，在很大程度上与当前高校思想政治理论课教学效果欠佳有关。因此，要有效应对历史虚无主义思潮的影响，必须着力改进高校思想政治理论课教学，将历史教育融入各门思想政治理论课教学中去。当前，可以从改善课堂教学、提高教师素质、适当精简课程、强化实践教学等方面着手，提高高校思想政治理论课教学的吸引力、感染力和实效性。

1. 改善课堂教学，限制错误言论传播

掌握理论是解决问题的重要条件，而当前课堂教学仍是大学生掌握理论的主要渠道之一。课堂教学是对大学生进行正确的历史观教育，化解历史虚无主义思潮对大学生思想影响的重要的一环。通过课堂教学，既能给大学生以正确的思想引导，又能使大学生获得比较全面、系统的信息资源。然而，从调查的情况来看，虽然现有高校思想政治理论课教学在培养大学生科学的历史观方面发挥了较大的作用，但仍有相当多的大学生对当前的思想政治理论课教学尤其是课堂教学不满意，其中反映比较多的问题有：教师的授课内容、授课方式相对单一，片面强调知识的传授，忽视思想的交流；在大班授课模式下，教师难以顾及不同大学生群体的特点，授课的针对性不强，互动较少，导致教学效果不理想，到课的学生真正认真听讲的不多，部分学生甚至逃课。

鉴于此，我们可以从教学内容、教学方法、教学手段等方面改善课堂教学。在教学内容上，一要改变只有“中国近现代史纲要”课才承担大学生历史教育任务的狭隘观念，加强高校思想政治理论课各门课程教学之间的联系。从广义上说，当前高校开设的四门思想政治理论课都与大学生历史教育相关；从狭义上说，“中国近现代史纲要”和“毛泽东思想和中国特色社会主义理论体系概论”两门课程与大学生历史教育直接相关。为此，要改善课堂教学，搞好大学生历史教育，应当使各门思想政治理论课教学分工协作，密切配合，形成合力。具体而言，“马克思主义基本原理”课主要负责从理论上全面、系统地讲解唯物史观；“中国近现代史纲要”课是把唯物史观具体应用到讲解历史知识、分析历史问题的过程中；“毛泽东思想和中国特色社会主义理论体系概论”课主要是在讲解党的指导思想的过程中进行历史教育；“思想道德修养与法律基础”课主要是在培养科学的人生观、价值观、道德观中进行历史教育。二要加强教学的针对性，做到对症下药。尤其是在“中国近现代史纲要”教学中要重点阐明几个重大理论问题，如资本—帝国主义的侵略究竟给中国带来了什么？近代中国的革命运动是否具有必然性？中国人民选择马克思主义、中国共产党的领导和社会主义道路是不是历史的必然？此外，应当经常联系大学生关注度高或感到困惑的实际问题，如资产阶级共和国方案为什么在中国行不通，怎样看待我国革命和建设中的失误以及南沙、钓鱼岛、“疆独”、“藏独”等问题，阐明有关历史情况，讲清个中道理，做到贴近实际，有的放矢，起到释疑、解惑、明理的作用。这样，联系实际通过对历史真相的客观介绍和对历史规律的科学分析，一步步化解历史虚无主义思潮的影响，让科学的历史观在大学生头脑中扎下根来。[①] 三要在现有思想政治理论课的基础上，以历史虚无主义思潮为反面教材，详细分析该思潮泛起和蔓延的背景、特点、表现和危害等，使大学生比较全面、深入地了解这股思潮，提高警惕，认识到什么才是真正的历史、怎样对待历史才有利于祖国的发展和人民的幸福，提高对历史进行唯物辩证思维的能力，以树立科学的历史观。四要树立大的课程观和教育观，即把大学生在学校期间获得的各种教育性经验都纳入课程进行设计和开发，把与历史教育相关的各种教育因素、教育影响、教育力量、教育途径都作为帮助大学生健康成长的内在

---

① 李文海：《把“纲要”课打造成大学生真心喜爱、终身受益的优秀课程》，《高校理论战线》2007 年第 3 期，第 27—29 页。

要求而纳入学校教育范围[①]，充分利用社会上各种丰富的历史资源，不断丰富和拓展高校思想政治理论课教学的内容和形式，以取得更好的教育效果。

在教学方法上，一要密切结合大学生群体的特点，积极探索专题式、案例式、研究式等多样化的教学方法，以讨论、辩论、座谈等大学生喜闻乐见的形式来开展教学，启发大学生深入思考，通过明辨深思得出正确的结论，但要注意在其中充分发挥教师的主导作用，把讨论、辩论、座谈引向正确的方向，不能放任自流。二要在充分发挥教师主导作用的同时，特别注意调动大学生的学习主动性，进行师生互动、生生互动，双向甚至多向互动等互动式教学，吸引大学生积极参与教学，启发他们深入思考问题，与他们一起进行历史考察和历史研究，以充分发挥大学生的主体作用，做到师生互动，教学相长。三要在“中国近现代史纲要”等相关思想政治理论课教学中通过生动的史实，让大学生了解我们国家历尽沧桑、饱经忧患的辛酸史，了解我们的先辈为国家的独立富强而进行的可歌可泣的斗争，了解我们民族、我们党的光辉实践和优良传统，并透过现象揭示本质，启发思考，讲清道理。这样寓理于事，“动之以情，晓之以理”，把激情和理性结合起来，历史感和历史观统一起来，最大限度地增强这些课程的吸引力，使历史教育真正发挥“资政育人”的作用[②]。四在教学语言上应做到通俗化、大众化，用循循善诱的平等解说，敞开心扉的坦诚沟通，使历史教育同大学生亲近、受大学生欢迎，力求语言表达生动、形象，富于感染力，提高大学生学习的积极性和有效性，无形中使所讲理论观点更好地内化成大学生自己的思想观念，从而增强教育效果。

在教学手段上，要在高校思想政治理论课教学过程中充分利用各种现代化的教学工具，利用图片、视频、原人原语、历史文献等材料制作丰

---

① 佘双好：《现代德育课程论》，北京：中国社会科学出版社 2003 年版。

② 李文海：《把“纲要”课打造成大学生真心喜爱、终身受益的优秀课程》，《高校理论战线》2007 年第 3 期，第 27—29 页。

富多彩的PPT[①]，发挥多媒体辅助教学的作用，使我们的教学立体化、形象化，提高大学生历史教育的吸引力。

此外，课堂教学要恪守“学术研究无禁区，课堂讲授有纪律”的原则，要求教师不能以“学术研究”为名在课堂上随意散播历史虚无主义等错误言论。对于各种错误思潮，我们党历来的主张是，绝不能听之任之，任其泛滥，而是要开展积极的思想斗争。[②]毛泽东曾经强调“在事关政治方向和根本原则的问题上，我们一定要旗帜鲜明，理直气壮，毫不含糊”[③]。邓小平也曾多次强调：“对于各种错误倾向决不能不进行严肃的批评”，“批评的武器一定不能丢”[④]，“要用巨大的努力同怀疑四项基本原则的思潮作坚决的斗争”[⑤]。调查研究表明，相当一部分大学生是通过教师这一渠道受到历史虚无主义思潮影响的。如果纵容某些思想政治理论课教师在课堂教学中的错误言论，将会在大学生中造成很大的思想混乱，逐步动摇我国的社会主义主流意识形态，其消极影响不可小觑。因此，必须切断历史虚无主义思潮的课堂传播途径，适当规范教师在课堂教学中的教学行为，限制错误言论在大学生中的传播。

2. 提高教师素质，选拔优秀人才任教

搞好高校思想政治理论课教学的关键在人，培养一批具有坚定政治立场、良好道德品质、深厚理论知识和丰富教学经验的高素质教师队伍至关重要。显然，这里的高素质不仅仅是指业务素质，还包括政治素质和道德素质，真正的高素质教师必须做到德才兼备。

当前提高高校思想政治理论课教师的素质需从以下方面着手：一要对高校思想政治理论课教师的素质严格把关。近年来，一些高校在思想政治

---

① 李波:《专业学位教育中“双导师制”缺位与对策》,《重庆科技学院学报（社会科学版）》2011年第5期。

② 梅荣政、王炳权:《坚持以社会主义核心价值体系引领社会思潮》,《思想理论教育导刊》2007年第6期。

③《毛泽东选集》第1卷，北京：人民出版社1991年版，第88页。

④《邓小平文选》第2卷，北京：人民出版社1994年版，第390页。

⑤《邓小平文选》第2卷，北京：人民出版社1994年版，第166页。

理论课教师的选拔任用上重视不够，把关不严，尤其是在政治素质和道德素质方面存在消极应对的现象，致使高校思想政治理论课教师队伍的素质参差不齐。因此，要提高教师素质，需在把好入口关的同时，对在岗的高校思想政治理论课教师进行定期考核，考核结果不合格的教师要酌情进行再培训或转岗。二要加强对高校思想政治理论课教师的针对性培训。在培训中，不仅要继续加强对教学内容的分析和教学方法的交流，而且要向教师介绍、评析历史学界关于中国近现代史的最新研究动态和成果，介绍各种社会思潮发展的特点和规律、各种社会思潮之间的关系，特别是历史虚无主义思潮的主要表现、主要观点、传播方式和特点等，说明其危害，[①]使任课教师在提高业务能力的过程中也提高政治辨别力，进一步坚定政治立场。三是高校思想政治理论课教师要加强对中国近现代史重要问题的研究。一方面，教师要深入理解我国人民为民族独立、人民解放和祖国富强而不断抗争和探索的历史，在此基础上明确“四个选择”的重要意义；另一方面，对教学实践中的热点、难点、疑点等问题进行深入研究，不断提高学术水平。四是高校思想政治理论课教师还要理论联系实际，认真进行调查研究，了解我国革命、建设和改革中的成绩和不足，体悟基层群众的所思所想，详细考察不同大学生群体的生存状况与心理状态及其受历史虚无主义思潮影响的程度与渠道。授课教师通过调研掌握第一手资料，提高自身的思想素养，才能在教学中有的放矢、游刃有余，从而深入浅出地对历史虚无主义思潮进行批判，使高校思想政治理论课成为受大学生欢迎的课程。五是组织一批优秀教师编写相关的教学参考书。由于相当一部分“纲要”课教师没有史学学科背景，相关知识和资料积累有限，给教学带来不便。因此，迫切需要紧密结合教学内容和教学要求，有针对性地精选中国近现代史史料，编辑史料专集或者史料导引、目录，编写教学参考案

① 杨军:《历史虚无主义思潮影响高校师生的现状、原因和对策》,《思想理论教育导刊》2011 年第 11 期。

例，供教师教学参考[①]，以便提高教师的教学能力。

3. 适当精简课程，减少重复性内容

一般而言，大学生在大学阶段之前已经接受了十几年的正统历史观教育。不少大学生由此对大学阶段还要接受类似的教育逐渐滋生了较强的逆反心理，尤其对当前的四门高校思想政治理论课中“中国近现代史纲要”和“毛泽东思想和中国特色社会主义理论体系概论”存在不少重复性内容感到不解和不满，这在很大程度上影响了大学生历史教育的教学效果。因此，为改善这一状况，应该适当精简课程，尽可能减少两门课程的重复性内容。

在当前高校的思想政治理论课课程体系下，“纲要”和“概论”两门课程在教学内容的选择上要有所侧重，相互补充。对于“中国近现代史纲要”来说，要着重从历史实践中阐明几个重大问题：资本—帝国主义的侵略究竟给中国带来了什么？近代中国为什么要革命，不革命行吗？中国人民为什么作出“四个选择”？而对一些不重要的历史细节问题则可以略讲。对于“毛泽东思想和中国特色社会主义理论体系概论”来说，着重从理论上讲清中国共产党将马克思主义基本原理与中国的具体实际相结合的过程，以及马克思主义中国化的两大理论成果即毛泽东思想和中国特色社会主义理论体系等相关内容，而对一些具体历史过程可以略讲。

4. 强化实践教学，增强课程吸引力

要改进高校思想政治理论课教学，搞好思想政治教育主渠道建设靠单纯的“从理论到理论”的教学还不能胜任，必须把理论教学和实践教学密切结合起来。这是因为理论教学有其内在的局限性，仅靠理论教学容易给人以枯燥、乏味之感，而实践教学是尊重大学生主体地位，提升大学生学习兴趣的重要途径，并以其现实的对照性或对历史足迹形象的感性认知，具有对理论教学补充与呼应的重要作用。在调查研究中发现，当代大学生历史认知和社会认识的碎片化特征成为历史虚无主义思潮肆意否定我国革

---

① 杨军：《历史虚无主义思潮影响高校师生的现状、原因和对策》，《思想理论教育导刊》2011 年第 11 期。

命、建设和改革所取得的成就，不断侵蚀大学生思想的重要因素。鉴于此，当前在高校思想政治理论课教学中必须大力加强实践教学，将实践考核作为课程考核的重要内容，促使大学生走向社会，追寻历史的足迹，形成比较全面、深入的历史认知，以进一步增强教学效果。

中华文明源远流长，近现代更是饱经沧桑、浴火重生，我国许多地方都有记录中国近现代社会和中国革命、建设、改革的旧址、陈列和文字资料，它们能够使历史具体化、可视化，使大学生感受历史的真实。要搞好实践教学，提高高校思想政治理论课的吸引力，一方面要求教师积极开展教学实践活动，多组织大学生在一些档案馆、纪念馆和历史遗址等地进行参观、调研和考察，查阅地方史志，进行情景教学，使大学生身临其境，获得更多的感性认识，充分利用社会上各种丰富的历史资源进行宣传教育和科学引导，通过具体历史资料的再现等方式逐步化解历史虚无主义思潮的影响；另一方面，大学生自己既要积极参与思想政治理论课教师组织的实践教学活动，如假期社会实践、社会调查、志愿服务、参观革命老区、走访老同志等活动，也要自觉加强与社会的联系，通过与一些社会群体的沟通，了解不同群体的生活状况，以及他们对社会的看法，多接触社会现实，[①] 以此深化社会认识和历史认知，逐渐增强对历史虚无主义思潮的免疫力。

### （六）在日常思想政治教育中渗透历史教育

大学生日常思想政治教育是指辅导员、班主任等高校学生工作人员根据党的教育方针和高校思想政治教育工作的要求，从学生的认知发展规律出发，针对不同学生的思想实际，以党支部、团支部、班集体、宿舍和社团为载体，从小处着手，对高校学生的政治素质、思想品德、心理健康以及其他养成教育进行潜移默化影响的教育活动。大学生日常思想政治教育是大学生思想政治教育的主阵地，其一些活动如主题实践活动、班会、讲

① 潘春玲：《大学生何以抵御历史虚无主义思潮》，《创新》2014 年第 4 期。

座等，甚至包括师生之间的谈心，也可以成为加强大学生历史教育的重要途径。[①]然而，目前大学生日常思想政治教育存在实效性不强的问题，严重影响其对加强大学生历史教育，培养科学历史观的作用。鉴于此，可以尝试从以下三个方面创新大学生日常思想政治教育，抓好大学生思想政治教育主阵地建设。

1. 充分利用学生工作的各个环节加强历史教育

全过程育人是对新时期大学生思想政治教育的新要求。在大学生日常思想政治教育中，“全过程育人”要求充分利用学生工作的各个环节进行思想政治教育。要抵制历史虚无主义思潮对当代大学生思想的消极影响，充分利用学生工作的各个环节加强历史教育是一种有效策略。

在新生入学教育和军训环节，要进行一定的国史、党史、军史、校史教育，让广大学生进一步了解我国古代光辉灿烂的文明、近代的屈辱和探索及现代的艰苦建设，了解我党为民族独立、人民解放、国家富强和人民幸福作出的巨大牺牲和贡献，了解我军的辉煌历程和优良传统，了解党校前辈先贤的奋斗足迹，使大学生从入学起就开始树立爱国、爱党、爱军、爱校的意识。

在党团建设环节，要创新大学生党建团建工作，充分发挥各级党团组织在日常思想政治教育中的龙头作用。一要通过对大学生党员、团员的历史教育端正其历史观；二要加强对大学生党员、团员的马克思主义理论教育，提高其用马克思主义的立场、观点和方法分析历史问题的能力；三要根据形势发展需要，结合具有重要历史意义的纪念日、节日等适时开展多样化的主题教育活动，吸引大学生党员、团员主动参与进来，充分发挥他们的主体作用。

在社团管理环节，要充分发挥学生社团在日常思想政治教育中的重要作用。一要加强对学生社团的领导和管理，将学生社团纳入大学生日常思想政治教育的总体规划中，推动“思想政治教育进社团”，用马克思主义

---

① 江先锋：《当前历史虚无主义思潮对大学生思想影响的现状调查——基于上海某高校的实证分析》，《西南科技大学高教研究》2011 年第 4 期。

占领学生社团的思想理论阵地，引导社团活动避免或摆脱搞怪、“无厘头”风气的影响，保持内容和形式的健康向上[①]；二要支持建立一些融思想性和学术性为一体的历史研究类学生社团，引导社团成员自己探索、发现、研究大学生经常关注的历史问题，并将其中的优秀研究成果在大学生中推广、普及，实现大学生的自我教育；三要高度重视大学生生活社区、学生公寓、网络虚拟群体等新型学生组织的日常思想政治教育，选拔学生骨干参与学生公寓、网络教育管理，并结合大学生讨论较多的有关历史问题进行历史教育，发挥大学生的积极性和主动性，增强教育效果。[②]

在学生资助环节，一要做好对受助学生的感恩教育，使他们认识到每一份资助资金都来之不易，教育他们要珍惜资助资金，把资助资金用到学习和基本生活上，厉行节约，反对浪费；二要进一步教育受助学生，使他们认识到他们今天享受的和平与幸福，受到的关怀和资助，也是与历史上无数先贤英烈的奋斗和牺牲分不开的，激发受助学生对先贤英烈的崇敬之心和报国之情，增强他们的历史责任感。

在实践活动环节，一是将日常思想政治教育的实践教育与高校思想政治理论课的实践教学密切结合起来，将实践教育情况作为实践教学环节考核的一部分，建立大学生品德行为记录，由团委、学生工作部（处）、各院系学生工作者、辅导员共同负责，对学生在校期间的品德和行为进行记录和评定，并在学生之间进行道德互评，开展批评和自我批评，对受到大多数学生普遍认同和肯定的学生，在考核中适当予以奖励，以此引导和鞭策广大学生将课堂上学到的理论知识和价值判断自觉地付诸实践，并在实践中加深理解[③]，做到学以致用、致知于行；二是利用具有重要历史意义的纪念日、节假日，有针对性地组织或鼓励大学生自行参观烈士纪念馆、纪

① 杨军：《历史虚无主义思潮影响高校师生的现状、原因和对策》，《思想理论教育导刊》2011 年第 11 期。

② 骆郁廷、储著斌：《大学生日常思想政治教育的力量整合》，《学校党建与思想教育》2010 年第 10 期。

③ 王炳林、张润枝：《关于思想政治理论课与日常思想政治教育相结合的思考》，《思想理论教育导刊》2009 年第 5 期。

念碑、名人故居、博物馆等，到革命老区进行社会调查和志愿服务，参加纪念活动和公益活动，引导学生在实践中感受其历史意义，接受其历史教育，增强历史使命感和社会责任感。

在毕业教育环节，一要教育毕业生进一步树立正确的世界观、人生观、价值观和择业观，培养良好的社会公德和职业道德，鼓励毕业生在奉献社会中实现自我价值的提升，使其以更加自信、充实的精神状态走向社会。在这方面，可联系古今中外历史名人的职业生涯和择业故事有针对性地进行教育。二要加强爱校荣校主题教育，激励毕业生铭记母校之恩、师生之情、同窗之谊，通过这种主题教育，促使广大毕业生增强同学之间团结互助、诚实守信、遵纪守法的意识，从细微之处进一步加强大学生历史教育。

2. 充分利用隐性思想政治教育方式渗透历史教育

面对复杂多变的社会、思想开放的当代大学生，高校思想政治教育工作不能故步自封、墨守成规，不能仅靠显性思想政治教育来完成，而需要创造全方位、立体化的教育条件，营造轻松有趣的氛围，在愉悦的审美享受下潜移默化地进行教育，让教育变得更加人性化、生活化和艺术化，也就是寓教于无形。这正是隐性思想政治教育的魅力所在。①

隐性思想政治教育是相对于显性思想政治教育而言的，是指在思想政治教育过程中自觉运用隐性课程理论，注重开发利用隐性思想政治教育资源，通过比较隐蔽的形式，使受教育者在无意识间获得某种思想或经验的教育方式。②而日常思想政治教育也是更多地靠文化活动渗透、环境氛围熏染、宣传舆论导向、道德心理孕育、行为习惯养成、榜样模范带动、管理制度规范、服务方式启迪、信念信仰铸造来实现“潜移默化”的教育作

---

① 李忆菲：《艺术审美中的思想政治教育——兼论隐性思想政治教育》，西安电子科技大学 2013 年硕士论文。

② 徐国飞：《试析隐性思想政治教育的内涵及特征》，《学校党建与思想教育》2010 年第 4 期。

用。[①] 由此可见，隐性思想政治教育在日常思想政治教育中的重要性。鉴于当代大学生主体意识强，注重个性的特点，往往对显性思想政治教育的灌输有较强的抵触心理，在一定程度上弱化了思想政治教育的效果，而隐性思想政治教育一般不直接作用于受教育者，而是常采用“迂回”“渗透”的教育形式[②]让受教育者进行自我教育，加之历史虚无主义思潮也多是以隐性的形式影响大学生的，因此我们应当充分利用隐性思想政治教育来化解历史虚无主义思潮的影响，以取得更好的思想政治教育效果。

隐性思想政治教育的载体可分为校园文化载体、传媒载体、活动载体三大类。我们可以利用这三类载体分别采取措施来化解历史虚无主义思潮对大学生思想的影响。

第一，要培育优良的校园文化。校园文化是学校在长期办学过程中形成的思想意识、观念等精神品质和精神风貌[③]，对大学生的思想影响巨大，是非常重要的隐性思想政治教育载体。校园文化主要包括物质文化、精神文化和制度文化三个方面。在培育物质文化方面，可以根据学校所在地情况在校园中适当树立一些英烈的雕像，雕刻一些具有历史文化内涵的壁画，悬挂一些典型的具有历史进步作用的名人肖像，简要载明其先进事迹及现实意义，并进行定期或不定期轮换，以使广大学生受到更多的教育，同时也减轻了审美疲劳；在培育精神文化方面，要注重培养良好的教风和学风，教师要严格自律，做到“学为人师、行为世范”，不向学生传播历史虚无主义的思想观点，学生要潜心向学，做到不浮躁、不肤浅、不随波逐流，认真分析所遇到的非主流思想观点，师生共铸优良的校风；在培育制度文化方面，要在学校的规章制度中明令禁止任何机构和个人在校园内散布美化侵略、美化汉奸、丑化反帝反封建斗争等历史虚无主义言论，同时学校规章制度的制定要适应受教育者的心理发展特征，满足其合

---

① 刘松、骆郁廷：《大学生日常思想政治教育实效与方法论》，《学校党建与思想教育》2010年第8期。

② 梅萍、林更茂：《高校思想政治工作中隐性教育初探》，《思想政治教育》2003年第7期。

③ 张晓明、陈建文：《高等教育心理学》，北京：高等教育出版社2008年版，第461页。

理诉求，使受教育者普遍认同并自觉遵守，并在执行上要从严要求，做到公开、公正、公平，使之对受教育者不产生负面影响，切实起到管理规范人、激励教育人的作用。

第二，要把握好校园传媒的导向。传媒载体是隐性思想政治教育载体的一种现代形态，主要包括报纸、杂志、书籍、广播、电视、电影等。其通过对受教育者学习、生活和成长的全方位渗透，已经成为最重要的影响因素之一。有研究表明，目前青少年对社会的基本认识，对社会规则的把握，甚至是人生观、价值观的形成，50% 以上的影响来自传播媒介。[①]可见，传媒对当前青年大学生思想的影响之大。要利用校园传媒来化解历史虚无主义思潮对大学生思想的影响，必须把握好各种传媒的导向。

一方面，高校思想政治教育工作者要充分利用各种校园传媒弘扬爱国主义、社会主义、集体主义主旋律，为隐性思想政治教育营造良好的社会舆论和育人氛围，并尽可能多地宣传与历史虚无主义思潮的思想观点相对应的正统历史观点及相关历史资料，为受教育者提供丰富、健康的精神食粮，正确引导大学生从中吸收有益的养分。一是可根据当代大学生的特点和兴趣，有针对性地选择一些历史上的英烈事迹和励志故事，以及正能量的爱国歌曲和革命歌曲，以及正确反映中国近现代历史发展脉络的影视剧、历史文献纪录片及历史虚无主义研究专家的讲座，或充实校园影院、电视台的内容，或用于电化教室适时引导大学生赏析，增强其吸引力和感染力，增加有益信息的传播，融思想性、政治性的信息与知识性、娱乐性的信息于一炉。二是可以利用网络、QQ、飞信、博客、微博、微信等现代媒体互动性强的特点与大学生进行充分的信息交流，认真了解他们对历史问题的疑惑和误解，进行专门分析解答，以此把握大学生受历史虚无主义思潮影响的动态，并及时运用各种传媒进行有效的分析和批判。如此既能丰富大学生的精神文化生活，又能施教无痕地对大学生实施隐性思想政治教育，增强了大众传媒的隐性思想政治教育功效。

---

① 骆郁廷：《当代大学生思想政治教育》，北京：中国人民大学出版社 2010 年版，第 212 页。

另一方面还要特别注意规范校园传媒的管理。近年来，不少高校在思想政治理论课课堂上或对学生进行集中宣传教育时宣讲的是社会主义主流意识形态和中华民族的传统美德，但校园内的许多媒体诸如广播站、校园影院、校园网、宣传栏、宣传橱窗等宣传的却多是过分娱乐化的内容，比如校园广播热衷于播放流行爱情歌曲；校园影院热衷于放映一些格调不高的外国片，更有甚者，根本不讲政治立场和思想道德，致使历史虚无主义思潮的思想观点也渗透其中，在很大程度上冲淡了思想政治教育的成效。鉴于此，必须对校园广播站、校园影院、校报、高校出版社等采取“守门”“把关”的得力措施，严格筛查在大学生群体中影响较大的历史虚无主义思潮的思想观点，避免不良信息对校园媒体的侵蚀[①]，并充分利用多种校园媒体展示学术界关于历史虚无主义的优秀研究成果，选取历史虚无主义思潮典型的错误观点进行有针对性的分析和批判，明确指出其错误之所在并提供详细的论据。只有如此，才能正确把握校园传媒的舆论导向。

第三，在学生活动中寓教于乐。活动载体即“以活动为隐性思想政治教育载体”之意，是指教育者为达到一定的思想政治教育目的，有意识地开展各种活动，寓隐性思想政治教育内容于活动之中，使受教育者在活动的过程中受到教育，提高思想道德素质。[②]在大学里，学生活动具有多样性、针对性、自主性、生活化等特点，深受多数大学生喜爱，是大学生日常思想政治教育中重要的隐性思想政治教育载体。我们应当精心策划各类学生活动，因地制宜，充分挖掘学校自身及其所在地的思想政治教育资源，在活动中增强历史人文精神的内涵，使之与显性思想政治教育相匹配。为此，可定期或不定期地向大学生推荐正确反映近现代中国历史的普及读物和历史影视剧，引导大学生自行阅读或观看，开展书评、影评等活动，适时组织广大学生参加精神文明创建、节庆、重要历史事件纪念等校内实践活动，参观游览纪念馆、博物馆、重大历史事件纪念地、人文历史

① 滕晓雯、曾长秋：《论高校隐性思想政治教育载体构建》，《湖南师范大学教育科学学报》2014年4月。

② 陈万柏：《思想政治教育载体论》，武汉：湖北人民出版社2003年版，第169页。

遗址（含名胜古迹）等校外实践活动，并在活动的内容和形式上不断创新，保持活动具有足够的吸引力，达到寓教于乐的思想政治教育效果。

## 三、加强高校政治教育，培养大学生正确的政治观

政治观是指人们对政治问题的总看法、总观念，包括看待、评价某种政治系统及其政治活动的标准，以及由此形成的政治主体的价值观念和行为模式的选择标准。[①] 政治观直接影响人们的政治信念、信仰和态度。历史虚无主义思潮通过虚无历史企图搞乱大学生的政治观，加之社会上“去政治化”氛围的影响，削弱了大学生对我国主流政治观的认同。这与当前高校政治教育不够给力有关，因此必须以灌输论为理论基础，以灵活多样的方式加强高校政治教育，培养大学生正确的政治观。当前要对大学生重点加强四项基本原则、“四个自信”和中国梦的教育。

我们在调查和访谈中发现，部分大学生因为政治观出了问题，所以倾向于接受历史虚无主义的一些思想观点。

访谈号：19，时间：2014 年 11 月 9 日

四项基本原则早已过时，我对中国特色道路也没有什么感觉，经济上虽然有所发展，但政治上民主制度不健全，我认为如果历史上早点走西方道路，会更好些。至于中国梦，不如与美国梦融合，才有出路。

### （一）加强四项基本原则教育，提高政治辨别力

四项基本原则是我国的立国之本，党的基本路线的两个基本点之一。如前所述，历史虚无主义思潮对大学生政治观的主要危害就是削弱对四项基本原则的认同。因此，在大学生中强化四项基本原则的教育，强基固本，把四项基本原则“灌输”到大学生的思想中去，以培养其正确的政

① 王惠岩:《政治学原理》，北京：高等教育出版社 2006 年版，第 276 页。

治观。

历史虚无主义思潮的实质就是抽掉四项基本原则的历史依据，以达到改变我国改革开放的社会主义方向的政治目的。当代大学生的主体是“90后”，他们大多是在“去政治化”的氛围下成长起来的，对四项基本原则了解不够，认识不深。因此，我们必须向大学生讲清坚持四项基本原则的历史依据和现实意义。

1. 向大学生讲清坚持四项基本原则的历史依据

第一，要向大学生讲清为什么坚持社会主义道路。在这方面，一要结合中国近代史上各阶级争取国家独立的历史进程，向大学生阐明无论是农民阶级的抗争、封建地主阶级的改良还是民族资产阶级的君主立宪和革命斗争都因其历史和阶级的局限性未能完成救中国的历史重任，最后只有中国共产党领导的新民主主义革命获得了胜利，实现了国家独立。而社会主义是新民主主义革命的必然前途，从这个意义上说，“只有社会主义才能救中国”。二要结合中华人民共和国成立初期的经济社会形势向大学生阐明我国走社会主义道路的历史必然性。因为帝国主义不希望也不允许中国走独立发展资本主义的道路，我国工业基础非常薄弱，走资本主义道路难以保证国家独立，弱小的民族资本主义工商业难以承担工业化的重任，而社会主义道路能够快速积累工业化的资金，所以我国走上了社会主义道路。三要结合我国社会主义建设尤其是改革开放以来社会主义现代化建设的巨大成就使大学生认识到“只有社会主义才能发展中国”，从而深刻理解坚持社会主义道路的合理性。

第二，要向大学生讲清为什么坚持马列主义、毛泽东思想。马克思主义即马克思恩格斯创立的理论体系，包括唯物主义世界观、社会历史发展学说、无产阶级革命理论以及科学社会主义理论在内的科学理论体系，它是工人阶级政党的理论基础和指导思想。列宁主义是帝国主义和无产阶级革命时代的马克思主义。毛泽东思想是马列主义与中国革命和建设的具体实践相结合的产物。在马列主义、毛泽东思想指引下，我国取得了革命的胜利，确立了社会主义制度，进行了轰轰烈烈的社会主义建设，建立了独立的比较完整的经济体系，为我国的改革开放奠定了较好的物质基础。实践证明，马列主义、毛泽东思想是指导我国社会主义事业胜利前进的科学理论。

第三，要向大学生讲清为什么坚持中国共产党的领导。在这方面，一要结合中国共产党领导新民主主义革命的成功向大学生讲清中国共产党领导地位形成的历史必然性。二要结合中国共产党进行社会主义改造，消灭剥削、压迫，建立社会主义制度的成就向大学生阐明坚持中国共产党领导的历史进步性。三要结合中国共产党领导社会主义建设，进行改革开放的巨大成就向大学生讲明坚持中国共产党领导的历史正确性。四要引导大学生辩证看待中国共产党历史上的功绩和错误，既不夸大成绩掩盖错误，也不夸大错误否定成绩，坠入历史虚无主义的泥潭。

第四，要向大学生讲清为什么坚持人民民主专政。人民民主专政是在人民内部实行民主和对敌对势力、敌对分子实行专政的统一。人民民主专政是我国的国体，是我国社会主义国家性质的体现。要用人民民主专政在我国产生、发展的历史经验和某些时期遇到挫折的教训来教育当代大学生，使他们认识到人民民主专政这种适合我国国情的国家政权来之不易，应该倍加珍惜。

2. 让大学生明确坚持四项基本原则的现实意义

除了让大学生理解四项基本原则的历史依据外，还应该让他们明确坚持四项基本原则的现实意义，也即其现实重要性和紧迫性，才能使受历史虚无主义思潮影响的大学生自觉坚持四项基本原则。

随着我国改革开放的深入推进，社会上出现了许多新情况、新问题，许多深层次矛盾不断涌现。针对这些复杂的情况，包括历史虚无主义在内的许多社会思潮提出了相应的解决方案，围绕我国改革开放的方向进行了激烈争论，一些错误思潮企图逆转改革开放的社会主义方向。在这种紧迫的形势下，如果不明确改革开放的正确方向，则势必影响改革开放的继续进行和整个现代化事业。关于什么是改革开放的正确方向，邓小平已经讲得很明确，“在改革中坚持社会主义方向，这是一个很重要的问题”[①]。

那么用什么来保证改革开放的正确方向呢？邓小平早在改革开放之初就指出“离开坚持四项基本原则，就没有根，没有方向，也就谈不上贯彻党的思想路线”[②]；后来又强调“没有这‘四个坚持’，特别是党的领导，什么事情也搞不好，会出问题。出问题就不是小问题。社会主义市场经济优越性在哪里？就在四个坚持。”[③]这些论述充分表明邓小平坚持用四项基本原则保证改革开放的正确方向。

当前，强调一贯坚持四项基本原则，加强四项基本原则的教育，可以避免一些不必要的争论，使我国的改革开放始终沿着社会主义方向前进。正如邓小平所说，“四个坚持本身没有错，如果说有错误的话，就是坚持四项基本原则还不够一贯，没有把它作为基本思想来教育人民，教育学生，教育全体干部和共产党员”[④]。邓小平的这一论断虽然是在 20 世纪 80 年代末 90 年代初提出的，但仍然适用于各类错误思潮企图误导改革开放方向的现阶段的复杂形势，尤其是他从反面强调了把四项基本原则作为基本思想教育学生的极端重要性。

因此，我们应该坚定不移地用四项基本原则教育大学生，使他们进一步明确坚持四项基本原则的重要现实意义，不断提高他们的政治鉴别力，尤其是分辨历史虚无主义等错误思潮的能力。

### （二）加强“四个自信”教育，增强民族自信心

习近平在庆祝中国共产党成立 95 周年大会上明确提出：中国共产党人“坚持不忘初心、继续前进”，就要坚持“四个自信”即“中国特色社会主义道路自信、理论自信、制度自信、文化自信”，[⑤]希望在广大人民群

---

①《邓小平文选》第 3 卷，北京：人民出版社 1993 年版，第 138 页。

②《邓小平文选》第 2 卷，北京：人民出版社 1994 年版，第 278 页。

③《邓小平年谱（1975—1997）》（下），北京：中央文献出版社 2004 年版，第 1363 页。

④《邓小平文选》第 3 卷，北京：人民出版社 1993 年版，第 305 页。

⑤ 习近平：《在庆祝中国共产党成立 95 周年大会上的讲话》，《人民日报》2016 年 7 月 2 日。

众中树立和巩固“四个自信”。大学生是祖国的未来和希望，大学生能否真正树立和巩固“四个自信”至关重要。但如前文分析可知，当前部分大学生在历史虚无主义等错误思潮的冲击下，对中国特色社会主义的道路、理论、制度和文化尚缺乏足够的自信。精神上一旦缺乏坚定的自信，如同身体上缺钙一样，就容易患上精神“软骨病”。近年来，一些大学生在“西方中心论”的影响下，盲目崇拜西方道路、西方理论、西方制度、西方文化乃至西方的一切，“言必称西方”似乎成为一种时髦，在这类畸形心理驱使下，甚至做出一些有辱国格、人格的事情，丧失了基本的民族自信心。为此，必须从多方面加强对大学生的“四个自信”教育，大力增强其民族自信心。

1. 通过理论学习来提升“四个自信”

马克思曾说：“理论只要说服人，就能掌握群众；而理论只要彻底，就能说服人。”[①] 只有通过理论学习，从理论上理解了“四个自信”的正确性和重要性，大学生才有可能提升“四个自信”。然而在多年来的“去政治化”氛围下，当前大学生普遍缺乏政治理论的学习。不少大学生对政治理论学习存在两个误区：一是认为无用；二是认为枯燥。其实，政治理论学习能提高大学生的理论水平和政治辨别力，丰富其精神世界，益处良多。理论学习不一定都是枯燥乏味的，理论学习如果能够密切联系实际，同样可以丰富多彩。理论界、媒体界的专家、学者可密切结合大学生的特点，运用通俗易懂的语言编写、出版一批普及读物和影视、动画、微电影宣传片等，引导大学生主动参与理论学习。

那么，当代大学生应该具体学习哪些理论呢？一要加强党的最新理论成果尤其是习近平新时代中国特色社会主义思想的学习。只有这样，大学生才能利用这个理论武器来武装自己的思想，认清中国特色社会主义新时代的基本国情，进而去辨别纷繁复杂的政治现象，提升政治辨别力，在各种社会思潮的冲击下保持清醒的头脑。二要适当研读马克思主义经典著

---

①《马克思恩格斯全集》第 3 卷，北京：人民出版社 2002 年版，第 707 页。

作。马克思主义经典著作凝结着几代马克思主义者的智慧和心血，包含着马克思主义的基本立场、观点和方法，是理解“四个自信”的理论基础。“大学生通过课堂和教材学习，往往学得不够深刻，难以把握其理论精髓，有时只是把中国特色社会主义当作一种知识对待，缺乏应有的洞察力、分析力和判断力，容易被错误的思想所左右，难以对中国特色社会主义产生自信。”[①] 当然，让非马克思主义相关专业的大学生系统地研读大量的大部头的马克思主义经典著作，一没有必要，二没有可能。大学生可精选一些与“四个自信”密切相关的名篇佳作来进行研读，认真学习马克思主义的立场、观点和方法，了解人类社会发展规律和社会主义发展规律，认清社会主义与资本主义的本质区别，认清我国所处的社会发展阶段，进而深刻认识到中国特色社会主义道路、理论、制度和文化是符合人类社会发展规律和社会主义发展规律的，是大有前途的。

2. 通过社会实践来提升“四个自信”

“纸上得来终觉浅，绝知此事要躬行”，实践才是检验真理的唯一标准，因此只靠理论学习提升“四个自信”还是不够的。毛泽东曾说：“真正的理论在世界上只有一种，就是从客观实际抽出来又在客观实际中得到了证明的理论。”[②] “四个自信”是在我国社会主义现代化建设的丰富实践中产生的。因此，大学生应积极参加社会实践，在实践中检验中国特色社会主义道路、理论、制度和文化的科学性，才能不断提升“四个自信”。

大学生将所学理论与实践相结合，通过社会实践来增强“四个自信”，可从以下两方面着手：一方面，大学生可充分发挥所学专业的特长，组建形式多样的理论宣讲小组向高校周边居民或附近的中小学生宣讲党和国家的方针政策，在宣讲中提高对“四个自信”的认知。另一方面，可通过社区、街道、企业等社会实践基地和“三下乡”等社会实践活动，深入到基层群众中去，了解他们的所思所想尤其是对“四个自信”的看法。通过丰

① 张海东：《论新形势下提升大学生“四个自信”》，《山西高等学校社会科学学报》2015 年第 5 期。

②《毛泽东选集》第 3 卷，北京：人民出版社 1991 年版，第 817 页。

富多彩的实践活动，让大学生深入了解我国国情，充分领会中国特色社会主义道路、理论、制度和文化的现实意义。

总之，从理论和实践两方面加强对大学生的“四个自信”教育，有利于逐步打破对“西方中心论”的迷信，从而进一步增强民族自信心，抵制历史虚无主义思潮对大学生思想的侵蚀。

### （三）加强中国梦教育，提升民族凝聚力

中国梦是国家的梦，民族的梦，也是每个中国人的梦。“历史告诉我们，每个人的前途命运都与国家和民族的前途命运紧密相连。国家好，民族好，大家才会好。”[①] 实现民族复兴的中国梦，需要凝聚中国力量，把思想和行动统一到实现中国梦的伟大目标上来。

大学生是祖国未来建设的栋梁，也是实现中国梦的主体力量之一。但部分大学生受各种不良思潮的影响，并未认识到“个人梦”与中国梦的关系，甚至将“个人梦”置于中国梦之上。这种现象的存在，在一定程度上便利了历史虚无主义思潮在大学生中的传播。因此，亟待加强对大学生的中国梦教育，提升民族凝聚力。当前，可从以下两方面对大学生加强中国梦教育：

1. 在高校思想政治理论课中融入中国梦教育

在我国高校，思想政治理论课仍然是对大学生进行思想政治教育的主要平台。因此，要加强对大学生的中国梦教育，就应将其融入高校思想政治理论课的全过程中。在教学内容上，教师要向大学生阐明中国梦的本质内涵、具体目标、现实意义、依靠力量和实现路径，使大学生对中国梦有一个全面的理解和把握，使大学生自觉树立为实现中国梦而奋斗的理想；在教学方式上，教师应鼓励学生积极参与互动交流，畅谈人生理想和个人梦想，并注意引导大学生将“个人梦”与中国梦密切结合起来，自觉将“个人梦”融入中国梦之中，在为实现中国梦而奋斗的过程中实现“个人

---

①《习近平谈治国理政》，北京：外文出版社 2014 年版，第 36 页。

梦”。在实践教学中，教师可以组织大学生进行参观、调研、走访等丰富多彩的社会实践活动，给大学生增加实际接触社会、认识社会的机会。例如组织大学生进行红色旅游，走访老战士和军烈属，开展优良革命传统的教育；引导大学生利用假期对一些具有代表性的地区进行社会调查，使其亲身体验我国现代化建设的巨大成就，实际感受中国特色社会主义的优越性，增强实现中国梦的信心。

2. 在高校第二课堂建设中融入中国梦教育

高校第二课堂是对大学生进行思想政治教育的重要平台。对大学生加强中国梦教育，必须重视第二课堂的作用。在高校深入开展中国梦宣传教育，要充分利用好第二课堂，深入开展形式灵活、学生喜闻乐见的学生活动，在活动中渗透中国梦相关内容的学习与宣传，使学生能潜移默化地接受中国梦的熏陶，有效加强大学生对中国梦的认识和理解。[①] 例如，学校可以组织学生围绕中国梦开展征文比赛、演讲比赛、辩论赛和图片展活动；引导学生制作相关的微电影、网页、板报；还可以利用校园网、QQ、微博、微信等新媒体全方位宣传中国梦的相关知识，开辟专栏和公共账号供大家学习、讨论、交流，并由教师及时答疑解惑，以进行正确、有效引导，增强大学生对中国梦的认同，努力营造为实现中国梦而团结奋斗的良好氛围。

总之，在高校思想政治理论课第一课堂和第二课堂建设中融入中国梦教育，有利于进一步巩固大学生团结奋斗的共同思想基础，凝聚中国力量，提升民族凝聚力，筑成共同抵御历史虚无主义思潮侵蚀的坚固长城。

## 四、坚持社会主义核心价值体系引领，培养大学生正确的价值观

从前面的调查中，我们知道，大学生对历史虚无主义思潮的认同与对

① 武雅君:《以中国梦宣传教育促进高校思想政治教育》,《云南日报》2015 年 6 月 17 日。

社会主义核心价值体系的认同具有明显的负相关性，大学生越是认同社会主义核心价值体系，就越不认同历史虚无主义思潮。又因“社会主义核心价值体系是社会主义思想道德建设的指导方针，是当代大学生健康成长为社会主义合格建设者和接班人的行动指南”[①]，所以要化解历史虚无主义思潮对大学生的危害，一个重要途径就是用社会主义核心价值体系引领历史虚无主义思潮，使大学生树立正确的价值观。

在个案访谈中也发现，对社会主义核心价值体系不接受或有误解的大学生往往更倾向于认同历史虚无主义的思想观点。

访谈号：29，时间：2014 年 12 月 2 日

社会主义核心价值体系多是些“左”的东西，没有多大实际意义，马克思主义指导思想只是说说而已，且已面目全非；中国特色社会主义共同理想其实就是个人各自赚钱的理想，实际上哪有什么共同的理想；民族精神和时代精神只是唱唱高调；社会主义荣辱观，我不那样做，谁又能把我怎么样？现在不是提倡核心价值观了嘛，这跟西方的“普世价值”比较接近，这才是与世界接轨嘛。如果我国历史上早点接受“普世价值”，就不会有那么多的革命动荡了。

### （一）抓好课程建设，改进高校思想政治理论课教学

近年来，高校思想政治理论课在抵制历史虚无主义思潮对大学生社会主义核心价值体系教育的影响，促使大学生培养正确的价值观方面发挥了重要作用，但目前一些高校的思想政治理论课教学在课程分工上没有理顺，在教学方式上依然存在重知识传授轻思想引导、重理论教学轻实践教育[②]、重理性说教轻情绪感染的倾向，致使教学实效仍不够理想。

---

① 吴潜涛：《用中国特色社会主义核心价值体系引领大学生成长成才》，《思想理论教育导刊》2007 年第 11 期。

② 陈元明：《历史虚无主义对大学生思想政治教育的影响——以社会主义核心价值体系教育为例》，《学理论》2015 年第 3 期。

有鉴于此，一方面要理顺课程分工。“马克思主义基本原理”课侧重于马克思主义指导思想的教育，“毛泽东思想和中国特色社会主义理论体系概论”课侧重于中国特色社会主义共同理想的教育，“中国近现代史纲要”课侧重于爱国主义民族精神的教育，“思想道德修养与法律基础”课侧重于社会主义荣辱观的教育，而改革创新的时代精神则贯穿于四门思想政治理论课之中，虽然这四门思想政治理论课在教学中各有侧重，但只有密切协作，才能搞好大学生社会主义核心价值体系教育。另一方面要改进教学方式。教师在传授知识的同时应适当增设讨论、辩论、知识竞赛等互动环节，采用历史情境模拟、历史话剧等大学生喜闻乐见的形式，了解大学生的真实想法并加强思想引导，注意讲清社会主义核心价值体系与社会主义核心价值观的内在联系、社会主义核心价值观与西方“普世价值”的本质区别等重要问题；在理论教学的同时应注重实践教育，加大经费支持力度，积极开展调查研究、参观走访以及请优秀老党员、老工人、老干部讲学交流等活动[①]，将遥远的历史与眼前的现实融为一体，融历史文化于实践之中，拉近理论与实践的距离，使大学生在实践中加深对马克思主义指导思想和中国特色社会主义共同理想的理解和信服；在理性说教的同时，要注重结合实际用古今中外英雄、先烈、劳动模范、创新典型的感人事迹对大学生进行正面的情绪感染，以达到在价值观上以情感人的效果，培养大学生强烈的民族精神和时代精神，引导大学生逐步树立社会主义荣辱观。这样，充分调动大学生的积极性和参与性，用社会主义核心价值体系引领大学生的思想，培养大学生正确的价值观，更好地抵制历史虚无主义思潮的侵蚀。

### （二）加强学生工作，重视思想政治标准考核

要有效抵制历史虚无主义对当代大学生思想的影响，只靠思想政治理论课教师的教学还不够，还必须与平时的学生工作有机结合。这是因为思

① 陈元明：《历史虚无主义对大学生思想政治教育的影响——以社会主义核心价值体系教育为例》，《学理论》2015 年第 3 期。

想政治理论课教师传播的思想毕竟大多是理论性的，而辅导员、班主任等学生工作人员平时的学生工作主要是实践性的，理论和实践要密切结合起来。因此，学生工作人员要在平时的评奖、评优、入党、就业推荐等关系到学生切身利益的学生工作环节中高度重视思想政治标准的考核，切实把解决思想问题和解决实际问题相结合[①]，加强社会主义核心价值体系教育，摈弃“完成任务式”的形式主义态度，力避对高校思想政治理论课教学中正面灌输的思想产生“拆台”的不良后果，促使学生工作和高校思想政治理论课教学形成教育合力，共同抵御历史虚无主义思潮的侵袭，培养大学生正确的价值观。

### （三）改进校园文化建设，培育积极健康的校园文化

党中央、国务院在2004年的“16号文件”中指出，大力建设校园文化是努力拓展新形势下大学生思想政治教育的有效途径。发挥校园文化的作用，要求把社会主义核心价值体系渗透到校园文化建设的各个方面，形成健康的舆论氛围，以引领大学生的思想。但现在高校校园内的不少学术讲座、沙龙讲坛、网络论坛、影视活动、社团活动、交流会等或直接或间接地传播历史虚无主义观点，导致不少大学生历史观的扭曲，甚至出现宣讲爱国主义、中国革命、马克思主义、社会主义、中国共产党和革命先烈等社会主义核心价值体系相关内容时备受冷遇，而宣讲“侵略有功”、“压迫有理”、反马克思主义、反社会主义、丑化中国共产党和丑化英雄的言论时大受捧场的怪现象，对大学生社会主义核心价值体系教育冲击很大。因此，必须用社会主义核心价值体系统领校园文化建设，以马克思主义为校园文化建设的指导思想，以中国特色社会主义为校园文化建设的思想基础，以民族精神和时代精神为校园文化建设的精神动力，以社会主义荣辱观为校园文化建设的道德准则，把社会主义核心价值体系及其要求渗透到校园文化建设的各方面，加强对高校校园文化活动的引导和管理，抵制历

① 陈元明：《历史虚无主义对大学生思想政治教育的影响——以社会主义核心价值体系教育为例》，《学理论》2015年第3期。

史虚无主义的种种谬论[①]，形成正确的舆论氛围，从而引导大学生的思想向积极健康的方向发展。

### （四）搞好教师队伍建设，端正人文社会科学教学方向

高校人文社会科学教师由于专业教学、研究的缘故，较容易接触和了解包括历史虚无主义思潮在内的各种社会思潮，并常常与大学生打交道，是思想和知识的重要传播者。因此，引导高校人文社会科学教师正确应对历史虚无主义思潮至关重要。如果引导不好，部分高校人文社会科学教师就可能向大学生传播非主流甚至反主流的社会思潮的一些观点，这样在高校就会出现“上梁不正下梁歪”的扩散效应，加剧历史虚无主义在大学生群体中的迅速传播。[②]一种令人忧虑的现象是：人文社会科学学界的某些学科长期以来深受西方的影响，学术评价和人才选拔都以西方标准为圭臬，尤其是经济学、法学、社会学等学科甚至出现全盘西化的倾向，马克思主义的和我国本土的经济学、法学、社会学思想反而被边缘化。长此以往，这些学科的教师有意无意间就会向大学生传播西化思想，客观上导致有利于历史虚无主义思潮传播的氛围。因此要大力加强人文社会科学教师队伍建设，端正人文社会科学专业的教学方向。一方面要严格人文社会科学教师队伍的准入机制，在引进人才时考虑其学术倾向，鼓励真正认同社会主义核心价值体系的人才进入这些学科的教师队伍；另一方面要加强对人文社会科学教师队伍的培训，使这些学科的教师认识到马克思主义本身和我国本土也有着丰富的经济学、法学、社会学等学科思想，并且更适合我国国情，引导他们在教学实践中多讲马克思主义的和我国本土的相关学术思想。当然这并不意味着完全排斥西方人文社会科学学术思想，学习、借鉴西方人文社会科学学术思想在内的外国人文社会科学学术思想任何时候都

---

① 陈元明：《历史虚无主义对大学生思想政治教育的影响——以社会主义核心价值体系教育为例》，《学理论》2015 年第 3 期。

② 陈元明：《历史虚无主义对大学生思想政治教育的影响——以社会主义核心价值体系教育为例》，《学理论》2015 年第 3 期。

是必须的，我们应该有这种开放、包容的胸怀，但前提是不能喧宾夺主，即使是学习、借鉴外国的相关学术思想也应该本土化，密切结合我国的具体实际。总之，搞好人文社会科学教师队伍建设，端正人文社会科学专业的教学方向，可以有效抵制全盘西化思想对我国人文社会科学相关专业教学的渗透，从而在无形中抵制历史虚无主义思潮对大学生思想的渗透。

## 五、优化大学生思想政治教育环境，巩固社会主义文化领导权

思想政治教育不是在真空中进行，而是时刻处在一定的环境之中，环境对思想政治教育具有重大影响。思想政治教育环境是指对思想政治教育活动及思想政治教育对象的思想品德形成和发展产生影响的一切外部因素的总和。[①] 思想政治教育环境中既有积极因素，也有消极因素。经过高校思想政治工作者及其他相关部门的不懈努力，近年来大学生思想政治教育环境有了很大改观，但其中仍然存在不少不尽如人意的地方，客观上为历史虚无主义思潮影响大学生的思想提供了温床。因此，为有效抵制和化解这股思潮的影响，必须优化大学生思想政治教育环境，充分利用环境中的积极因素，尽可能减少其中的消极因素，使环境成为大学生思想政治教育的自觉手段。主流意识形态要主动利用思想政治教育环境与历史虚无主义等错误思潮争夺对大学生的文化领导权，充分挖掘其化解这股思潮影响的潜在功能，为大学生的健康成长营造良好的思想氛围，更好地维护我国的文化安全。校园环境、网络环境、社会舆论环境、地域环境与大学生的学习、工作和生活息息相关，对大学生的思想时刻产生着潜移默化的重要影响。为此，我们需从优化校园环境、网络环境、社会舆论环境、地域环境四个方面优化大学生思想政治教育环境。

在访谈中发现，不少大学生正是由于在其周围环境中耳濡目染历史虚

---

① 陈万柏、张耀灿：《思想政治教育学原理》，北京：高等教育出版社 2007 年版，第 96 页。

无主义的思想观点，而逐渐接受历史虚无主义思潮的。一位受访者说出了他对认识历史虚无主义思潮的心路历程。

访谈号：23，时间：2014 年 11 月 12 日

刚上大学时，我知道的主要是历史教材上的观点，但后来在上网时，一些网页上经常跳出一些“历史解密”“历史真相”“历史档案”之类的链接，出于好奇点击之后发现许多以前闻所未闻的秘密，令人耳目一新。有时在报刊上也会看到类似的观点，同学之间偶尔也会谈及与历史教材不一样的观点，不少说得还是挺有道理的，慢慢也就习惯了。

### （一）优化校园环境

高校思想政治教育的校园环境是指影响大学生思想政治品德形成和发展的各种校内条件的总和，是由校园物质环境、制度环境、精神文化环境、网络环境、人际环境等形成的物质条件和精神文化场。[①]这里，我们从校园物质环境、制度环境、精神文化环境、人际环境四个方面来分析优化校园环境的具体措施，优化网络环境的问题将在后文进行分析。

#### 1. 要精心规划校园物质环境建设，美化校容校貌

校园物质环境是指对学生的思想政治教育及学生的思想品德和精神风貌产生重要影响的校园内所有物的要素的总称，主要包括学校的校标、校徽、雕塑、教学设备等。校园物质环境是校园以整体形态出现的物化环境，体现着一所学校的价值观念、精神风貌以及道德情操，能陶冶与塑造学生的心灵，影响大学生思想的发展，是学校对大学生进行思想政治教育的物质基础。优化校园物质环境必须精心规划和布局校园物质环境建设，赋予“死”的物质环境以“活”的校园文化特色，注重校园物质环境建设的内涵式发展，在校园物质环境中注入历史文化内涵，寓思想和文化于校园规划和设计之中。高校应高度重视保护或新建富含历史人文价值的建

① 秦自强、陈南南：《优化高校思想政治教育校园环境探析》，《西南民族大学学报（人文社会科学版）》2013 年第 6 期。

筑、英烈雕塑、名人画像、誓词警句雕刻等人文景观，使其与自然景观浑然一体，营造高雅、庄严、艺术气息浓厚的氛围，美化校容校貌，让大学生被历史文化魅力所熏陶和感染[①]，无形中为化解反主流的历史虚无主义思潮的思想影响创设了良好的物质环境氛围。

2. 要以人为本，创设民主、规范的制度环境

学校制度环境是学校在教育管理过程中缔结的社会关系及用于调控这些关系的教育管理体系和规范体系，包括学校的管理体系、各种规章制度、道德规范、行为准则等。[②]“没有规矩，不成方圆”，学校的规章制度不仅是引导人、培育人的指南，也是规范大学生的思想行为、抵制历史虚无主义思潮思想侵蚀的有效手段。高校制度环境如何直接关系到大学生思想政治品德的形成和发展状况，关系到思想政治教育效率的高低。优化校园制度环境必须以人为本，实现学校管理制度的民主化、规范化。为此，一要强化管理育人的教育理念，尽可能把培养正确的历史观、政治观和价值观等思想政治教育的元素融入各种规章制度的制定和执行中去，从制度上限制历史虚无主义思潮在大学生中的传播，把“管理”与“育人”密切结合起来，让大学生在富有主流文化气息的氛围中潜移默化地养成适应社会发展要求的主流价值观；二要实行“参与协商制度”，学校要主动邀请经过民主推荐的学生代表参与涉及学生切身利益的规章制度的制定、修改和执行，在不损害学校整体发展的前提下，最大限度地满足学生的合理诉求，使他们亲身感受到党和政府现实的关怀和温暖，从而减少大学生由怀疑现实到怀疑历史而受历史虚无主义思潮影响的情况；三要以发展的眼光看问题，不断改进和完善学校各项管理制度，及时废止不合理的制度，及时修订某些制度中落后于形势发展的部分条款，及时制订适应形势发展需要、有效应对历史虚无主义等错误思潮新形式的新制度，不断推进制度创

---

① 秦自强、陈南南：《优化高校思想政治教育校园环境探析》，《西南民族大学学报（人文社会科学版）》2013 年第 6 期。

② 袁莉莉、刘建峰：《试论高校研究生思想政治教育环境的营造》，《中青年学者论坛》2004 年第 8 期。

新，才能形成富有生机的制度环境；四要强化制度的执行力度，对违反制度传播历史虚无主义思潮等违规行为做到依规办事，令行禁止，确保制度的有效落实。

3. 要加强校园精神文明建设，营造积极向上的精神文化环境

校园精神文化环境是渗透着师生共同理想信念、价值观念、道德风尚的精神文化和氛围，是由大学精神、学校传统、教风、学风、校风、文化活动等形成的精神文化场。[①] 它对大学生的思想观念、政治信仰、生活方式、价值取向等产生潜移默化的重要影响。[②] 校园精神文化环境如何直接关系到主流意识形态对大学生的文化领导权，因而加强校园精神文明建设，营造积极向上的精神文化环境具有重要意义。

为此，　要植根于历史文化传统，立足于学校发展实际，提炼和总结健康向上的具有本校特色的大学精神，借助校歌、校徽、校训、校史等校园文化符号提升校园精神文化的品位。[③] 二要努力发挥校史校园的育人功能。高校应注意发掘校史和校园中的爱国主义教育、社会主义教育内涵，采用多种方式，对大学生进行爱国爱校教育。[④] 三要以教风、学风、校风建设为突破口，塑造良好的师生形象。校园风气是关乎学校建设与发展的强大精神力量，具有感染熏陶、调节约束和推动促进功能，直接影响着师生的思想与行为。[⑤] 高校不仅要抓好学生的日常学习和管理，引导和规范学生的思想行为，树立良好的学风，还要建设一支结构优化、素质良好、富有活力的高水平教师队伍，营造良好教风[⑥]，最后师生合作共同培育良好的校

---

① 秦自强、陈南南：《优化高校思想政治教育校园环境探析》，《西南民族大学学报（人文社会科学版）》2013 年第 6 期。

② 刘川生：《增强大学生日常思想政治教育的实效性》，《求是》2009 年第 4 期。

③ 郑铮彬、陈少平：《探析大学生中国梦教育的长效机制》，《福建工程学院学报》2015 年第 4 期。

④ 杨军：《历史虚无主义思潮影响高校师生的现状、原因和对策》，《思想理论教育导刊》2011 年第 11 期。

⑤ 滕晓雯、曾长秋：《论高校隐性思想政治教育载体构建》，《湖南师范大学教育科学学报》2014 年 4 月。

⑥ 秦自强、陈南南：《优化高校思想政治教育校园环境探析》，《西南民族大学学报（人文社会科学版）》2013 年第 6 期。

风，同时也是在塑造自身的良好形象。四要举办健康有益、丰富多彩的校园文化活动，扩大大学生的参与面。高校可以“抵御历史虚无主义思潮”为主题，通过知识竞赛、主题报告、纪录片、经典历史影视剧等形式宣传社会主义主流文化，逐渐形成一批对大学生具有吸引力的精品活动，并将社会主义核心价值体系贯穿于校园文化活动中，寓教于乐，引领大学生的思想观念，帮助他们抵御历史虚无主义思潮的侵蚀。[①] 同时，要加强对校园内学术讲座、沙龙、论坛等学生活动的管理，加强对学生社团的指导，推动“思想政治教育进社团”，保证其包括有关历史文化活动的思想内容有正确的价值取向，营造健康向上的校园精神文化环境。

4. 要加强人际沟通交流，改善校园人际环境

校园人际环境是指学校与教师之间、教师与学生之间、学生与学生之间，对大学生思想品德的形成和发展发生作用的一切人际关系因素的总和。它对大学生思想观念的形成、知识和能力的培养、对社会的承认度与适应度及情绪情感、心理健康等产生着巨大影响。[②] 当前高校校园人际环境中存在不少不和谐因素，主要是一些高校管理者和教师误把学校和教师之间的关系当作简单的雇佣关系，导致学校和教师之间的关系淡化；一些大学生及其家长误把师生关系视为简单的市场交换关系，导致师生感情淡漠；学生之间过度强调竞争，导致利己主义盛行。为改善校园人际环境，加强人际沟通交流，高校管理者要经常关心教师的工作和生活，尽力提高教师对学校的忠诚度，密切学校和教师的关系，为改善师生关系和生生关系奠定良好的基础；教师要躬亲实践，多深入班级、宿舍与学生谈心、交流，解答学生的疑惑，主动与学生交朋友，参与一些有益的学生活动，形成融洽的师生关系；教师在与学生沟通交流中，一旦发现学生中的一些不良风气如历史虚无主义等错误思潮、错误言论的传播等，要尽快采取适当措施进行校正，以最大限度地减少这些错误思潮在大学生中的人际传播；

---

① 潘春玲：《大学生何以抵御历史虚无主义思潮》，《创新》2014 年第 4 期。

② 秦自强、陈南南：《优化高校思想政治教育校园环境探析》，《西南民族大学学报（人文社会科学版）》2013 年第 6 期。

学校要开设有关人际交往、文明礼仪、社会工作等公选课，鼓励大学生进行社会实践、志愿服务、扶危济困活动，引导大学生多关注集体与社会的发展，增强其使命感和责任感，不断提高大学生的人际交往能力和集体协作能力。通过这些措施来营造健康、和谐的校园人际环境，促使大学生“亲其师而信其道”，育人于无形，从而增强了思想政治教育效果，也增强了抵御历史虚无主义等错误思潮的能力。

### （二）优化网络环境

思想政治教育的网络环境是指人们用网络进行交往、互动而形成的对受教育者的思想、道德、行为和思想政治教育活动具有广泛影响力的环境。[①] 随着社会的发展，新媒体的兴起，尤其是网络的普及和流行给大学生思想政治教育环境带来了许多新的机遇和挑战。当前高校中大多数学生都是网民，网络上的历史虚无主义信息对大学生的思想意识、行为方式、价值取向、心理特征、道德观念等方面产生的影响越来越大，网络已成为历史虚无主义思潮向大学生传播的主渠道。现阶段大学生思想政治教育的网络环境不容乐观，一些“公知”、大 V 利用网络监管的漏洞在博客、微博、微信中大肆推销历史虚无主义思想观点，一些网络水军和门户网站也在网络头条、论坛、贴吧、网络社区中通过“打擦边球”“灌水”等方式变相传播历史虚无主义的观点、材料，身处这样的网络环境下，大学生极易受到历史虚无主义思潮的影响。前面的调查分析也表明，网络已成为历史虚无主义思潮向大学生传播的最主要途径。相应地，网络业已成为主流意识形态与历史虚无主义思潮争夺对大学生的文化领导权的主战场。因此，如何优化网络环境，利用网络有效应对该思潮的挑战，已成为现阶段大学生思想政治教育面临的重要课题。当前优化网络环境可从以下两方面着手。

#### 1. 充分发挥网络正能量

面对网络给大学生思想政治教育环境带来的挑战，国家相关部门和高校

---

① 宋亚伟：《论高校思想政治教育网络环境的优化》，《河南社会科学》2005 年第 3 期。

要主动出击，构建“互联网+思想政治教育”新型工作模式，努力打造一批集思想性、知识性、趣味性于一体的红色网站，搞好“两微一端”[①]建设，并充分利用“国家—高校—学院（系、所）—教师—学生”五级纵向网络平台和论坛、贴吧、网络社区等公共交流平台及QQ、微博、微信等即时通信平台[②]吸引大学生的注意力，采用微电影、音乐、网络答疑等大学生喜闻乐见的形式在网上开展丰富多彩的思想政治教育活动。在优化网络环境中，要善于发现和培养坚定信仰社会主义主流意识形态，并具有较高马克思主义理论水平的“有机知识分子”，动员思想素质好、工作能力强的专家、网络名人、思想政治理论课教师、宣传人员、学工人员、学生党员及民间人士结成广泛的“网上统一战线”，组成“网军”。国家和高校要利用这支“网军”为巩固主流意识形态对大学生的文化领导权而实施网络“阵地战”，改被动应战为主动出击，积极引导网络舆论，争夺网络意识形态话语权，在网上以适合大学生心理特点的“短、平、快”的形式宣传革命史、党史、国史、军史等，以通俗易懂的语言将学术话语转化为大众话语，推动马克思主义大众化，提高群众的理论水平，传播英烈、名人先进事迹和优秀传统文化，弘扬优良革命传统和中华民族传统美德，同时增强互动性，逐步扩大主流意识形态的网络阵地，从而放大网络的正能量。

2. 竭力减少网络负能量

由于当前网民网络道德水平和自律能力普遍不高，大学生思想政治教育的网络环境中存在着形形色色的负能量。鉴于此，必须对网络信息加强监督、管理、控制和引导。

首先，要加强网络立法。“没有规矩，不成方圆”，同理，没有网络法规，网络也必然陷入混乱无序状态。当前，首先应根据实际需要，对已有法规进行修改、完善，并结合网络环境的新特点，制定一些新的网络法

---

① 指微博、微信及新闻客户端。

② 滕晓雯、曾长秋：《论高校隐性思想政治教育载体构建》，《湖南师范大学教育科学学报》2014年第4期。

规[①]，加大对散布美化侵略、丑化中华民族、诋毁英烈的错误言论和政治谣言等网络犯罪的惩处力度。

其次，要加强对网上思想动态和网络舆情的跟踪调查。国家相关部门和高校管理者要重视大数据在思想政治教育中的重要作用，积极培养一批大数据分析师，通过对大数据的深入分析，提前研判网络舆情，主动把握大学生思想动态，注意历史虚无主义思潮在网上的动向，及时屏蔽或删除那些明确反对社会主义主流意识形态的信息，对于经常发布历史虚无主义信息的网站、论坛、博客、微博、微信等，可组织相关专业的专家、学者或宣传人员，仔细辨别，掌握证据，依法作出相应处理[②]，尽力防止破窗效应。

再次，要加强校园网络文化建设。高校要建设有利于抵御历史虚无主义思潮影响的校园网络文化，净化大学生的网络空间，密切关注校园网络信息安全的监督与管理，对当代大学生使用频繁的社会化媒体和自媒体更要加强监管，阻止明显宣扬历史虚无主义思潮的影视剧、纪录片走进荧屏，努力构筑防止历史虚无主义思潮干扰的防火墙，注意对网上历史虚无主义言论的引导，尽可能减少这些错误言论在网上的传播。

最后，要组建网络安全管理队伍。在网络时代，为强化不良信息的监管控制，优化网络环境，必须组建一支适应网络环境的网络安全管理队伍。这支队伍必须政治可靠、素质过硬、知识丰富并熟悉网络语言和网络信息传播规律，善于对网络信息进行筛查、分析、鉴别和引导，善于把握大学生上网的动机和心理。要利用这支队伍在网上对历史虚无主义相关问题及时给予正确引导，围绕有关历史的热点、焦点和疑点问题撰写博文、贴文和评论，进行定点定向宣传，对错误观点及时开展针锋相对的批驳，有理有据地抨击历史虚无主义的思想、观点和材料；同时，积极开展网上座谈、网上辩论、网上对话等活动，为大学生网民释疑解惑，吸引大学生

---

① 宋亚伟：《论高校思想政治教育网络环境的优化》，《河南社会科学》2005 年第 3 期。

② 杨军：《历史虚无主义思潮影响高校师生的现状、原因和对策》，《思想理论教育导刊》2011 年第 11 期。

点击和跟帖，引导他们理性发言，并及时清除网上错误信息和垃圾信息，创造并维护洁净的网络空间，把大量优秀的文化资源引入网络[①]，抢占“制网权”，压缩该思潮的网络空间，以有效引导网上舆论，逐步夺取历史虚无主义思潮的网络阵地，尽力减弱这股思潮对大学生的影响力，从而减少网络的负能量。

### （三）优化社会舆论环境

社会舆论环境是指针对特定的现实客体，一定范围内的多数人基于一定的需要和利益，通过言语、非言语形式公开表达的态度、意见、要求、情绪，通过一定的传播途径，进行交流、碰撞、感染、整合而成的、具有强烈实践意向的表层集合意识氛围。[②]近年来，随着党和国家对高校意识形态教育的重视，大学生思想政治教育的社会舆论环境有了较大程度的改善，但其中仍然存在一些消极因素。这些消极因素对大学生群体影响较大，在一定程度上抵消了学校对他们进行的正面的思想政治教育，某些地方、某些高校甚至出现了“5+2=0”[③]这样令人沮丧的思想政治教育效果。显然，这种状况是无法有效抵御历史虚无主义思潮对大学生思想的侵蚀的。为此，务必采取有效的措施尽快优化大学生思想政治教育的社会舆论环境，我们可以从以下两个方面来着手。

#### 1. 利用沉默的螺旋，形成主流意识形态强势舆论

社会舆论的形成过程就是逐渐减少意见差异，形成多数意见的过程，其中沉默的螺旋发挥了重要作用。这里的关键是让哪种意见“沉默”。历史虚无主义思潮的鼓吹者和主要传播者往往利用他们控制或影响的媒体和意见领袖，千方百计地向大学生推销该思潮的思想观点，进行舆论造势，企图在较大范围内使历史虚无主义思潮成为强势意见，使主流意识形态成

① 王艳红：《社会思潮对当代大学生思想政治教育的影响及对策研究》，《华中师范大学学报（人文社会科学版）》2011 年第 7 期。

② 赵阳、曹西娟：《从北京到北平：国都南迁与北方的社会舆论》，《北京党史》2012 年第 9 期。

③ 意即“五天工作日的正面教育被两天休息日的负面影响所抵消”。

为弱势意见，逐渐被边缘化，直至沉默下去。

鉴于此，我们也可以利用沉默的螺旋来抵制历史虚无主义思潮对大学生思想的影响。意识形态宣传部门可以利用主流媒体的优势采取灵活多样的形式在显著位置宣传马克思主义唯物史观等社会主义主流意识形态的相关思想观点，通过影响沉默的螺旋进行社会舆论控制，鼓励批驳历史虚无主义思潮的专家、学者、教师和研究生、大学生敢于发声，敢于亮剑，争取在大范围内形成主流意识形态的强势意见，同时以各种手段限制历史虚无主义思潮的传播，使其成为弱势意见，逐渐“沉默”下去。同时，尽力引导和带动其他主要媒体也采取类似做法。如此循环往复，在社会舆论中不断强化主流意识形态的意见，不断弱化历史虚无主义思潮的意见，就能促使更多的大学生在沉默的螺旋作用下，在评估意见氛围时倾向于主流意识形态。

2. 规范管理大众传媒，优化传媒环境

现代大众传媒集教育功能、商业功能和娱乐功能于一体，在利润驱动下，许多媒体千方百计提高发行量和收视率。在缺乏规范的情况下，不少媒体以不健康的甚至错误的、有害的信息来吸引人们的关注以哗众取宠。这就使商业功能和娱乐功能冲击教育功能，严重削弱了主流文化的教育功能。为改变这种状况，增强大众传媒的教育功能，一要破除对文化产业化的过度迷信，把文化事业和文化产业分开，不能把所有的大众传媒都简单地产业化，使其成为“资本的婢女”，尤其是主要的大众传媒应办成文化事业而非文化产业，至少是混合性质的，但文化事业成分要占优势。国家可以出资控股或兴办一些大众传媒进行主流文化教育活动，同完全商业化的大众传媒区分开来。二要严格媒体从业规范，不断完善媒体的登记和审查制度，对违宪违法的大众传媒及时进行警示教育，限制其传播范围，直至予以注销。三要实行定期和不定期的媒体信息检查，通过法律、行政和技术手段，对大众传媒尤其是思想性、新闻性强的大众传媒加大监管力度，促使大众传媒进行自我约束，最大限度地抑制其消极影响。四要对境外媒体有害的信息传播进行强力干扰和限制，对已经流入境内的有害信息及时进行有理有据的批驳。五要邀请主张唯物史观的专家学者，通过指导创作历史题材影视剧、历史纪录片，参加《百家讲坛》等电视节目，在网络、报刊、微信、微博上开辟历史评论专栏，在影响力较大的出版社出版在唯物史观指导下编写的历史通俗读物等，精心打造一批精品力作，促进历史知识社会化，提高大学生对我国近现代史的认识，从而增强主流历史观的影响力。

### （四）优化地域环境

地域环境主要是指基于地理环境条件形成的一定地域范围内的自然和社会因素的总和，是一种结构复杂，功能多样的环境，包括经济、政治、文化等。由于长期的历史原因，西南地区逐渐形成了与我国统治中心地带有较大差异的地域环境。西南地区大学生长期在这样的环境中耳濡目染，其思想意识必然带有一定的地域性特征。如前文所述，这种现象间接为历史虚无主义思潮的乘虚而入提供了可能性。为此，我们需从经济、政治、文化等方面不断优化地域环境，进一步压缩历史虚无主义思潮在西南地区大学生中传播的空间。

一是在经济上，根据西南地区大学生对本地区经济发展现状不满的现实情况，采取相应措施。一方面国家要深入实施“西部大开发”战略，在西南地区加快推进“精准扶贫、精准脱贫”，同时加大东部发达地区对西南地区、先发展起来的民族对西南地区相对落后的少数民族经济的支持力度，通过切实有效的政策、措施促进西南地区尤其是西南少数民族地区的经济加快发展，引导国内各地区、各民族像石榴籽一样紧紧抱在一起，手足相亲、守望相助，共同团结奋斗、共同繁荣发展；[①] 另一方面，也要正确引导西南地区大学生辩证看待本地区、本民族的经济、社会状况，引导他们不仅要与东、中部地区进行横向比较，也要与本地区、本民族自身的发展历程进行纵向比较，全面认识本地区、本民族经济社会的发展状况，以

①《中国共产党第十九次全国代表大会文件汇编》，北京：人民出版社 2017 年版，第 32 页。

免他们产生被边缘化之感。

二是在政治上，国家相关部门和地方政府要全面贯彻党和国家的区域政策和民族政策，促进各地区、各民族共同繁荣。一方面要积极支持西南地区少数民族人民与其他兄弟民族一道享有当家作主的政治权利，保障西南地区大学生正确行使选举权、被选举权及其他参政议政的合法权益；另一方面要正确引导西南地区大学生不仅要熟悉本地区、本民族的情况和国家对西南地区的政策支持，还要多关注我国的整体状况，强化大局观念，强化整体社会责任感和主人公意识，树立“中华民族多元一体”观，认识到本民族认同与中华民族认同之间不是对立的、相互替代的，一个人可以同时热爱本民族和中华民族，[①] 不断增强中华民族共同体意识，鼓励其自觉做出维护社会稳定、促进民族团结的行为，极力避免地方保护主义、地方民族主义倾向。

三是在文化上，国家支持西南地区大学生参与本地文化建设与交流。一方面，国家应积极支持西南地区合理开发、利用自身多姿多彩的宝贵文化资源促进本地区的经济社会发展，支持西南地区大学生投身本地区的文化建设；另一方面，高校应积极引导西南地区大学生多参与促进本地区、本民族文化与国内其他地区、其他民族文化的交往、交流、交融活动，多了解国内其他地区、其他民族丰富多彩的文化，互相尊重彼此的文化和风俗习惯，使他们认识到作为新时代的大学生，不仅要增强对本地区、本民族文化的文化认同和文化自信，更要增强对中华民族整体文化的文化认同和文化自信。

## 六、针对历史虚无主义的影响特点、过程和模式进行防控

由前文调查分析可知，历史虚无主义思潮对大学生思想的影响具有类别差异和隐蔽性、互动性、层次性等特点，因此在大学生思想政治教育

① 张超：《西南地区少数民族大学生民族认同心理研究》，《贵州民族研究》2016 年第 10 期，第 52—55 页。

中，应针对历史虚无主义思潮影响大学生思想的特点、过程和模式进行有针对性的教育和引导。

### （一）针对不同类别的大学生分别预防

调查分析表明，大学生受历史虚无主义思潮的影响情况在政治面貌、专业类型、性别、年级等方面存在显著差异，不同政治面貌、不同专业类型、不同性别、不同年级的大学生对历史虚无主义思潮的认知和认同情况是不同的。

在政治面貌方面，非中共党员大学生比中共党员大学生知晓度高，政治面貌为群众的大学生比党团员大学生认同度高，因此应着重加强对非中共党员大学生尤其是群众大学生的教育和引导，不断提高他们的思想觉悟；当然，对中共党员和共青团员大学生也要加强思想政治教育和历史观教育，因为调查发现近一半的中共党员和共青团员大学生受到了历史虚无主义思潮的影响，且有相当比例的中共党员大学生对这股思潮的错误观点还有较高的认同度，说明历史虚无主义思潮对他们的影响也是较大的。值得注意的是，学生党员往往在大学生群体中充当意见领袖的角色，能影响较多的大学生，因此加强对学生党员的思想引导也是非常重要的。在专业类型方面，文科类大学生比理科类大学生知晓度高，表明文科类大学生更易于接触到历史虚无主义思潮，应重视对文科类大学生接触这股思潮的原因和途径的了解，以此深入分析这股思潮在大学生中的传播渠道，便于更好地控制历史虚无主义思潮的传播。在性别方面，男大学生比女大学生认同度高，更易受历史虚无主义思潮的影响，应对男大学生加强思想教育和历史教育，使之认识到主流历史观的科学性，以将他们的思想引向正确的方向。在年级方面，大二、大三学生比大一、大四学生认同度高，说明相对于新生和毕业生而言，大二、大三学生更易受历史虚无主义思潮的影响，应更加重视对大二、大三学生的教育和引导，以使他们树立科学的历史观，增强对历史虚无主义思潮的免疫力。

### （二）根据大学生受影响的程度分层引导

由前文分析可知，历史虚无主义思潮对历史的虚无并非铁板一块，其本身是具有层次性的，基本上可分为浅、中、深三个层次。根据调查分析可知，大学生受历史虚无主义思潮影响的程度也是具有差异性的，可分为低、中、高三个等级，大致对应历史虚无主义思潮的三个层次。对于受不同层次的历史虚无主义思潮影响的大学生，要根据其层次性特征具体问题具体分析，进行分层引导。

对于受浅层次和中层次历史虚无主义影响的大学生，一方面要看到历史虚无主义思潮只是对这部分大学生的思想有所影响，并未在他们的思想深处扎根，要充分肯定其不否定中华文明，坚持反对侵略，坚守爱国主义底线的积极意义，在这个前提下尽一切可能团结他们，引导其树立科学的历史观；另一方面，针对其否定革命、否定社会主义、怀疑或否定中国共产党领导的错误观点，我们要综合运用多种真实的史料进行有理有据的驳斥，科学地论证历史决定性与历史选择性、革命与改良、社会主义道路与资本主义道路的关系以及中国共产党领导地位形成的历史必然性与合法性问题，以适度的斗争求团结，推动这部分大学生的思想逐渐向正确的方向转化。

对于受深层次历史虚无主义影响的大学生，我们首先要做好持久斗争的准备，这是因为历史虚无主义思潮在这部分大学生的思想深处已经具有很深的附着，“冰冻三尺非一日之寒”，化解历史虚无主义思潮对这部分大学生的思想影响远非一朝一夕之功；其次要抓住问题的关键，当前部分大学生之所以受到深层次历史虚无主义的影响，出现全盘否定中华文明、美化侵略、美化汉奸卖国贼等突破爱国主义底线的极端错误的现象，主要是因为缺乏对中西方文明的科学认识及把殖民侵略与近代文明混为一谈，所以应当用大量的事实材料尽力引导这部分大学生唯物、辩证地评价中西方文明，反对形而上学地偏执，同时辩证分析殖民侵略与近代文明的关系，将二者明确区分开来；最后，对其中经过多方努力仍无法将其思想转化到正确轨道的大学生，要注意严格限制其向其他大学生传播历史虚无主义的思想观点，尽可能防止其成为历史虚无主义思潮的间接传播者。

总体而言，受浅层次和中层次历史虚无主义影响的大学生居大多数，受深层次历史虚无主义影响的大学生只是少数，无论是问卷调查还是个案访谈都说明了这一点。在实践中发现，经过多方努力仍无法将其思想转化到正确轨道的大学生更是极少数。因此，我们应该树立信心，千方百计团结受历史虚无主义思潮影响的大学生中的中间势力，孤立、分化、瓦解其中的顽固势力，以达事半功倍之效。

### （三）依据其影响过程和影响模式分段控制

通过关于历史虚无主义思潮对大学生思想的影响过程和影响模式的分析可知，该过程可分为传达、接受和反馈三个阶段。在传达阶段，历史虚无主义思潮的信息发出者往往是大学教授、研究员、民间学者、网络名人及其他社会名流等各色各样的“名人”，借助“名人效应”和大众传媒是该思潮信息传播的惯常手段，这就提示我们对一些热衷于传播历史虚无主义思想观点的名人的言行和大众传媒的信息内容要加强监控、引导和管理，将其严格限制在宪法、法律和道德的框架内，对其中触犯宪法、法律的责任人进行依法惩处。另外，大众传媒的主编、编辑、记者在传达阶段往往扮演着信息把关人的角色，因此必须尽力把这些把关人引导到主流意识形态上来，提高其政治辨别力，尽可能将历史虚无主义思潮的信息过滤在大众传媒的关口之外。在接受阶段，大学生中的意见领袖往往起着重要的中介作用，他们既是历史虚无主义思潮的受影响者，又是历史虚无主义信息的传播者，因此必须重视对意见领袖的思想引导，从而尽可能减少历史虚无主义思潮的专业学术信息向大众通俗信息转化以及大众通俗信息向大学生受众传播的渠道，另外因为大学生在对历史虚无主义思潮产生理性认同之前，对这种思潮的情感附着还比较浅，此时大学生的思想较易转化到主流意识形态上来，所以我们要抢在大学生对这股思潮产生理性认同之前加强对大学生的教育和引导。在反馈阶段，由于历史虚无主义思潮的大学生受众的反馈信息会影响该思潮的再传播过程，利于该思潮调整后进行更有效的再传播，导致更大的消极影响，因此我们要对受历史虚无主义思潮影响的大学生不断进行教育、引导和管理，使其减少对该思潮信息的反馈，不对此类信息进行间接传播，从而减少该思潮信息发出者的耳目，竭力化解历史虚无主义思潮对大学生思想的影响。

总之，只有综合采取灵活多样的应对策略，才能有效化解历史虚无主义思潮对大学生思想影响的魔力，进一步巩固大学生思想政治教育的理论高地，增强社会主义意识形态的文化领导权。

# 结　语

历史虚无主义思潮不仅是一种关于历史的思潮，而且是一种具有很强现实性和政治性的思潮，这股思潮在改革开放以来数度泛起，对大学生的思想产生了复杂而深刻的影响。探索这股思潮对大学生思想的影响及其对策是思想政治领域的一大难题，但也是必须面对的问题。近年来，不少学者就此进行了研究。在研究内容上，现有研究中对这一问题的兴趣点主要集中在历史虚无主义思潮对大学生思想的影响现状、影响原因、危害及对策等方面，但很少从内部运行的角度考察其具体影响过程，探索其影响模式。在研究方法上，现有研究以规范的理论研究为主，实证研究相对不足，使该问题的研究缺乏足够的实证分析。

本研究通过实证调查发现，历史虚无主义思潮已在大学生群体中获得了较多的认知和认同，并从大学生的历史观、政治观、价值观等方面影响着大学生的思想，产生了严重的消极影响。历史虚无主义思潮在历史观方面降低了大学生评判历史是非的能力，在政治观方面动摇了大学生对四项基本原则的信念，在价值观方面对大学生社会主义核心价值体系教育形成了整体性挑战，削弱了大学生对这种价值体系的认同。本研究进而探索了历史虚无主义思潮对大学生思想的影响过程，并构建了其影响模式。在此基础上，要有效化解历史虚无主义思潮对大学生思想的影响，需从解决社会矛盾和问题、培养正确的历史观、政治观和价值观以及优化思想政治教育环境的角度提出一系列比较系统的对策，也要根据历史虚无主义思潮对大学生思想影响的特点、过程和模式提出相应的具有较强针对性的对策。

本研究也存在一些不足：第一，对历史虚无主义思潮对大学生思想的影响过程的探索还是初步的，对其影响模式的构建还显得粗糙，有待进一步深入研究。第二，由于时间和精力所限，虽然对 11 所高校的 1300 多名大学生做了实证调查，但调查范围限于西南地区，鉴于东西部地区经济、政治、文化等方面的差异，这种调查还难以全面反映历史虚无主义思潮对全国各地大学生思想影响的情况。今后仍需通过不断拓展实证研究的范围来比较历史虚无主义思潮对不同地区大学生思想影响的差异，从而更好地把握这股思潮对大学生思想影响的全貌，进一步探索其影响规律。

“偏见比无知离真理更远”，诚然，受到历史虚无主义思潮影响较深的大学生，其思想深处对历史认知和现实社会存在这样那样的偏见，但如何有效地减少甚至消除这种偏见是个值得继续深入研究的重要问题。今后的研究如果能在宏观研究的基础上，分专题对历史虚无主义思潮制造的种种谎言和迷雾进行有理有据的批驳，“以细节对细节，以材料对材料”，宏观视野加上微观论证，定能在应对这股思潮的挑战中化被动为主动，走出一条光明大道。

在当前国内外背景下，历史虚无主义思潮还将继续存在一段时期，其对大学生思想的影响也不可能在短时间内自动消除。然而，随着我国社会主义现代化建设的继续发展，社会主义经济基础的不断巩固，党和国家对高校意识形态领导权的进一步重视，大学生历史辨别力和政治辨别力的不断提高，历史虚无主义思潮对大学生思想的影响将会逐渐减弱，大学生对这股思潮所散播的种种思想观点的认识将由主观、盲从一步步走向客观、理性。

# 参考文献

## 经典文献


《马克思恩格斯选集》1—4卷，北京：人民出版社1995年版。

《马克思恩格斯文集》第9卷，北京：人民出版社2009年版。

《马克思恩格斯论教育》上下卷，北京：人民教育出版社1986年版。

《列宁选集》1—4卷，北京：人民出版社1995年版。

《列宁全集》第28卷，北京：人民出版社1990年版。

《列宁全集》第32卷，北京：人民出版社1985年版。

《列宁专题文集·论无产阶级政党》，北京：人民出版社2009年版。

《列宁论教育》上下卷，北京：人民教育出版社1990年版。

《斯大林论教育》，北京：人民教育出版社1984年版。

《毛泽东选集》1—4卷，北京：人民出版社1991年版。

《毛泽东文集》1—8卷，北京：人民出版社1993、1996、1999年版。

《邓小平文选》1—3卷，北京：人民出版社1993、1994年版。

《江泽民文选》1—3卷，北京：人民出版社2006年版。

《毛泽东邓小平江泽民论思想政治工作》，北京：学习出版社2000年版。

《十四大以来重要文献选编》（中），北京：人民出版社1997年版。

《十八大以来重要文献选编》（下），北京：中央文献出版社2018年版。

## 相关著作

陈会昌:《道德发展心理学》，合肥：安徽教育出版社 2004 年版。

陈立思:《社会思潮与青年教育》，北京：北京大学出版社 2011 年版。

陈万柏、张耀灿:《思想政治教育学原理》，北京：高等教育出版社 2007 年版。

陈序经:《中国文化的出路》，北京：中国人民大学出版社 2004 年版。

程馨莹:《历史虚无主义对当代大学生的影响研究》，北京：中国社会科学出版社 2016 年版。

邓卓明:《社会思潮专题研究》，北京：中国社会科学出版社 2012 年版。

董海军:《社会调查与统计》，武汉：武汉大学出版社 2009 年版。

段忠桥:《当代国外社会思潮》，北京：中国人民大学出版社 2010 年版。

樊昌志、王勇、唐晓玲:《传播学应用教程》，长沙：湖南人民出版社 2008 年版。

风笑天:《社会调查中的问卷设计》，天津：天津人民出版社 2002 年版。

风笑天:《现代社会调查方法》，武汉：华中科技大学出版社 2005 年版。

宫承波:《传播学纲要》，北京：中国广播电视出版社 2007 年版。

顾肃、张凤阳:《西方现代社会思潮史》，济南：山东教育出版社 2004 年版。

郭德宏、陈廷湘:《中国现代社会心理与社会思潮研究》，北京：当代世界出版社 2005 年版。

郭汉民:《晚清社会思潮研究》，北京：中国社会科学出版社 2003 年版。

何兆武、陈启能:《西方近代社会思潮史》，济南：山东教育出版社 2001 年版。

洪晓楠:《当代西方社会思潮及其影响》，北京：人民出版社 2009 年版。

黄希庭、郑涌:《个性品质的形成理论与探索》，北京：新华出版社 2004 年版。

贾丽艳、杜强:《SPSS 统计分析标准教程》，北京：人民邮电出版社 2010 年版。

李建华等:《多元文化时代的价值引领——社会主义核心价值体系建设与社会思潮有效引领研究》，北京：人民出版社 2012 年版。

李庆善:《青年思想工作方法论》，长沙：湖南人民出版社 1988 年版。

李晓凤、佘双好:《质性研究方法》，武汉：武汉大学出版社 2006 年版。

李泽厚:《历史本体论・己卯五说》，北京：三联书店 2008 年版。

李泽厚:《启蒙与救亡的双重变奏：中国现代思想史论》，天津：天津社会科学出版社 2003 年版。

梁柱、龚书铎:《警惕历史虚无主义思潮》，北京：人民教育出版社 2006 年版。

梁柱:《历史虚无主义评析》，北京：社会科学文献出版社 2012 年版。

林伯海:《当代西方社会思潮与青年教育》，成都：西南交通大学出版社 2011 年版。

林泰:《当代社会思潮论评》，北京：清华大学出版社 1994 年版。

林泰:《社会思潮理论前沿探索》，北京：清华大学出版社 2006 年版。

林泰:《问道——改革开放以来的社会思潮与青年思想政治教育研究》，北京：中国社会科学出版社 2013 年版。

刘福州、柴志明:《网络信息化与社会思潮引领机制构建研究》，北京：中国广播电视出版社 2009 年版。

刘书林、陈立思:《青年思想政治教育学原理》，北京：中国青年出版社 1999 年版。

刘书林:《社会思潮与青年教育研究》，北京：高等教育出版社 2010 年版。

陆扬、王毅:《大众文化与传媒》，上海：上海三联书店 2000 年版。

罗洪铁、韦冬雪、靳玉军:《思想政治教育专题研究》，北京：中央文献出版社 2007 年版。

罗洪铁、周琪、王斌等:《思想政治教育学学科理论体系演变研究》，北京：中国社会科学出版社 2012 年版。

罗洪铁:《思想政治教育学原理》，重庆：西南师范大学出版社 2009 年版。

骆郁廷:《当代大学生思想政治教育》，北京：中国人民大学出版社 2010 年版。

马克铎:《近代中国与文化思潮》，北京：光明日报出版社 2004 年版。

马立诚:《八种社会思潮》，北京：社会科学文献出版社 2012 年版。

梅荣政、杨军:《社会主义核心价值体系与社会思潮析评》，北京：中国社会科学出版社 2010 年版。

梅荣政:《用马克思主义引领社会思潮》，武汉：武汉大学出版社 2008 年版。

宁先圣:《社会主义核心价值体系与当代社会思潮》，北京：社会科学文献出版社 2011 年版。

彭波主编:《一代中国青年的思想初恋：潘晓讨论》，天津：南开大学出版社 2000 年版。

任天石:《20 世纪中国社会思潮史论》，南京：南京大学出版社 1993 年版。

沙健孙:《二十世纪中国的历史道路兼评若干社会思潮》，北京：中国社会科学出版社 2009 年版。

佘双好:《大学生思想政治教育研究方法》，北京：高等教育出版社 2010 年版。

佘双好:《当代社会思潮对高校师生的影响及对策研究》，北京：中央编译出版社 2012 年版。

佘双好:《青少年思想道德现状及健全措施研究》，北京：中国社会科学出版社 2010 年版。

佘双好：《现代德育课程论》，北京：中国社会科学出版社 2003 年版。

沈壮海：《思想政治教育有效性研究》，武汉：武汉大学出版社 2001 年版。

宋强等：《中国还是能说不》，北京：中国文联出版公司 1996 年版。

王霁：《马克思主义与当代社会思潮——当代社会走向中的思潮论争》，北京：中国人民大学出版社 1994 年版。

王玉莉：《当代西方社会思潮》，北京：中国石化出版社 2012 年版。

韦冬雪：《思想政治教育过程矛盾和规律研究》，北京：光明日报出版社 2011 年版。

吴成：《社会思潮研究》，郑州：河南人民出版社 2007 年版。

吴雁南：《中国近代社会思潮 1840—1949》第 4 卷，长沙：湖南教育出版社 2011 年版。

肖沛雄等：《新编传播学》，广州：广东人民出版社 2006 年版。

徐兰宾、刘汉一：《社会思潮与青年教育》，南昌：江西人民出版社 2013 年版。

杨芳：《仰望天堂——陀思妥耶夫斯基的历史观》，广州：中山大学出版社 2007 年版。

杨金华：《历史虚无主义的生成机理及其克服》，北京：中国社会科学出版社 2015 年版。

于沛：《史学思潮与社会思潮——关于史学社会价值的理论思考》，北京：北京师范大学出版社 2007 年版。

余英时：《中国近代思想史上的激进与保守》，上海：上海远东出版社 1994 年版。

张波、蔡宜旦、汪慧等：《青年与社会思潮研究》，北京：中国青年出版社 2005 年版。

张品良：《网络文化传播：一种后现代的状况》，南昌：江西人民出版社 2007 年版。

张耀灿、郑永廷、吴潜涛等：《现代思想政治教育学》，北京：人民出版社 2006 年版。

张耀灿等：《现代思想政治教育学前沿》，北京：人民出版社 2006 年版。

张之沧：《马克思主义与当代西方社会思潮》，上海：上海人民出版社 2003 年版。

赵卫民：《世纪之交青年接受马克思主义教育问题研究》，北京：人民教育出版社 2000 年版。

郑畅、李俊：《社会调查与社会实践》，武汉：湖北科学技术出版社 2008 年版。

郑永廷：《思想政治教育方法论》，北京：高等教育出版社 2010 年版。

钟华民：《重评〈河殇〉》，杭州：杭州大学出版社 1990 年版。

朱汉国：《社会思潮研究》，北京：北京师范大学出版社 2012 年版。

朱佳木:《同历史虚无主义思潮斗争的有力思想武器》，北京：社会科学文献出版社 2018 年版。

[德] 尼采:《查拉图斯特拉如是说》，钱春绮译，北京：三联书店 2008 年版。

[德] 尼采:《权力意志》，陈筱卿译，北京：中央编译出版社 2005 年版。

[俄] 屠格涅夫:《父与子》，张铁夫等译，海口：南方出版社 2003 年版。

[美]列奥・施特劳斯:《德意志虚无主义》，刘小枫编:《苏格拉底问题与现代性——施特劳斯讲演与论文集》卷 2，丁耘等译，北京：华夏出版社 2008 年版。

[美] 马歇尔・伯曼:《一切坚固的东西都烟消云散了：现代性体验》，徐大建、张辑译，北京：商务印书馆 2003 年版。

[英] 卡尔・波普尔:《历史决定论的贫困》，邱仁宗译，上海：上海人民出版社 2009 年版。

[意] 贝奈戴托・克罗齐:《历史学的理论和实际》，傅任敢译，北京：商务印书馆 1982 年版。

[意] 安东尼奥・葛兰西:《狱中札记》，曹雷雨等译，北京：中国社会科学出版社 2000 年版。

[俄] 谢・卡拉－穆尔扎:《论意识操纵》(上下)，徐昌翰等译，北京：社会科学文献出版社 2004 年版。

[美] 大卫・科兹、弗雷德・威尔:《来自上层的革命——前苏联体制的终结》，曹荣湘等译，北京：中国人民大学出版社 2008 年版。

[德] ] 麦克斯・施蒂纳:《唯一者及其所有物》，金海民译，北京：商务印书馆 2011 年版。

[德] 海德格尔:《尼采》，孙周兴译，北京：商务印书馆 2002 年版。

Denis McQuail & Seven Windahl, *Communication Models: For the study of Mass Communication*, (New York: Longman Publishing, 1982), pp.173–175.

## 报刊论文

白翠红:《马克思唯物史观中蕴含的复杂性思维方式——兼评历史虚无主义的思维方式》,《贵州社会科学》2013 年第 8 期。

包心鉴:《积极做好用社会主义核心价值体系引领社会思潮的工作》,《党建》2008 年第 4 期。

《20 世纪 90 年代以来反马克思主义的几种主要社会思潮——访中国社会科学院马克思主义研究院特聘研究员周新城》,《马克思主义研究》2010 年第 5 期。

《坚持以马克思主义引领社会思潮——访中国社会科学院马克思主义研究院特聘研究员梅荣政》,《马克思主义研究》2007 年第 2 期。

邴正:《警惕历史虚无主义的滥觞》,《中国社会科学报》2011 年 5 月 24 日。

卜宪群:《历史唯物主义与历史虚无主义琐谈》,《历史研究》2015 年第 6 期。

曹守亮:《警惕历史虚无主义思潮新动向》,《红旗文稿》2015 年第 2 期。

曹守亮:《历史是不能虚无的——读〈警惕历史虚无主义思潮〉》,《高校理论战线》2007 年第 4 期。

陈秉公:《论用社会主义核心价值体系引领社会思潮的基本途径——关于十七大报告一个基本观点的深层理论解读》,《政治学研究》2008 年第 12 期。

陈冬:《历史虚无主义思潮对高校意识形态教育的影响及对策研究》,《渤海大学学报(哲学社会科学版)》2012 年第 3 期。

陈之骅:《意识形态自由化的恶果历史虚无主义搞乱苏联》,《人民论坛》2013 年第 27 期。

戴钢书、黄芳:《当代社会思潮对高校学生思想的影响及对策》,《学校党建与思想教育》2010 年第 4 期。

狄英娜:《拨开历史虚无主义思潮的迷雾》,《红旗文稿》2015 年第 6 期。

董必荣:《虚幻的构境:历史虚无主义批判》,《毛泽东邓小平理论研究》2013 年第 3 期。

范映渊:《直面历史虚无主义的"中国近现代史纲要"课课堂叙事》,《思想教育研究》2016 年第 7 期。

方艳华、刘志鹏:《历史虚无主义的基本主张及本质剖析》,《中共山西省委党校学报》2010 年第 6 期。

方艳华:《历史虚无主义思潮的演进及重新泛起原因论析》,《吉林师范大学学报(人文社会科学版)》2011 年第 6 期。

房广顺、魏文刚:《探究社会历史问题的四个认识维度——划清历史唯物主义与历史虚无主义的界限》,《思想理论教育》2015 年第 6 期。

冯夏根、胡旭华:《虚无的背后——新时期历史虚无主义思潮论析》,《湖南文理学院学报(社会科学版)》2009 年第 9 期。

高奇琦、段钢:《对历史的自觉自信是抵制历史虚无主义的基石》,《求是》2013 年第 1 期。

高山奎:《洛维特与施特劳斯——对虚无主义的历史与哲学克服》,《同济大学学报(社会科学版)》2013 年第 2 期。

葛玉良、张晓娜：《历史虚无主义对大学生思想政治教育的影响和对策》，《思想理论教育导刊》2014 年第 6 期。

耿雪：《历史虚无主义如何虚无历史》，《中国社会科学报》2013 年 8 月 7 日。

龚云：《历史虚无主义思潮具有复杂国际背景》，《中国社会科学报》2015 年 1 月 16 日。

龚云：《马克思主义是历史虚无主义吗？》，《红旗文稿》2014 年第 16 期。

龚云：《谁是真正的历史虚无主义者——与尹保云、马龙闪等学者商榷》，《马克思主义研究》2014 年第 9 期。

龚云：《中国近现代史研究中历史虚无主义思潮产生的认识根源》，《中国社会科学报》2008 年 12 月 18 日。

顾海良：《大学生思想政治教育的理论创新》，《中国高等教育》2005 年第 2 期。

韩炯：《历史事实的遮蔽与祛蔽——现时代历史虚无主义理论进路评析》，《毛泽东邓小平理论研究》2013 年第 3 期。

韩炯：《破解历史虚无主义的理论陷阱》，《中国社会科学报》2013 年 7 月 5 日。

何侃侃：《新媒体视域下历史虚无主义对大学生价值观的影响》，《思想教育研究》2017 年第 5 期。

侯爽：《论社会思潮与高校思想政治教育》，《思想教育研究》2009 年第 11 期。

侯西安：《警惕历史虚无主义对大学生的侵蚀》，《中国社会科学报》2013 年 6 月 5 日。

霍文琦：《不能任由历史虚无主义虚无我们的历史根基——〈中国社会科学报〉专访中国人民解放军国防大学教授李殿仁中将》，《中国社会科学报》2014 年 6 月 25 日。

江先锋：《大学生受历史虚无主义思潮影响的原因探析》，《思想教育研究》2012 年第 4 期。

江先锋：《高校学生受历史虚无主义思潮影响的主体性特征及其应对策略》，《山东青年政治学院学报》2011 年第 6 期。

姜强强、陈晨：《历史虚无主义思潮对大学生的侵袭不容忽视——基于江苏省 5 所高校大学生的调查》，《山西高等学校社会科学学报》2015 年第 9 期。

靳辉明：《关于当前影响我国的四种社会思潮的剖析和思考》，《重庆邮电大学学报（社会科学版）》2009 年第 3 期。

孔利：《对待传统文化不能抱历史虚无主义态度》，《学习与研究》1989 年第 10 期。

李本松：《论社会思潮对当代大学生思想政治教育产生的双重影响》，《教育与教学研究》2010 年第 10 期。

李本松：《社会思潮对当代大学生思想政治教育的影响》，《思想政治教育研究》2010 年第 3 期。

李斌雄、张俊华：《坚持以社会主义核心价值体系引领高校校园社会思潮》，《学校党建与思想教育（高教版）》2007 年第 3 期。

李朝阳：《深化“纲要”课教学改革抵御历史虚无主义思潮的渗透》，《学校党建与思想教育》2014 年第 1 期。

李殿仁：《坚决批驳历史虚无主义虚无共产党领导的抗战史》，《红旗文稿》2015 年第 15 期。

李殿仁：《认清历史虚无主义的极大危害性》，《红旗文稿》2014 年第 20 期。

李晶：《中国近现代史教学的困境、机遇与改革》，《教育评论》2015 年第 5 期。

李辽宁、闻燕华：《十年来社会思潮与大学生思想政治教育研究述评》，《学校党建与思想教育》2009 年第 5 期。

李群山：《历史虚无主义思潮多视角透析》，《中共山西省直机关党校学报》2012 年第 5 期。

李先灵：《筑牢有效抵制历史虚无主义的防线》，《思想理论教育导刊》2015 年第 11 期。

李艳艳：《当前历史虚无主义思潮的新特征》，《思想教育研究》2015 年第 7 期。

李振纲：《民族虚无主义及其理论误区》，《东岳论丛》1992 年第 2 期。

李志军、黄明伟：《把握当代大学生特点推进马克思主义大众化》，《中国高等教育》2010 年第 22 期。

梁柱：《警惕历史虚无主义新变种》，《人民论坛》2015 年第 1 期。

梁柱：《历史虚无主义是对民族精神的消解》，《思想政治工作研究》2013 年第 10 期。

梁柱：《新时期历史虚无主义思潮若干特点》，《人民论坛》2012 年第 31 期。

廖海花：《自媒体时代大学生抵制历史虚无主义思潮路径探讨》，《思想理论教育导刊》2017 年第 5 期。

林锦峰：《论社会思潮的预测和疏导》，《现代哲学》2001 年第 2 期。

林书红：《新媒体传播中历史虚无主义“导向”不容忽视》，《红旗文稿》2014 年第 22 期。

刘美玲、刘鸪：《在“纲要”教学中消解历史虚无主义的思考》，《重庆科技学院学报（社会科学版）》2011 年第 9 期。

刘明石：《历史虚无主义对大学生思想的危害及对策探究》，《思想教育研究》2016 年第 4 期。

刘森林：《历史虚无主义的三重动因》，《哲学研究》2015 年第 1 期。

刘森林：《虚无主义的历史流变与当代表现》，《人民论坛》2015 年第 5 期。

刘书林：《2013 历史虚无主义“装扮”特点》，《人民论坛》2014 年第 2 期。

刘书林:《历史虚无主义思潮的表现及其思维方法》,《思想理论教育》2014 年第 11 期。

刘书林:《认清历史虚无主义思潮的真实用意》,《求是》2015 年第 5 期。

刘书林:《社会思潮研究与“两课”教学改革》,《思想理论教育导刊》2003 年第 9 期。

卢黎歌、程馨莹:《如何认识和分析历史虚无主义思潮》,《当代中国史研究》2015 年第 1 期。

卢黎歌:《历史虚无主义几个基本类型》,《人民论坛》2015 年第 1 期。

吕薇洲:《尊重历史、坚定自信，消除历史虚无主义的影响》,《红旗文稿》2014 年第 21 期。

马砚:《近年来关于历史虚无主义思潮的论争》,《领导文萃》2009 年第 5 期。

梅宁华:《旗帜鲜明地反对历史虚无主义——辛亥革命百年回眸》,《人民论坛》2011 年第 1 期。

梅荣政、王炳权:《坚持以社会主义核心价值体系引领社会思潮》,《思想理论教育导刊》2007 年第 6 期。

梅荣政、杨军:《历史虚无主义重新泛起的透视》,《马克思主义研究》2005 年第 5 期。

孟威:《抵制“英雄诋毁说”“历史虚无主义”的网络逆袭及其克服》,《人民论坛》2015 年第 5 期。

苗志娟:《历史虚无主义在苏联解体中的作用——文化安全视域下的解析》,《山西高等学校社会科学学报》2012 年第 10 期。

闵永新:《大学生思想政治教育有效性研究的现状与展望》,《思想理论教育导刊》2010 年第 1 期。

牟蕾:《民族地区大学生抵制历史虚无主义思潮的现实路径构建》,《贵州民族研究》2017 第 9 期。

穆艳杰:《历史虚无主义批判》,《政治学研究》2011 年第 5 期。

倪剑青:《试析历史虚无主义的两种类型》,《毛泽东邓小平理论研究》2013 年第 2 期。

潘莉、梅荣政:《历史虚无主义思潮的表现、特点及其危害》,《新疆师范大学学报（哲学社会科学版）》2015 年第 6 期。

彭臻:《评析毛泽东研究中的历史虚无主义——第七届全国“毛泽东论坛”综述》,《思想理论教育导刊》2015 年第 4 期。

乔彦国:《历史虚无主义的危害及其批判》,《南京政治学院学报》2013 年第 4 期。

邱柏生、左超:《从社会思潮的影响特征看如何增强思想政治教育的吸引力》,《思想理论教育》2010 年第 17 期。

沙健孙:《应当珍惜党和人民奋斗的历史》,《思想理论教育导刊》2000 年第 10 期。

佘双好:《当代社会思潮影响大学生的特点与应对方法》,《学校党建与思想教育》2010 年第 4 期。

佘双好:《当代社会思想的内涵、特征及其研究意义》,《学校党建与思想教育》2011 年第 7 期。

沈重:《历史虚无主义与“全盘西化”论——从中国历史文化视角再评〈河殇〉》,《南昌大学学报(人文社会科学版)》1989 年第 4 期。

唐莉:《历史虚无主义的政治诉求与双重应对》,《思想政治工作研究》2013 年第 7 期。

田居俭:《必须尊重中华民族的历史渊源》,《求是》2006 年第 3 期。

田居俭:《旗帜鲜明反对历史虚无主义》,《求是》2013 年第 19 期。

田心铭:《警惕历史虚无主义的新变种》,《红旗文稿》2014 年第 7 期。

田心铭:《识别历史虚无主义要透过现象看本质》,《中华魂》2015 年第 8 期。

汪頔:《新媒体对“90 后”大学生思想政治教育的新挑战》,《思想教育研究》2010 年第 1 期。

王晓娟:《用社会主义核心价值体系引领社会思潮的原则与途径》,《理论研究》2007 年第 6 期。

王永芹:《多样化社会思潮发展态势与引领机制探析》,《河北学刊》2008 年第 6 期。

王玉周:《警惕和抵制历史虚无主义思潮》,《前线》2013 年第 9 期。

王志民:《历史虚无主义并不“虚无”》,《人民论坛》2015 年第 27 期。

魏红霞:《当代社会思潮的新特点及其对大学生的影响》,《思想政治教育研究》2009 年第 4 期。

吴琴:《近十多年来我国历史虚无主义研究述评》,《湖南广播电视大学学报》2014 年第 2 期。

吴英:《驳历史虚无主义中的几个主要观点》,《新疆师范大学学报(哲学社会科学版)》2015 年第 6 期。

吴照玉:《马克思、恩格斯如何批判和克服历史虚无主义》,《思想理论教育导刊》2015 年第 5 期。

武力:《唯物史观视角下的历史虚无主义辨正》,《历史研究》2015 年第 6 期。

肖三、王乐、李清津:《实现中国梦必须汲取苏联历史虚无主义教训》,《南京政治学院学报》2015 年第 3 期。

萧功秦:《困境之礁上的思想水花——六大社会思潮析论》,《社会科学论坛》2010 年第 5 期。

萧江:《坚决抵制历史虚无主义》,《浙江日报》2013 年 10 月 12 日。

熊元义:《当前文艺批评中的历史虚无主义倾向》,《北京科技大学学报（社会科学版）》2002 年第 1 期。

徐玉明:《历史虚无主义理论基础批判》,《思想教育研究》2015 年第 7 期。

许恒兵:《历史虚无主义思潮的演进、危害及其批判》,《思想理论教育》2013 年第 1 期。

鄢本凤:《建设社会主义核心价值体系须警惕五大社会思潮》,《中国青年研究》2008 年第 2 期。

杨金华:《从历史人道主义到历史虚无主义——苏共乱史亡党的悲剧之路》,《中共天津市委党校学报》2013 年第 1 期。

杨金华:《深刻认识历史虚无主义的反历史性》,《中华魂》2013 年第 19 期。

杨军、梅荣政:《历史虚无主义批判 : 理论和方法》,《思想理论教育导刊》2015 年第 1 期。

杨军:《历史虚无主义的本质》,《求是》2013 年第 20 期。

杨军:《历史虚无主义的迷惑性》,《人民论坛》2013 年第 27 期。

杨军:《历史虚无主义思潮影响高校师生的现状、原因和对策》,《思想理论教育导刊》2011 年第 11 期。

杨军:《历史虚无主义思潮最新表现形态》,《人民论坛》2015 年第 27 期。

杨军:《历史虚无主义虚无了什么?》,《中国社会科学报》2013 年 1 月 25 日。

杨林香:《高校思想政治理论课要加强对社会思潮的分析引导》,《思想理论教育》2009 年第 13 期。

于沛:《后现代思潮与历史虚无主义》,《中国社会科学报》2013 年 6 月 19 日。

于沛:《后现代主义历史观和历史虚无主义》,《历史研究》2015 第 6 期。

于永成:《论黑格尔的伦理观及对当代道德虚无主义问题的启示》,《理论月刊》2013 年第 10 期。

臧乐源:《继承珍贵的道德遗产 建设社会主义精神文明》,《道德与文明》1986 年第 6 期。

张宝君:《90 后大学生教育管理探微》,《学校党建与思想教育》2009 年第 3 期。

张波、崔文卿:《论社会主义核心价值体系对社会思潮引导的有效性》,《思想政治教育研究》2007 年第 4 期。

张博颖:《以社会主义核心价值体系引领当代社会思潮》,《伦理学研究》2007 年第 4 期。

张国祚：《论多样化社会思潮的引领》，《求是》2007 年第 7 期。

张海鹏、龚云：《马克思主义岂是历史虚无主义》，《求是》2015 年第 5 期。

张理海：《坚持以社会主义核心价值体系引领社会思潮》，《西安政治学院学报》2006 年第 6 期。

张丽娟、展婷婷：《冲击与回应：新时期历史虚无主义对少数民族大学生的影响与对策思考》，《黑龙江民族丛刊》2017 年第 4 期。

张荣华：《当代社会思潮对高校教师影响及对策研究》，《思想理论教育导刊》2010 年第 11 期。

张晓红、梅荣政：《历史虚无主义的实质和危害》，《思想理论教育》2009 年第 7 期。

张耀灿、杨静：《以社会主义核心价值体系引领社会思潮的着力点》，《思想理论教育（上半月·综合）》2007 年第 10 期。

赵曜：《社会思潮透视》，《中国特色社会主义研究》2002 年第 1 期。

赵迎欢、吴峰、刘莉等：《“当代大学生特点及环境影响”研究报告》，《思想理论教育导刊》2010 年第 1 期。

郑流云、佘璐：《历史虚无主义思潮对大学生政治认同的影响及消弭》，《学校党建与思想教育》2016 年第 24 期。

郑师渠：《当下历史虚无主义之我见》，《历史研究》2015 年第 6 期。

郑永廷、朱礼军：《大学生思想政治教育的现实反思与时代课题》，《学校党建与思想教育》2005 年第 5 期。

《中共中央国务院发出〈关于进一步加强和改进大学生思想政治教育的意见〉》，《人民日报》2004 年 10 月 15 日。

中国青少年研究中心团中央学校部课题组：《“大学生思想政治教育”调研报告》，《中国青年研究》2005 年第 7 期。

钟社文：《历史虚无主义的破产》，《中国社会科学报》2015 年 9 月 21 日。

周良书：《坚持历史自信终结历史虚无主义》，《中国社会科学报》2014 年 12 月 5 日。

周晓东、卫静春：《唯物史观视阈下的历史虚无主义》，《长江论坛》2013 年第 4 期。

周艳红：《微时代背景下历史虚无主义对大学生的影响及其应对》，《山西高等学校社会科学学报》2015 年第 1 期。

周玉、马建军：《以社会主义核心价值体系引领社会思潮的现实路向》，《西南农业大学学报（社会科学版）》2009 年第 2 期。

周振华：《应当十分珍惜党和人民奋斗的历史——兼评历史虚无主义的若干观点》，《求是》2000 年第 16 期。

朱宗友、郑春燕：《影响大学生社会主义核心价值体系教育的三大社会思潮剖析》，《思想政治教育研究》2011 年第 1 期。

Hubert Dreyfus: "Heidegger on the Connection Between Nihilism, Art, and Politics", *The Cambridge Companion to Heidegger* (1993).

**学位论文**

陈朝芳：《历史虚无主义思潮对大学生的危害及对策研究》，天津：天津师范大学 2015 年。

陈秀萍：《历史虚无主义思潮对大学生政治认同的消极影响及对策研究》，重庆：西南大学 2018 年。

高陈其：《历史虚无主义思潮对高校学生的影响研究》，济南：山东大学 2014 年。

高菊：《历史虚无主义思潮对高校学生历史观影响探析》，延安：延安大学 2013 年。

胡明君：《历史虚无主义思潮对当代大学生的影响及对策研究》，桂林：广西师范大学 2014 年。

姜强强：《历史虚无主义思潮对当代大学生的影响及对策》，长春：东北师范大学 2014 年。

李杰：《历史虚无主义对当代大学生的不良影响及其对策研究》，秦皇岛：燕山大学 2014 年。

李洁婷：《当代大学生对历史虚无主义的态度研究》，北京：中国青年政治学院 2018 年。

刘笑涵：《历史虚无主义在当代中国的重现及其批判》，秦皇岛：燕山大学 2014 年。

唐忠宝：《虚无主义及其克服：马克思的启示》，北京：中共中央党校 2013 年。

汪峰：《当代社会思潮对大学生的影响及对策研究》，合肥：安徽大学 2010 年。

王莉：《当代中国历史虚无主义思潮研究》，石家庄：河北师范大学 2016 年。

杨晗：《论历史虚无主义的理论前提——历史复杂性视角》，昆明：昆明理工大学 2012 年。

袁方：《唯物史观视域下的历史虚无主义研究》，合肥：安徽大学 2013 年。

张茜：《探析历史虚无主义思潮对大学生政治观的不良影响》，重庆：重庆师范大学 2017 年。

朱永：《俄罗斯苏联时期的历史虚无主义运动研究——以意识形态合法性为视角》，长沙：中南大学 2009 年。

周希希：《历史虚无主义思潮评析》，南京：南京大学 2015 年。

# 后 记

本书在我的博士论文基础上修改而成，看着它即将付梓，掩卷沉思，浮想联翩。想当初，还在读本科的我耳闻目睹了一些对我国历史不负责任的歪曲和污蔑的言行；读研时期又亲身经历一些人对先贤英烈脱离基本常识的丑化。面对这股气势汹汹的逆流，不少人选择沉默，而我选择抗争，因为我深知“欲灭一国，必先灭其史”的道理。然而，当时年轻的我因时间、精力和能力所限，无法一一洗去先贤英烈身上被强加的污点，现在想来仍深感愧疚。“知耻而后勇”，后来在读博时期我没有丝毫犹豫就选定了“历史虚无主义”作为自己的研究主题，以实现那个夙愿。

在问卷调查、个案访谈和论文写作过程中，面对学习、工作和家庭的三重压力，我曾遇到不少的困难，甚至在写作后期，还患上了肺炎，病了半个学期，但在导师、朋友和家人的热心帮助下，都得到了较好的解决。其间，一路走来，我经受了很多锻炼。我想，这种经历是令我终生难忘的一笔宝贵的精神财富。

说到感谢，首先应该感谢的是一百多年来为祖国的独立富强、为人民共和国的建设作出无数奋斗和牺牲的先贤英烈，是他们用汗水、鲜血甚至生命换来了今天和平安宁的环境，是他们用自强不息的奋斗精神哺育我成长。在论文写作过程中，每当遇到困难时，只要想起他们，就有了继续前进的勇气和希望。

其次，应该感谢广西师范大学及马克思主义学院的导师们。学校不仅给了我读博的机会，而且给了我公费教育的待遇。在论文写作过程中，师大图书馆丰富的资源给了我宝贵的知识营养。

我的导师韦冬雪老师，是一位慈祥、严谨、勤奋的老师。她对学生在生活上关怀有加，在学术要求上从来都是一丝不苟。这篇论文的完成倾注了韦老师大量的心血。从开题、确定提纲、问卷设计到调研、写作、修改，韦老师都给予了细致的指导。在我遇到困惑时，韦老师总是耐心、细致地给我提出许多中肯的建议，给了我很多启发和帮助。在此，我要诚挚地感谢韦老师的悉心教导！不仅感谢她对我学位论文的认真指导，也感谢她平时的言传身教。韦老师严谨的学风、渊博的知识、开阔的视野，给了我做学问的榜样，让我受益匪浅。

能够完成本书，还要感谢广西师范大学马克思主义学院的汤志华老师和林春逸老师，他们对我的写作给予了启发和指导。在平日的课堂上和日常的交往中，我领略了这些老师做学问的智慧和风范；在开题、修改和完善中，老师们从各方面给我提出了许多宝贵意见。

再次，要感谢北京大学的梁柱教授、武汉大学的梅荣政教授和杨军教授、中国社会科学院的张顺洪老师和吴英老师、北京师范大学的龚书铎教授、山东大学的方艳华老师，他们都是研究历史虚无主义思潮的专家、学者。虽然其中有些老师从未谋面，但他们的相关研究给我提供了深刻的启迪，使我深受教益。

第四，本书的问卷调查和个案访谈得到了许多朋友、同学的热心帮助。张丽仙博士、甘庆华博士、刘嘉师妹、翟婧伟师妹、龙培林师妹、蔡桂静师妹以及贵州民族大学的康红梅博士、广西民族大学的时昌桂老师、安顺学院的张忠琼老师等积极帮助我进行实证调研，付出了辛勤的劳动。

第五，非常感谢桂林电子科技大学马克思主义学院对我工作的关心和支持，全额资助了本书的出版。在此，特别感谢苏国辉院长和秦永芳教授在本书出版过程中给予我的热心帮助和指导。

最后，在本书写作过程中，家人给了我鼎力支持，为我付出了巨大的牺牲。家父、家母早已步入古稀之年，而我因学习、工作的缘故一直没有很好地尽孝，内心感到深深的愧疚；我的爱人是我学习、生活的坚强后盾，她在问卷设计、数据分析和论文修改上给了我很多启发和帮助，弥补了我的一些不足，在生活上为我承担着许多家庭的重担……这一切，我只有用更多的进步进行弥补。

写完本书就像万里长征刚走完了一小步，看到当前历史虚无主义思潮仍然影响着不少大学生的思想，就备感责任的重大，但“既然选择了远方，便不顾风雨兼程”，前途是光明的。我坚信经过多年的锤炼，这条学术之路将会走得更加坚实、宽广。

陈元明

2019 年 3 月 11 日于桂林